阳光 SUNSHINE
信任 TRUST
创新 INNOVATION
务实 PRAGMATIC

华融国际信托有限责任公司成立于1987年1月，是国内最早经营信托业务的公司之一，公司注册资本19.83亿元，控股股东为中国华融资产管理股份有限公司（以下简称“中国华融”）。中国华融是经国务院批准，由财政部、中国人寿共同发起设立的国有大型非银行金融企业,目前已经成为国内管理资产规模最大、创造利润最多、股东回报最好、金融牌照最全、创新能力最强、发展后劲最足的金融资产管理公司。2015年10月30日，中国华融在香港联合交易所主板成功上市（股票代码：2799.HK），开启了多元化、综合化、国际化转型发展新篇章。

在中国银监会的科学监管下，在中国华融的正确领导下，在金融机构、企业和社会各界的大力支持和帮助下，华融信托紧紧围绕服务实体经济本质要求，着力优化资产配置，累计为数百家国内优质企业提供了超4000亿元综合金融服务方案，有力支持了基础设施、交通、水利、电力、现代物流等多个关系国计民生重大产业的发展。华融信托始终致力于投资者利益最大化，信托产品收益率排名行业前列，实现了信托财产的保值增值，得到了市场的广泛认同。

近年来，华融信托先后获得银监会授予的“全国银监会系统先进集体”荣誉称号，中华全国总工会授予的“全国模范职工之家”荣誉称号和“中国最具成长性信托公司”、“年度优秀财富管理中心”、“优秀金融服务品牌奖”、“金牛集合信托公司奖”等多项行业大奖，发展成果得到高度认可。

未来，华融信托将按照“创新发展，提质转型，稳中求进，增比进位”的主基调，打造“营销、创新、风控”三大核心竞争力，做强“传统业务、创新业务、固有业务”三大业务板块，大力实施“立足新疆，回归新疆”战略，切实履行社会责任，奋力打造“主业突出、特色鲜明、业绩良好、经营稳健、值得信赖”的一流信托公司，努力在中国经济转型升级的浪潮中成就“国家托付事业、人民托付信赖、社会托付财富、员工托付梦想”的宏伟基业和发展梦想。

华融信托与新疆塔城地区签署战略合作协议

http://www.huarongtrust.com.cn　VIPLINE：400-610-9969

方正东亚信托
FOUNDER BEA

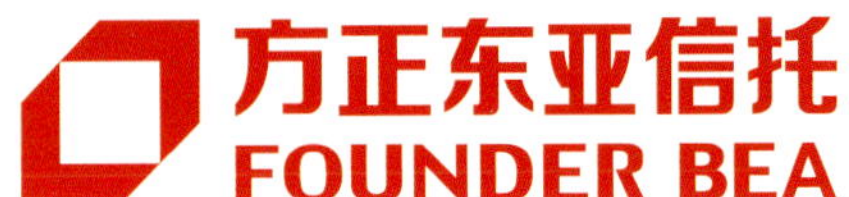

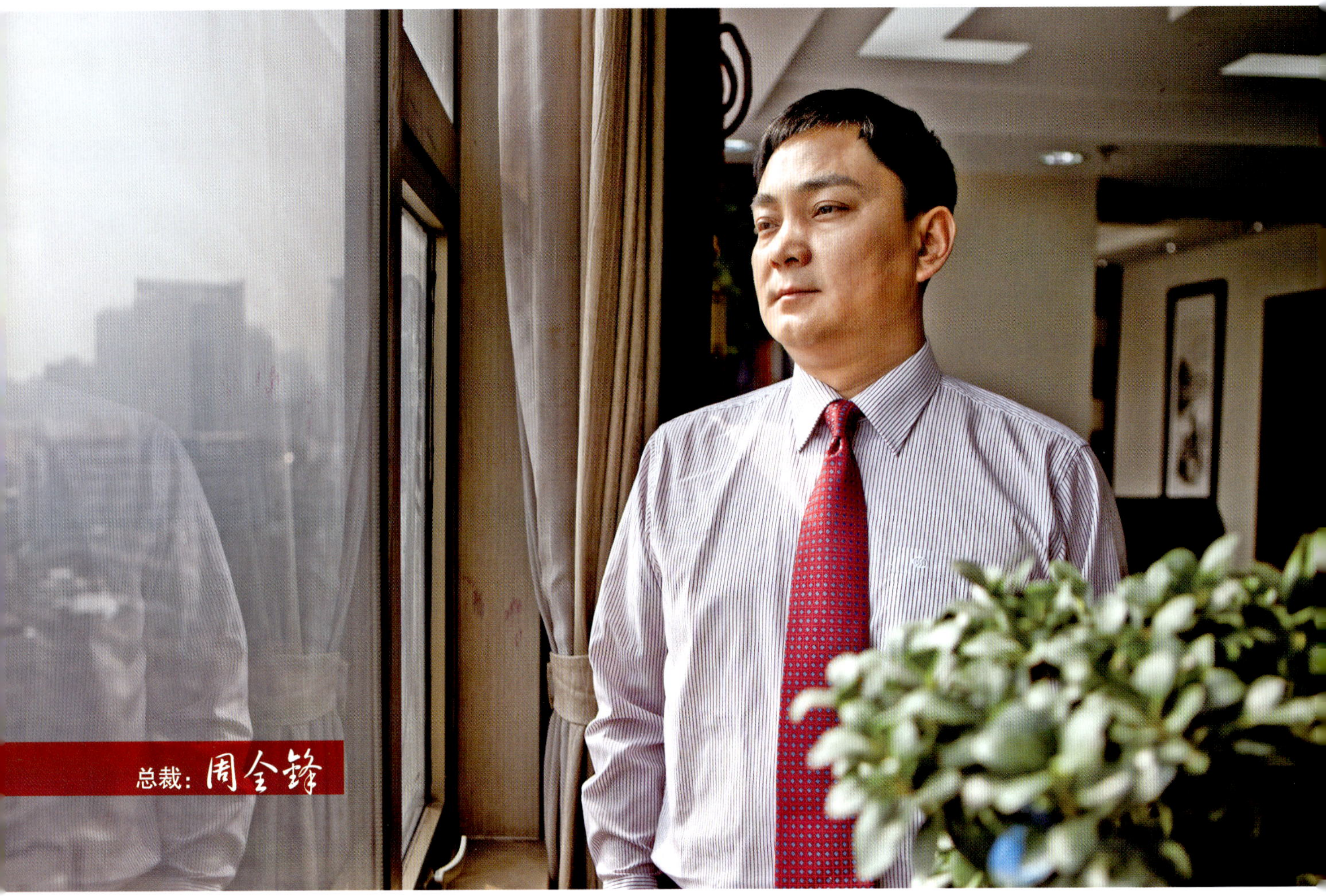

方正东亚信托有限责任公司，是经中国银监会于2010年1月23日批准重组成立的非银行金融机构，2010年11月26日正式开业营运。目前，公司注册资本金为12亿元。

成立五年来，方正东亚信托始终坚持“稳健创新、规范进取”的经营理念和“宁失效益、不失风控”的风控原则，积极应对复杂的经济形势和激烈的市场竞争，创造性地运用多种金融工具积极支持国家、地方基础设施和重点工程建设。

方正东亚信托尊重智慧的力量，并始终以智慧之力诠释专业的内涵与价值。公司以具有竞争力的薪酬体系、全面的福利保障、良好的职业规划及高效的运行机制，吸引了众多优秀的专业人才加入，并以武汉总部为基础，建立了覆盖北京、上海、广州、重庆、郑州、青岛、深圳、杭州、宁波、南京、长沙等全国经济发达地区的业务网络，依托“方兴”、“东兴”、“金兴”、“神龙”、“安心”等系列化产品，稳健、高效地为机构客户和个人高端客户提供优质的理财服务和专业化的资产管理服务。

方正东亚信托相信智慧的力量，并始终以智慧之力演绎着信任的丰满与华丽。截至2015年12月31日，公司累计发行信托项目944个、累计管理信托资产规模突破3900亿元，累计清算信托项目648个，规模达2903.80亿元，全部按期实现了信托财产的保值增值，稳健发展的经营风格赢得了客户的充分信任及业界的良好口碑。

智在今日，自在未来。

方正东亚信托将继续秉承和践行“方方正正做人，实实在在做事”的核心价值观，以智取胜，以信致远，不断提升核心竞争力和可持续发展能力，为中国信托业的繁荣发展奉献自己的力量。

公司地址：武汉市江汉区新华路296号IFC国际金融中心32-38楼
电话：027-85565769
传真：027-85565700

兴业国际信托有限公司

CHINA INDUSTRIAL INTERNATIONAL TRUST LIMITED

兴业国际信托有限公司成立于2003年3月，注册地为福建省福州市，现有注册资本为人民币50亿元，是经国务院同意以及中国银行业监督管理委员会批准设立的我国第三家银行系信托公司，也是我国第一批引进境外战略投资者的信托公司。兴业国际信托有限公司现有股东中既有中资主流商业银行及大型国有企业，又有国际知名外资银行。

兴业国际信托有限公司紧紧围绕建设“综合性、多元化、有特色的全国一流信托公司”的战略目标，坚持依法经营、稳健经营，不断夯实业务基础和客户基础，着力提升业务发展和创新能力，致力于成为国内优秀的综合信托金融服务提供商。截至2015年年末(合并口径，未经审计)，兴业国际信托有限公司管理的资产规模达10460.27亿元，是我国最大型的信托公司之一。

按照建设全国一流信托公司的战略定位，目前兴业国际信托有限公司已在全国主要省、市、区、计划单列市设立了34个业务和客户服务网络，实现了全国化经营与服务。同时，兴业国际信托有限公司全资拥有兴业国信资产管理有限公司，控股兴业期货有限公司，并参股兴业经济研究咨询股份有限公司、重庆机电控股集团财务有限公司、紫金矿业集团财务有限公司、华福证券有限责任公司。在全国优秀信托公司评选活动中，兴业国际信托有限公司先后荣获“中国优秀信托公司”、“卓越信托公司”、“信托行业杰出品牌奖”、“最佳行业影响力信托公司”、“信托行业风险管理奖”等多项荣誉。

APP

WeChat

中江国际信托股份有限公司

中江国际信托股份有限公司（简称中江信托或中江国际）成立于1981年6月，是经中国银监会批准的非银行金融机构。2003年3月由原江西省国际信托投资公司、江西省发展信托投资股份有限公司、江西赣州地区信托投资公司以新设合并方式组建。2012年10月由江西国际信托股份有限公司更名为中江国际信托股份有限公司，注册资本人民币11.56亿元。

中江国际坚持“发挥信托功能、服务经济发展”的经营宗旨，积极为省内外各级政府、上市公司、大中型企业提供信托融资。

自2004年以来，中江国际先后推出了政信合作、银信合作、企信合作、信证合作、信保合作等业务模式，业务遍及全国。截至2015年年末，累计管理信托财产突破7599.51亿元，累计交付信托财产5739.4亿元，全部按期实现了信托财产的保值增值，体现了稳健发展的经营风格。

中江国际治理规范，建立了“五个两、十环节”的内部控制和风险决策体系，拥有一支具有信托、证券、保险、商业银行、投资银行、基金管理等资深从业背景的专业团队，构建了以北京、上海、深圳、浙江、江苏、福建、四川、陕西、辽宁、山东、河北等55个金融研发中心为依托的全国性业务布局、资源网络和营销体系，可根据客户的资产状况、风险偏好，利用信托独特的制度优势和功能，为客户提供跨越多个金融市场、多个行业、多个地域的专业化、综合型金融服务。

中江国际致力于金融控股集团的构建，通过兼并重组和投资设立，发展成为一家集信托、证券、保险、基金、期货等为一体的综合性金融集团。至2015年年末，集团总资产201.14亿元，净资产73.58亿元。中江国际作为“受人之托、代人理财”的专业化理财机构，以“为了共同利益观”为核心价值观，以“忠诚拼搏、艰苦创业”为核心理念，以“简单直接”为管理理念，以“风险第一、效益第一”为经营理念，以“热情、快捷、细致、高效的服务”为核心竞争力，在支持政府融资、企业发展、不断满足投资者理财需求的过程中获得快乐，获得成长。

公司网址：www.zigixt.com

中江国际信托股份有限公司董事长　裘强

中江国际集团总部

中航信托股份有限公司

中航信托股份有限公司是经中国银监会批准设立的股份制非银行金融机构，是经中国商务部核准的外商投资企业，前身是江西江南信托股份有限公司，于2009年12月底完成重新登记开业，注册地为南昌市红谷滩新区“中航国际广场”24-25楼。中航信托由国内大型央企中国航空工业集团公司及境外战略投资者新加坡华侨银行等单位共同发起组建，是江西省地方金融机构与中航工业集团旗下金融产业发展平台的重要组成部分。2013年年底，公司完成第三次增资扩股，注册资本增至168648.52万元。

中航信托设有投资管理部、财富管理总部、风险管理部、运营管理部、计划财务部、办公室、稽核审计部、信息科技部、人力资源管理部等部门，在北京、上海、深圳、重庆、昆明、沈阳、杭州、成都等全国主要15个大中城市共设有30个业务团队，现有员工220余人。

中航信托始终贯彻“高起点、高境界、可持续、快发展”的经营方针；倡导先进的经营理念和高效的经营机制，聘任了卓越的独立董事，率先设置了首席风险控制官岗位，导入了适用的管理工具，建立了适应市场竞争的各级人才队伍，构造了IT化的管理规范；坚持走专业化、差异化发展道路，专注于具有行业优势和区域优势、能可持续发展、形成核心能力的产品和业务，致力于“打造细分市场资产管理核心能力，成为专业化的一流金融服务商”的战略愿景。

中航信托坚持以人为本，积极投身社会公益事业，先后投入资金兴建希望小学，持续做好对弱势群体的关心扶助，努力践行社会责任，凭借守土有责的大爱情怀和追求发展的雄心壮志获得社会的广泛认可，先后荣获“中国最具成长性信托公司”、“中国最具区域影响力信托公司”等称号。

网址：www.avictc.com

中国人民大学中国财政金融政策研究中心系列报告

中国信托业发展报告

（2016）

中国人民大学信托与基金研究所 著

中国财富出版社

周道许 华融国际信托有限责任公司 董事长

刘景峰 四川信托有限公司 总裁

周全锋 方正东亚信托有限责任公司 总裁

杨华辉 兴业国际信托有限公司 董事长

潘卫东 上海国际信托有限公司 董事长

裘强 中江国际信托股份有限公司 董事长

牛成立 中诚信托有限责任公司 董事长

王毅 大业信托有限责任公司 总经理

姚江涛 中航信托股份有限公司 总裁

专家委员会主任：

夏 斌
国务院发展研究中心金融研究所 所长

王丽娟
中国信托业协会 专职副会长

专家委员会成员：

周道许	华融国际信托有限责任公司	董事长
刘景峰	四川信托有限公司	总　裁
周全锋	方正东亚信托有限责任公司	总　裁
杨华辉	兴业国际信托有限公司	董事长
潘卫东	上海国际信托有限公司	董事长
裘　强	中江国际信托股份有限公司	董事长
牛成立	中诚信托有限责任公司	董事长
王　毅	大业信托有限责任公司	总经理
姚江涛	中航信托股份有限公司	总　裁

前　言

中国人民大学信托与基金研究所依托中国人民大学成立，是我国迄今唯一一家信托基金专业研究机构，长期专注和致力于国内外信托业的理论与实践的研究，深度参与和见证了中国信托业的发展与信托制度的建设历程。

中国人民大学信托与基金研究所已于2004年至2016年连续十三年出版《中国信托业发展报告》。该报告以其翔实的数据和权威的观点，成为信托业监管、业者经营投资以及信托研究最重要的决策参考资料，受到普遍且热烈的欢迎。在充分总结前几部《中国信托业发展报告》编著与出版经验的基础上，中国人民大学信托与基金研究所继续推出了这部《中国信托业发展报告（2016）》。本报告沿袭了中国人民大学信托与基金研究所一贯秉承的以事实案例和数据统计为根据的研究理念，高度贴近市场与实践，以专业的高度、公正的观点，全面分析了2015年信托业发展的现状，总结了存在的问题，提出了可操作性的方案，并对2016年中国信托业的发展前景和趋势做出了预测。该报告的研究范围涵盖2015年信托业发展的热点和难点问题，牢牢把握住"转型创新与风险防控并举"这一主线，从行业分析、信托公司、信托产品、信托市场、法规与政策、焦点问题几个方面，对2015年和2016年的中国信托业进行了全景式的回顾、总结、解析与展望，提出了一系列既具理论高度又有操作价值的思路、观点和理念，是一部十分难得的、极具学术价值和实用价值的行业性发展报告。

本报告的主要编写人员为周小明、邢成、赵廉慧、张雅楠、秦红军、袁吉伟、简永军、陈镜宇、吴书瑶、段晶晶等。其中，周小明、邢成负责创意和总纂；邢成与吴书瑶、秦红军、张雅楠等共同撰写完成第一、二、四章；袁吉伟撰写第三章；赵廉慧撰写第五章；简永军等撰写第六章。本报告在编写过程中，有关数据得到中国银行监督管理委员会非银部和中国信托业协会的大力支持，报告中部分资料参考引用了有关专家、机构和网站的数据和观点，在此我们表示衷心的感谢。

中国人民大学信托与基金研究所

2016年2月

目　录

图 录

表 录

1

2015年中国信托业回顾与展望

1.1　2015 年中国宏观经济形势分析与 2016 年展望

1.1.1　外部需求放缓，大宗商品价格持续回落

受新兴市场经济增速显著下降以及发达经济体经济复苏乏力影响，2015 年全球经济增长持续减缓。国际货币基金组织（IMF）于 2015 年年底发布的《世界经济展望报告》显示 2015 年全球经济增速为 3.1%，比 2014 年低 0.3 个百分点。而 2015 年中期 IMF 预测本年全球经济增长率为 3.3%，可见 2015 年后半年全球经济表现较上半年更加令人担忧。亚洲地区的经济增长率稳定在 5.4%，较 2014 年下降 0.2%，稍好于全球平均水平。

虽然亚洲经济增速较 2014 年有所下降，但它依然是世界经济增长的主要引擎。这是由于亚洲地区劳动力市场相对繁荣，同时主要发达经济体可支配收入的上升增加了亚洲地区的外部需求。因此，亚洲经济增速表现出较强的区域特征，2015 年东亚地区的经济增速（6.2%）明显低于南亚地区（7.2%）。

国际大宗商品价格同步回落。纽约金属交易所（COMEX）数据显示，国际金价自 2015 年 1 月从月初的 1189 美元/盎司上升至月末的 1283 美元/盎司以后，呈现持续波动下降趋势，截至 12 月中旬已降至 1052 美元/盎司。纽约商品交易所（NYMEX）数据显示，轻质原油价格在 2015 年上半年从 52.81 美元/桶上升至 59.65 美元/桶，但伴随着经济放缓的下行压力，原油价格在 2015 年下半年降至不足 35 美元/桶。

全球商品贸易出现较大衰退。表 1－1 报告了自 2008 年以来世界范围商品贸易的增长情况，不难发现 2015 年全球商品贸易额在进口和出口两个层面均出现大幅衰退，仅次于 2008 年的美国经济危机的影响。从贸易量增速视角来看，无论进口量（0.9%）还是出口量（2.2%），均小于经济增长率（3.2%）。

表 1－1　　商品贸易和经济增长情况（年变化率百分比）

	2008	2009	2010	2011	2012	2013	2014	2015 年第一季度
出口额	16.7	－21.8	21.4	19.7	0.5	2.1	0.9	－11.7
出口量	2.4	－12.0	15.4	6.0	2.1	2.8	3.4	2.2
进口额	16.8	－22.0	21.0	19.5	0.7	1.4	1.0	－11.9
进口量	2.2	－12.2	13.8	6.1	1.9	2.3	3.3	0.9
GDP 增速	3.1	0	5.4	4.2	3.4	3.3	3.4	3.2

资料来源：国际货币基金组织（IMF）的《地区经济展望报告》。

美联储2015 年加息预期在 12 月 17 日转为现实，全球金融市场骤然收紧。美元的强势地位会加速资金从亚洲地区流出，放缓亚太地区通过投资拉动经济的步伐。在这一过程中，存在高杠杆率的亚洲新兴市场国家的实体产业可能受到资本流出的较大冲击，同时较低的商品价格也会抑制商品制造企业进一步投资的热情。

1.1.2　经济增速趋稳，结构调整伴随较大地区差异

中国2015 年前三季度经济增速为 6.9%，其中第一、二季度 GDP 同比增长 7%，第三季度 GDP 同比增长6.9%。其中，前三季度国内生产总值为 487774 亿元。其中，第一产业增加值39195 亿元，占比8.04%；第二产业增加值 197799 亿元，占比40.55%；第三产业增加值 250779 亿元，占比 51.41%。这表明中国经济增长的主要动力体现为第二、三产业的拉动作用，产业结构调整进一步优化。

2015 年前三季度第一产业产值较 2014 年同期增长 3.8%，较 2014 年全年增速有所下降；第二产业产值较 2014 年同期增长 6.0%，较 2014 年全年增速下降较快；第三产业产值较 2014 年同期增长 8.4%，较 2014 年有所上升。在中国经济结构性调整的大背景下，第三产业对经济增长的贡献度异常显著。通过表 1－2 可以发现，与第一产业和第三产业不同，基于化解产能过剩的需求，第二产业产值较上年同期增速在 2015 年呈现持续下降趋势。

表 1－2　　2015 年三次产业产值增速季度数据

	2014 年 Q1～Q4	2015 年 Q1	2015 年 Q2	2015 年 Q3
第一产业（%）	4.1	3.2	3.7	4.1
第二产业（%）	7.3	6.3	6.0	5.8
第三产业（%）	8.1	8.0	8.5	8.6

资料来源：国家统计局。

按照地区结构考察2015年第三季度GDP较去年同期增速，除北京、上海、河北维持在6%～7%外，沿海地区绝大多数省份及直辖市增速均超过8%，天津市GDP增速达到9.4%，居沿海地区首位；中西部地区中，重庆、西藏、贵州分别位列该地区经济增长最快的前三位，经济增速分别为11%、11%、10.8%，除山西（2.8%）外，该地区其他省份经济增长率大多在7.5%以上；东北老工业基地2015年第三季度经济较去年同期增长率从高到低分别为吉林（6.3%）、黑龙江（5.5%）、辽宁（2.7%）。这表明经济增速普遍呈现西高东低、南高北低现象，东北地区经济形势不容乐观。

按照支出法核算国内生产总值，2015年前三季度社会消费零售总额占GDP比重为44.3%，略小于2014年同期水平（45.04%）；净出口占比为5.3%，高于2014年同期的3.38%。因此可推算2015年全年最终消费率、资本形成率将较2014年有所下降，而净出口率将明显提高，如表1－3所示。

表1－3　2011—2015年按支出法核算的国内生产总值构成

	2011	2012	2013	2014	2015
最终消费率（%）	50.2	50.8	51	51.2	下降
资本形成率（%）	47.3	46.5	46.5	46.1	下降
货物服务净出口率（%）	2.5	2.7	2.5	2.7	上升

资料来源：国家统计局，其中2015年情况根据前三季度情况进行推算。

1.1.3 物价水平总体趋稳，PPI降幅明显

在消费领域，2015年1至11月我国居民消费价格（CPI）总水平比2014年同期上涨1.4%，图1－1的月度CPI数据呈现先增后降的倒U形特点。11月CPI同比上涨1.5%，除交通和通信类以外，其余商品大类居民消费价格均同比上涨。其中，城市居民消费价格同比增速（1.5%）高于农村对应增速（1.3%），主要体现为城市衣着类、居住类居民消费水平增速过快，而农村体现为烟酒及用品类、医疗保健和个人用品类、娱乐教育文化用品及服务类居民消费水平增速过快。

总体而言，2015年CPI涨幅较为温和，物价水平总体平稳可控。12月8日，国家统计局发布《2015年粮食产量公告》，全国2015年粮食总产量62143.5万吨（12428.7亿斤），比2014年增加1440.8万吨（288.2亿斤），增长2.4%，由此预计食品类商品供给充足，作为拉动CPI上涨的主要因素，食品类居民消费价格

并无明显上升动力。受国际经济大环境影响，总需求萎缩，同时美联储加息进一步降低了包括中国在内的新兴市场国家的通胀压力。结合国际能源价格下探等外部因素，在一定时期内我国居民消费价格低位运行的概率大大增加。

在生产领域，2015 年 1 ~ 11 月我国工业生产者出厂价格（PPI）同比下降 5.2%，图 1 – 1 的月度数据表明全年 PPI 呈现稳步下降趋势。11 月 PPI 同比下降 5.9%，石油天然气、黑色金属冶炼、有色金属冶炼工业生产者出厂价格分别为 2014 年同期的 63.5%、80.1%、86.5%，这是拉低 PPI 的主要因素。

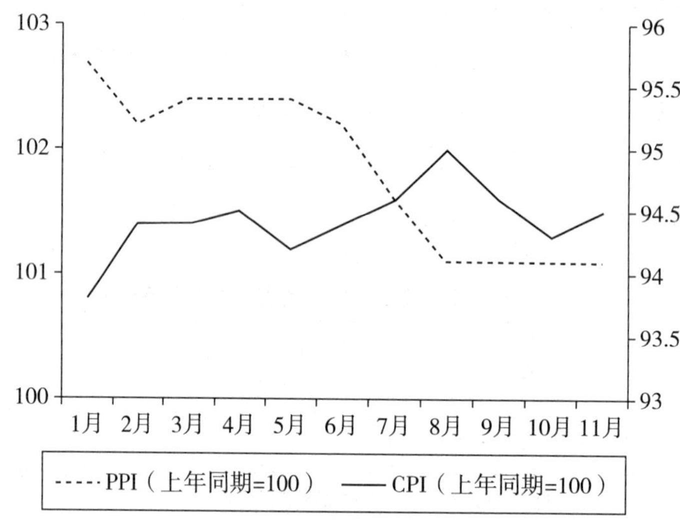

图 1 – 1 2015 年 CPI、PPI 变动情况

数据来源：国家统计局。

1.1.4 制造业 PMI 疲软，就业形势稳中趋紧

2015 年第三季度的非制造业采购经理指数并未出现显著变化，依然维持在 53% ~ 54% 之间波动。然而，制造业采购经理指数（PMI）年内首次持续跌破 50%，其中在手订单指数、主要原材料购进价格指数、产成品库存指数分别维持在 44%、45%、46% 附近波动。

同时，2015 年前三季度城镇新增就业人数为 1066 万人，城镇失业人员再就业人数为 435 万人，与 2014 年同期基本持平。图 1 – 2 展现了城镇新增就业人数的月度累计变化情况，虽然城镇新增就业人数持续稳定上升，但增加幅度逐步减缓。同期的城镇失业人员再就业人数增幅亦出现逐步减缓趋势，与新增就业情况保持高度一致。

总体来说，2015 年上半年全国就业形势整体稳定，31 个大城市城镇失业率基本稳定在 5.1% 的水平。由于春节假期等季节性失业因素，2015 年上半年失业率走势呈现先升后降特点，3 月份失业率上升至 5.19%，而 6 月份回落至 5.06%。2015 年第三季度失业率有所上升，9 月份失业率再创年内新高（5.2%）。

基于上述分析，2015 年 9 月份失业率高涨的原因并非 7、8 月份毕业季带来的劳动力的超额供给，而是制造业劳动力需求下降。另外，由于 2015 年第四季度制造业 PMI 并无明显反弹趋势，全年失业率可能会较 5.2% 有所上升。

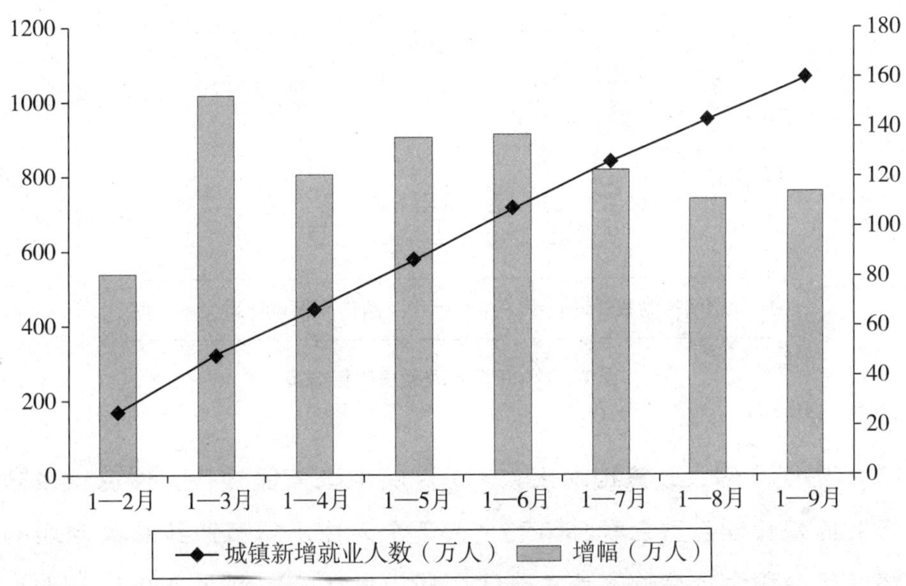

图 1－2　2015 年前三季度城镇新增就业人数

数据来源：2015 年人力资源社会保障部月度数据。

1.1.5　房地产市场东北、华东冰火两重天

2015 年 12 月 8 日，国家统计局发布《2015 年 11 月份 70 个大中城市住宅销售价格变动情况》。在 70 个大中城市中，环比价格下降的城市有 27 个，上涨的城市有 33 个，持平的城市有 10 个，其中涨幅最高的前五位是深圳、上海、南京、北京、福州，涨幅分别为 2.9%、1.9%、1.4%、1.0%、0.9%；同比价格下降的城市有 49 个，上涨的城市有 21 个，其中涨幅最高的前五位是深圳、上海、北京、广州、南京，涨幅分别为 44.6%、15.4%、9.6%、8.2%、6.5%；锦州、丹东为同比降幅最大的两个城市，分别为 5.3% 和 5%。房地产价格变动区域结构

明显，东部沿海地区价格上涨较快，而东北地区价格下降趋势明显。

2015 年 1 月至 11 月商品房销售面积累计值为 109252.74 万平方米，较 2014 年同期增长 7.4%；商品房销售额累计值为 74522.19 亿元，较 2014 年同期增长 15.6%。图 1－3 描述了 2015 年全年商品房销售面积、销售额的月度累计值增长率，可见 2015 年全年房地产市场销售情况回暖趋势明显。

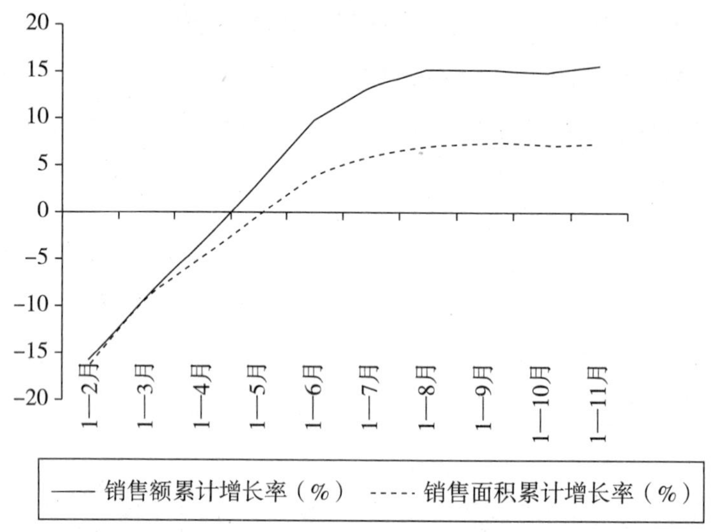

图 1－3　2015 年商品房销售情况

数据来源：国家统计局。

2015 年房地产相关政策相继出台。3 月底中国人民银行、住房城乡建设部和中国银行业监督管理委员会联合印发《关于个人住房贷款政策有关问题的通知》。该通知将使用公积金贷款购买首套自住房的首付比例下浮至 20%；同时，将结清首套房屋贷款的家庭再次申请公积金贷款购房的首付比例限定为 30%。同期，财政部发布通知将个人住房转让营业税免征年限由 5 年恢复至 2 年，带动二手商品房的交易。9 月底，中国人民银行和银监会联合发出通知，在不实施“限购”措施的城市，将居民家庭首次购买普通住房的商业性个人住房贷款最低首付款比例调整为不低于 25%。

在经济结构调整的过程中，经济下行压力加大，通过房地产带动上下游产业链的经济活力，促进建筑业、房地产交易服务业等第二、三产业的发展，目前仍然是刺激经济增长、带动就业的有效措施。

1.1.6　进出口下降趋势明显，欧美依然是主要出口目的国

海关总署于 2015 年 12 月 8 日发布进出口商品国别（地区）数据，2015 年 1

至11月累计出口额为人民币12.71万亿元，同比下降2.2%；累计进口额为人民币9.37万亿元，同比下降14.4%；贸易顺差为人民币3.34万亿元，同比上涨62.8%。贸易顺差的大幅增加是由进口减少过快造成的。

图1－4描述了我国2015年进出口月度变化情况。虽然2015年年初进口额、出口额均出现下滑，但贸易差额为正，且相对稳定。在一季度末二季度初，出口形势依然低迷，进口额的增加快速拉低了贸易差额。2015年下半年人民币相对美元持续贬值，出口商品价格优势明显，出口的稳步复苏使贸易差额恢复了较大顺差状态。

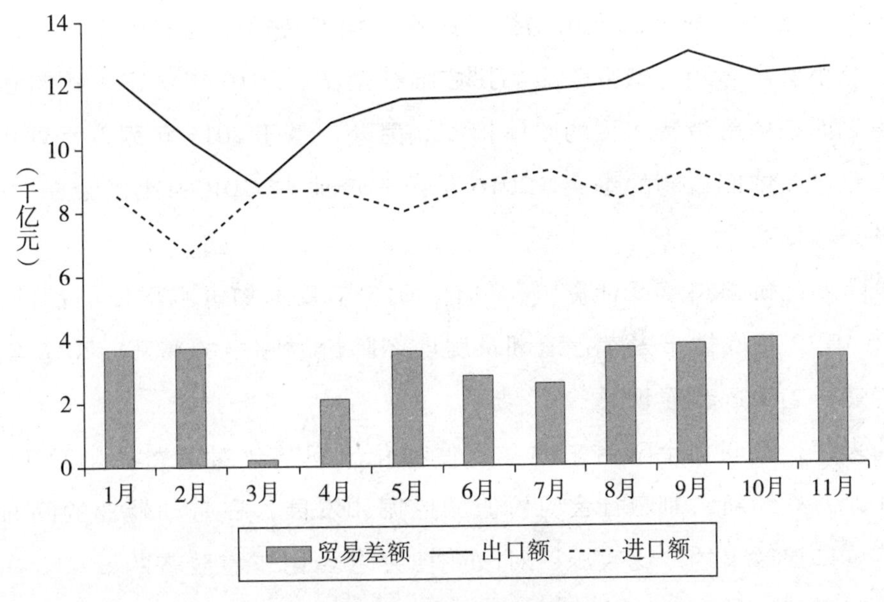

图1－4 2015年进出口额

数据来源：海关总署。

2015年1至11月我国累计出口额最大的前五位目的国（地区）分别为美国（人民币23173万亿元）、中国香港（人民币17706万亿元）、日本（人民币7666万亿元）、韩国（人民币5708万亿元）、德国（人民币3859万亿元）；累计进口额最大的前五位原产国（地区）分别为韩国（人民币9796万亿元）、美国（人民币8286万亿元）、日本（人民币8024万亿元）、中国台湾（人民币8005万亿元）、德国（人民币4947万亿元）。

按照出口额变动程度来看，俄罗斯联邦、巴西、印度尼西亚是我国出口额下降最快的3个国家，其中向俄罗斯联邦出口额较2014年同期下降了35.5%；泰国、菲律宾是我国出口额增长最快的2个国家，较2014年同期分别增长了14.4%、13.7%。

由此可见，欧美发达地区依然是我国当前商品主要的出口目的地，对于“一带一路”沿线国家的出口依然有较大增长空间。

1.1.7 2016年经济形势展望

在世界范围内，全球经济缓慢复苏，其中美国经济复苏较快，而欧洲地区受累于难民潮等因素复苏乏力，“一带一路”沿线国家基础设施短期内依旧薄弱。全球地区纷争不断，为全球经济的复苏带来了更多的不确定性。但是随着中韩、中澳自贸协定的生效，我国2016年出口增速可能较2015年小幅提高。

2016年国民生产总值的支出结构、产业结构都将得到进一步优化。2015年我国一系列缩小贫富差距、城乡差距的措施陆续落实，2016年贫富差距有望进一步缩小，随之而来的是消费水平的整体提高。另外，基于2015年采购经理指数的低迷以及工业产能依旧过剩的事实，2016年第三产业占GDP的比重会在2015年的基础上进一步提高。

受大宗商品价格持续低迷影响，预计2016年我国物价水平依旧稳健。同时，伴随2015年12月底楼市去库存浪潮及房地产降价的呼声的高涨，2016年房地产市场价降量升趋势逐步显现。

总的来说，互联网金融带来的交易便利化、规范化对消费的刺激不容忽视。大众创业、万众创新会刺激社会对价值的挖掘和发展，在带动就业的同时进一步促进消费。二孩政策的广泛实施，对改变社会老龄化有着显著的效果。在这些政策的刺激以及加大基础设施投资的共同作用下，2016年我国失业率预计会进一步降低，GDP增速有望维持在7%的水平。

1.2 2015年金融货币政策分析与2016年展望

1.2.1 金融业企业划分新标准出台

2015年9月28日，中国人民银行会同中国银行业监督管理委员会（以下简称“银监会”）、中国证券监督管理委员会（以下简称“证监会”）、中国保险监督管理委员会（以下简称“保监会”）、国家统计局印发了《金融企业划型标准规定》。

金融业企业分为货币金融服务、资本市场服务、保险业、其他金融业四大类。其中，货币金融服务细分为货币银行服务（银行业存款类金融机构）和非货币银行服务（银行业非存款类金融机构，例如，贷款公司、典当行等）两类；其他金融业细分为金融信托与管理服务、控股公司服务和其他未包括的金融业三类。

《金融企业划型标准规定》按照一个完整会计年度中每季度末资产总额平均值将金融机构划分为大、中、小、微四种类型。表1-4报告了每类金融机构的资产规模标准，发现我国对于金融控股公司和银行业存款类金融机构的资产总额规模要求最为严格，而新标准对于证券业金融机构和信托公司的设立门槛较低。

表1-4　2015年金融业企业类型划分新标准　　单位：亿元

行业	类别	类型	资产总额标准
货币金融服务	银行业存款类金融机构	大	>40000
		中	≥5000且<40000
		小	≥50且<5000
		微	<50
	银行业非存款类金融机构	大	>1000
		中	≥200且<1000
		小	≥50且<200
		微	<50
资本市场服务	证券业金融机构	大	>1000
		中	≥100且<1000
		小	≥10且<100
		微	<10
保险业	保险业金融机构	大	>5000
		中	≥400且<5000
		小	≥20且<400
		微	<20
其他金融业	信托公司	大	>1000
		中	≥400且<1000
		小	≥20且<400
		微	<20
	金融控股公司	大	>40000
		中	≥5000且<40000
		小	≥50且<5000
		微	<50
	除贷款公司、小额贷款公司、典当行以外的其他金融机构	大	>1000
		中	≥200且<1000
		小	≥50且<200
		微	<50

资料来源：中国人民银行网站。

1.2.2 货币政策适度宽松，广义货币余额增速较快

2015 年中国人民银行采用逆回购等工具，灵活开展公开市场操作，1 至 9 月累计投放流动性货币 16750 亿元。与之相配合，9 月、10 月先后两次降低金融机构人民币存款准备金率 0.5%，其中 9 月份为支持三农和提高消费，分别额外降低了涉农金融机构、金融租赁公司存款准备金率 0.5%、3%。

在适度宽松的货币政策配合下，2015 年前三季度我国广义货币（M2）余额为 135.98 万亿元，同比增长 13.1%；狭义货币（M1）余额为 36.44 万亿元，同比增长 11.4%；流通中的现金（M0）余额为 6.10 万亿元，同比增长 3.7%。前三季度现金净投放 763 亿元，同比多投放 489 亿元，11 月现金净投放 428 亿元，远超前三季度的月平均水平。

图 1－5 描述了广义货币（M2）余额的变化情况以及三类货币（M2、M1、M0）同比增速，发现 M2 货币余额增长态势在 2015 年下半年出现了结构性调整。对比三类货币同比增速指标，发现 M2 货币同比增速稳定维持在 13% 左右，M1 货币同比增速出现先降后升的 U 形态势，M1 货币同比增速在 2015 年年初经历较大波动后呈减弱趋势。M1 与 M0 的波动是中国人民银行 2015 年货币冲销政策的反映。

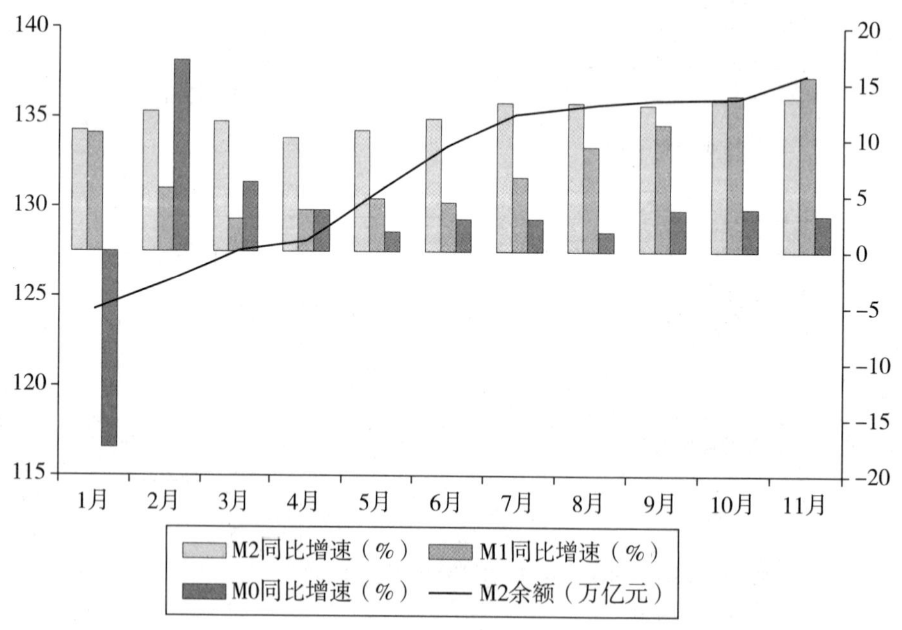

图 1－5 2015 年货币供应量

数据来源：国家统计局网站及中国人民银行《金融统计数据报告》。

2015 年 11 月金融机构存款余额由 2015 年年初的 122.41 万亿元上升至 135.74 万亿元，较 2014 年同期增长 19.9%，在当月存款增量（14300 亿元）中，非金融企业存款增加占比 72.7%。11 月贷款余额为 93.36 万亿元，较 2014 年同期增长 15.3%，在当月贷款增量（7089 亿元）中，非金融企业及机关团体贷款（5011 亿元）比重较大，且以短期贷款为主。

图 1－6 描述了 2015 年各月金融机构存、贷款变动趋势以及同比增速，发现存款同比增速各月差异较大，而贷款同比增速相对稳定。

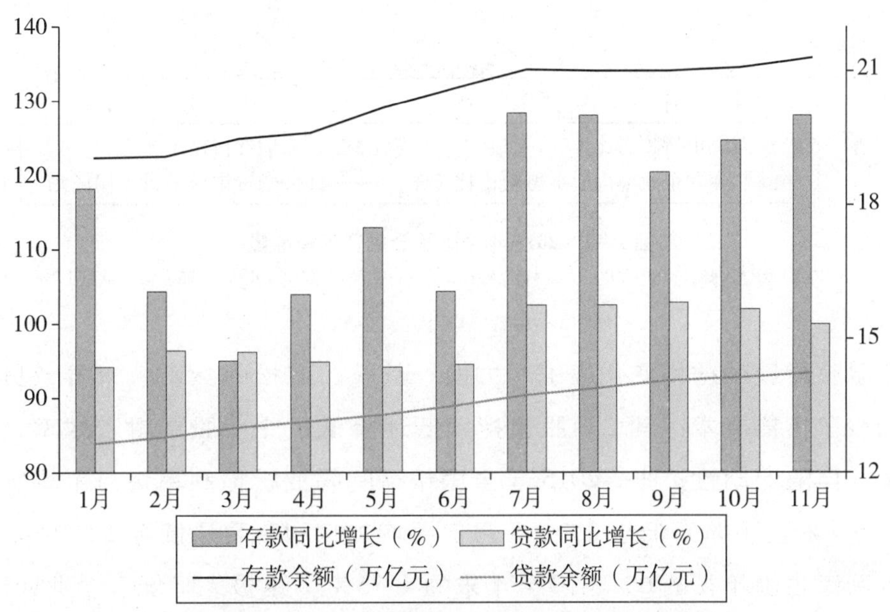

图 1－6　2015 年金融机构人民币信贷收支情况

数据来源：国家统计局网站及中国人民银行《金融统计数据报告》。

1.2.3 资本市场、货币市场冷热不均，社会融资结构调整规模下降

2015 年第三季度社会融资规模存量达到 134.7 万亿元人民币，较 2014 年同期增加 12.5%。其中，人民币贷款、企业债券、委托贷款占比分别为 67.2%、10%、7.5%，是在社会融资规模中占比最高的三个子项。企业债券、委托贷款、非金融企业境内股票是增速最快的三个子项，同比增长分别为 20.4%、18.8%、17.4%。

社会融资规模增量在 2015 年呈现下降趋势，但是企业债券融资规模增量逆势上升，其 1 月份增量为 1821 亿元（占比 8.9%），10 月份升至 2516 亿元（占比 52.8%）。图 1－7 报告了社会融资规模增量的月度数据。

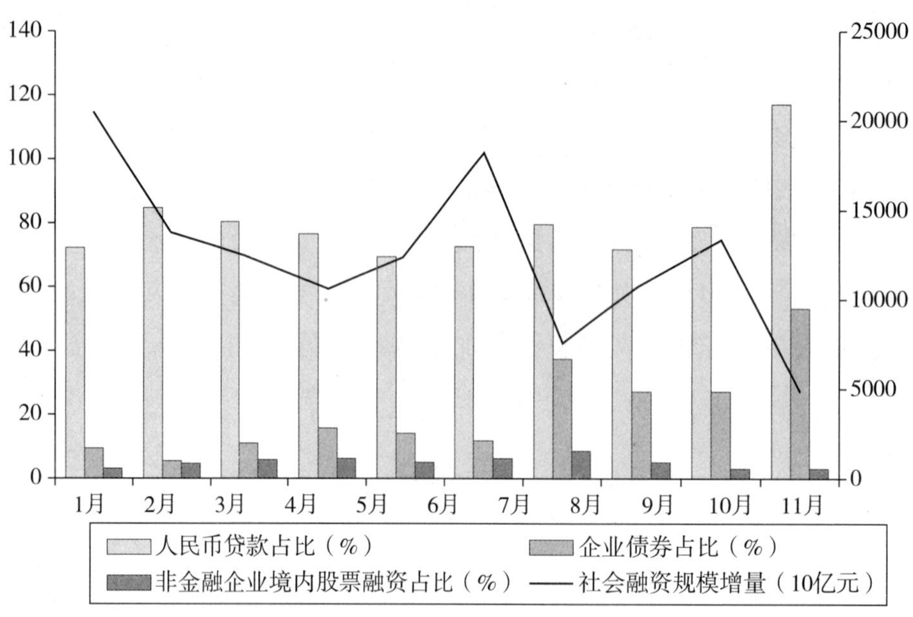

图 1-7　2015 年中国社会融资规模增量

数据来源：中国人民银行网站。其中 2015 年 10 月份人民币贷款占比超过 100% 是由“未贴现银行承兑汇票”融资规模增量为负造成的。

社会融资增量的结构变化源于两方面：其一，宽松的货币政策导致贷款利率下降，减少了借贷成本；其二，股市持续低迷降低了企业股票融资效率，推高了融资成本。伴随流动性扩张，2015 年全国银行间同业拆借利率每月平均加权利率由年初的 5% 左右下降至低于 3%，8 月份平均加权利率更是低至 2.83%。一年期贷款基准利率也由年初的 6% 下降至年末的 4.75%，这极大降低了企业通过贷款、发行企业债券融资的成本。另外，上证综指从 1 月份的 3210 点跃升至 5 月份的 4612 点，此后如过山车一般，8 月份暴跌至 3206 点，深成指波动情况与上证综指保持一致，较大的波动和低迷的股市制约了上市企业股票融资的规模。

1.2.4　人民币汇率波动加大，加入 SDR 并未抵消美联储加息的贬值压力

2015 年人民币兑换世界主要储备货币（美元、欧元、英镑、日元）的汇率变化趋势各不相同。上半年人民币兑美元汇率稳定在 6.1（人民币直接标价法）附近波动，8 月中旬人民币相对美元出现断崖式贬值，一周之内贬值将近 300 个基点，8 月 13 日人民币兑美元收盘价是 1 美元等于 6.401 元，创造年内新低。我国为加快人民币国际化进程，完善人民币兑美元的双向波动机制，缩小人民币离岸、在岸市场的汇率差异，于 8 月 11 日进行汇率制度的改革，因此出现这一现象。进入 9 月份后，人民币兑美元稳步小幅升值，但 11 月美联储加息预期充分释

放后，人民币兑美元进一步贬值，12 月底人民币兑美元汇率约为 6.47。

人民币之于其他货币（欧元、英镑、日元）相对美元出现更大的波动。2015 年上半年人民币相对欧元、日元持续较快升值，相对英镑贬值。基于 8 月 11 日的人民币汇率制度改革，8 月中旬人民币相对主流货币均出现较大幅度贬值，此后人民币呈现汇率超调后的缓慢升值趋势。12 月份受国际局势动荡以及新兴市场国家资本外流影响，人民币兑欧元、日元出现小幅贬值，但随着伦敦离岸人民币市场的建立，中国人民银行在伦敦成功发行了 50 亿元人民币央行票据，人民币兑英镑在年底发力，持续升值。

总的来说，2015 年 8 月份人民币汇率制度改革的目标在于加大人民币对美元的波动率以及双向波动预期，人民币兑主流货币快速大幅贬值。若以此事件为 2015 年年度分水岭，此前人民币兑美元、欧元、日元均出现不同幅度的升值，此后直到美联储打开加息窗口，人民币依然呈现升值趋势。同时，12 月人民币加入 SDR 的“广告效应”并没有为其抵消美联储加息带来的贬值压力，如图 1 – 8 所示。

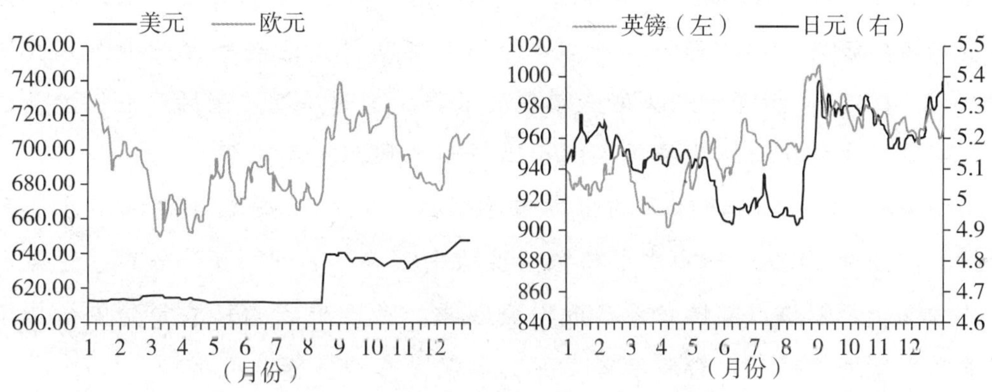

图 1 – 8　2015 年人民币汇率中间价走势

数据来源：国家外汇管理局网站，描述 100 外币折算人民币的价格。

1.2.5　证券市场进一步开放，第三方支付日趋规范

在证券交易上，证监会 2015 年 6 月 26 日发布《境外交易者和境外经纪机构从事境内特定品种期货交易管理暂行办法》，规定境外交易者可以委托境内期货公司或者境外经纪机构参与境内特定品种期货交易。同时，《香港互认基金管理暂行规定》于 2015 年 7 月 1 日施行，依照中国香港法律在香港设立、运作和公开销售的单位信托、互惠基金或者其他形式的集体投资计划，经中国证监会批准后可在内地公开销售。

在第三方支付上，中国人民银行于2015年9月10日发布《非银行支付机构网络支付业务管理办法（征求意见稿）》，该征求意见稿主要涉及开户手续和交易限额两部分内容。其一，支付机构不能为金融机构开立支付账户，实行客户实名制管理，登记客户身份基本信息，核实并确保有效核实客户身份及其真实意愿。其二，对支付机构不采用数字证书等验证方式，将单客户单日累计交易金额限定在1000元以内，同时对年累计额也有相关限定，体现了第三方支付小额、便捷、快速的宗旨。

1.2.6 2016年金融货币政策展望

2016年中国经济基本面将继续维持调结构、稳增长的总体基调，通过互联网金融提高交易便利性从而刺激消费，实现经济内生增长是目前我国合理的政策选择。基于这一目标，2016年货币金融政策将继续维持适度宽松状态，极有可能出现一系列减税刺激计划，同时对互联网金融等业态模式进行规范也是可以预期实现的。

加入SDR使中国面临进一步开放资本市场的压力，伴随着美联储加息，以及中国金融市场波动加剧的影响，资本外流有可能回升，这些都会使中国人民银行在2016年做出进一步降息的决定变得更加艰难。同时，淘汰落后产业、消化过剩产能、实现产业结构升级也要求人民币借贷市场利率不能过低。

2016年中国经济增速保7的压力依然较大，人民币贷款利率也不会上升较快。因此，预计2016年利率水平将维持现状小幅波动，同时预计长期、短期利率差异将会缩小，以降低实体企业长期融资成本。资本市场的开放会给央行货币冲销政策带来更大的挑战，存款准备金率的调整频率也会因此而加快。

虽然中国经济增速较前几年有所下降，但与同期世界其他地区比较仍然具有一定优势。因此，人民币汇率虽然波动区间加大，但随着时间推移美联储加息效应逐步减弱，人民币稳步升值趋势在2016年依然可以实现。

1.3 宏观金融政策对信托的主要影响

2015年10月央行第三次“双降”，据测算，该次全面降准0.5%，能释放6000亿元给商业银行；加上额外的小微、“三农”再降0.5%，约释放2000亿元，两项合计约释放7000亿元到9000亿元资金。第三次“双降”展现出了货币政策一个更为明确的转变，那就是在保持定向宽松的同时，全面宽松成为稳定经济的更为主要的工具。因此，在经历了连续三次“双降”之后，货币政策给出了更为明确的调整信号，即为了保持经济的平稳换挡，货币政策将更多参看实体经济，以稳定对节奏及流动性的管理；同时也意味着，货币政策的节奏稳定之后，围绕着进一步打通资金渠道真正对当前经济产生干扰的融资不畅、投资下滑等问题，会采用货币以外的政策来解决，财政支出扩大、金融体制改革的力度会更大。而“双降”给信托业带来的影响则更加明显和直接。

1.3.1 融资类贷款信托业务非主流、边缘化趋势进一步加剧

从短期影响看，利率管制的基本放开，为推动金融机构转型发展注入了新的动力。随着存款利率上限的放开，在利率受保护的情况下，金融机构“规模即效益”的传统经营模式将不可持续，这有利于推动金融机构树立起“以利润为中心”的经营理念，加快转变经营模式，完善定价机制，提高自主定价能力，实现差异化、多元化、持续化经营，切实提升金融服务水平。

如此宽松的货币政策和资金市场环境对传统的信托业务模式带来巨大冲击。融资类贷款信托业务一直是信托公司的主导业务模式，因此相当程度上信托公司与商业银行开展的是同质性竞争业务。

长期以来，融资类业务都是信托公司占比最大的业务，行业平均占比通常都超过50%，个别信托公司贷款类业务比例甚至高达80%。尽管在净资本管理办法以及“杨八条”出台后，贷款类业务占比有所回落，但中国信托业协会数据显示，到2014年四季度末显性贷款类信托业务（不包括大量存在的“假股真贷”类业务）占比仍为33.65%。而进入2015年后，该类业务在宽松的货币政策的冲击下出现“跳水”，一季度末下降为31.32%，二季度又下降为26.55%。在央行连续“双降”货币政策下，融资类贷款信托业务将面临更加狭小的市场空间，非主流、边缘化趋势进一步加快。

1.3.2 “双降”给信托业带来历史性发展机遇

从长期影响分析，“双降”则给信托业带来诸多有利因素。

1.3.2.1 利率的市场化对信托产品收益率形成“熨平”效应

利率的市场化对信托产品收益率形成“熨平”效应，能有效改变信托产品预期收益长期居高不下的困境。长期以来，信托产品收益率一直在理财市场上一枝独秀，远远高于银行、保险、证券公司等金融机构的理财产品收益水平，“低风险、高收益”有悖规律的产品定位，一直为信托业难以化解的“痛”。而近期以来在央

行“双降”大背景下，受融资方、市场量化宽松、利率持续走低预期以及债券发行条件的放宽等因素影响，社会融资成本普遍下降，加之一些优质项目也必然会选择更低成本的融资渠道，这两方面的因素无疑为信托产品趋势大幅调低产品预期收益率、随行就市、回归供需规律常态，进而熨平资金成本，释放投资压力，化解兑付风险，提供了千载难逢的历史机遇。而目前信托产品的实际走势也充分印证了这一必然趋势。据不完全统计，2015 年 9 月预期年化平均收益率为 8.48%，较 8 月(8.78%)有所下降。基础产业类产品收益率为 9.20%，较 8 月(10.09%)环比下降 8.8%。其余大类信托产品收益率均呈下降趋势，其中金融市场类收益率降幅最大，9 月收益率为 7.51%，较 8 月(10.18%)降幅达 26%，房地产类为 8.94%，环比下降 13.96%，工商企业类为 9.44%，环比下降 6.25%。

1.3.2.2 推动信托公司加速转型，加大投资类产品的比重

信托业从在中国产生之日起，就经历着不断的转型和改革。从融资类向投资类信托转型是近一阶段信托业适应中国经济结构向更合理阶段转变的重要内容，是一次战略性转型。央行连续“双降”最终必然导致信托贷款类业务逐渐淡出市场，信托公司必然要加快向投资类信托业务的转型，根据中国信托业协会数据，投资类信托占比在 2014 年四季度末为 33.70%，2015 年一季度末上升到 35.52%，二季度末已经达到了 39.33%。2015 年一季度以来，曾经融资、投资、事务管理“三分天下”的资产配置正在向以投资类信托为主导的格局转变。

另外，在负利率的大背景下，对于投资者来讲，单靠固定收益类的投资，或将无法为其实现财富增值的目的，在做好资产保值的情况下，配置部分资金做权益类的财富增值投资，比如说在目前全民创业的大背景下必将涌现出一大批优质的公司，信托公司可以通过开展私募股权投资业务建立私募投资信托基金、企业并购基金等，其前景十分广阔。

1.3.2.3 促进信托公司不断拓展市场，开展 QDII 等创新业务

在央行“双降”和全球利率保持低位的情况下，信托公司可以通过开展 QDII 业务、REITs 业务等，将注意力放在亚洲以外的房地产市场。从理论上来说，零风险固定收益产品的收益率为零甚至负值，无法为信托公司带来收益和现金流，但是信托产品的惯例却是有预期收益承诺，为平衡现金流，信托公司攀爬风险曲线是必然的事情，以争取较高的投资回报。适度风险又能提供较高固定回报的资产则首推房地产。

有稳定租金收益的房地产资产属于类固定收益产品，目前收益率又远高过国

债，在仍未走出金融危机状态的国家，房地产类产品值得信托公司关注。当然，房地产资产的流动性不比股市、债市，信托公司需对当地税率、法律以及汇率进行深入研究和掌控。

1.4 2015：我国信托业现状与特征分析

1.4.1 经济步入“新常态”，信托业遭遇“换挡期”

2015 年，全球经济复苏乏力，国内去产能、去杠杆和金融风险凸显多因素叠加，宏观经济增速持续放缓，中国经济已经告别过去 30 年平均 10% 左右的高增长，逐渐步入“新常态”阶段。信托业作为仅次于银行业的第二大金融行业，受宏观经济下行压力等诸多因素影响，截至 2015 年三季度末，信托全行业管理的信托资产规模首次出现自 2010 年第一季度以来的环比负增长。信托业粗放型的断崖式增长亦不复存在，正经历着从高速增长到转型换挡、从规模为先到效益优先、从外生驱动到内生增长的全面转型与升级。

在 2015 年前期中国信托业顶住经济下行压力，资产管理规模再创历史新高。但时隔不久，2015 年第三季度信托资产规模首次出现了负增长，打破了信托业继续高速奔跑的增长惯性。

1.4.1.1 从信托资产总量来看

全国 68 家信托公司第三季度末信托资产规模达 15.62 万亿元，环比增长自 2010 年以来首次出现负增长，为 -1.56%。第二季度信托资产为 15.86 万亿元，环比增长急剧下降为 10.10%。第一季度，信托资产为 14.41 万亿元，环比增长 3.08%。同时，这一年同比增速也在缓慢下降，由第一季度的 19% 回落到第三季度的 17%。如图 1-9 所示。

1.4.1.2 从信托固有资产来看

中国信托业协会最新数据显示，信托公司总固有资产从一季度的 3670.33 亿元增长到 4177.94 亿元，增幅保持相对稳定。同比增速从第一季度的 22.96% 上升到了第二季度的 36.07%，后又回落了 5.46%。详细来看，占固有资产重大比重的投资类在三季度末规模达到 2935.71 亿元，同比增加 53.90%，在资产总额中占比 70.20%，较第二季度末规模下降了 0.88%。贷款类资产占比延续了 2015 年年初走势，继续下降，贷款类资产规模为 381.79 亿元，占比 9.14%。货币类资产规模为 545.45 亿元，占比 13.06%。如图 1-10 所示。

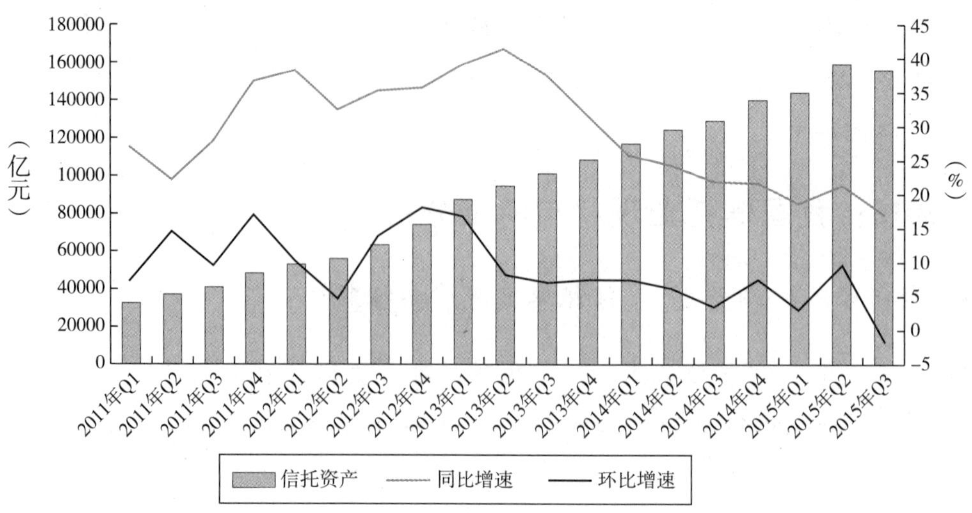

图1－9　信托资产规模（2011年Q1—2015年Q3）

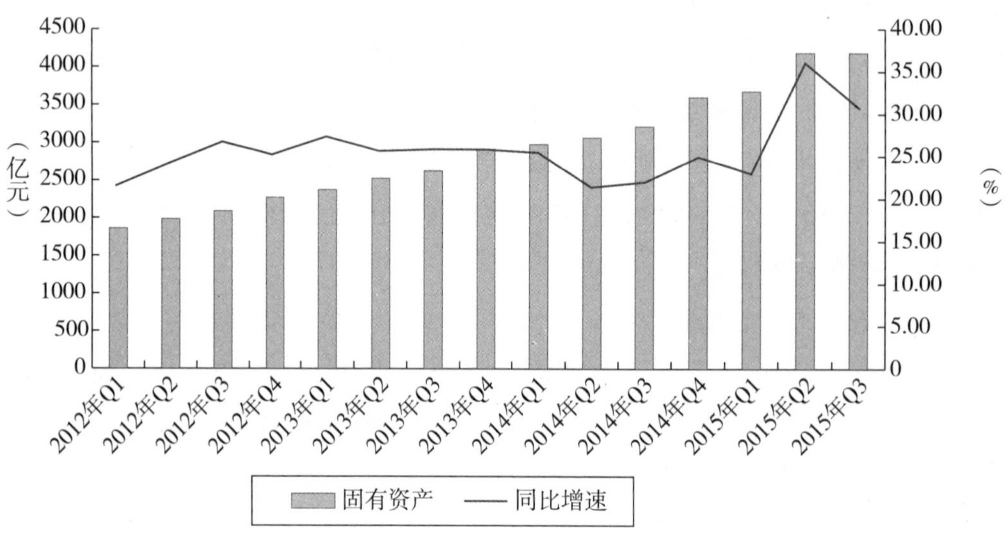

图1－10　信托公司总固有资产（2012年Q1—2015年Q3）

1.4.1.3　从信托资产来源来看

2015年三季度单一资金信托规模达到90879.27亿元，占比58.18%，与第二季度水平相当；集合资金信托规模为52857.22亿元，占比33.84%，与第二季度相比下滑1.5%，规模也略有减少；管理财产类信托规模为12454.40亿元，占比7.97%，与第二季度相比提高了1.4%左右。集合类和财产管理类信托规模占比已经达到40%以上，这表明在行业结构调整时期，业务结构开始调整，信托公司在信托业务中的主动管理能力逐步增强。如图1－11所示。

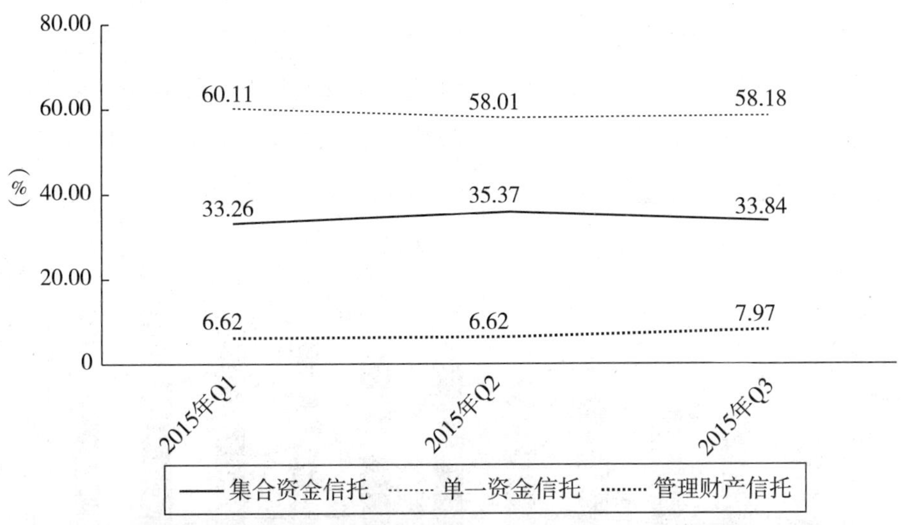

图 1－11 信托资产按来源分类规模（2015 年 Q1—2015 年 Q3）

1.4.1.4 从信托功能来看

2015 年三季度事务管理类信托规模为 5.63 万亿元，占比 36.06%，比第二季度提高了 2% 左右；投资类信托规模为 5.88 万亿元，占比 37.63%，与第二季度相比有所下降；融资类信托规模和占比均有所降低，三季度规模为 4.11 万亿元，较二季度减少了 0.10 万亿元，占比从二季度的 26.55% 下降到三季度的 26.31%。2014 年年末形成的投资类、融资类和事务管理类三足鼎立局面已经有所改变，投资类及事务管理类信托占比有所提升。从长远来看，融资类信托占比会继续下降。如图 1－12 所示。

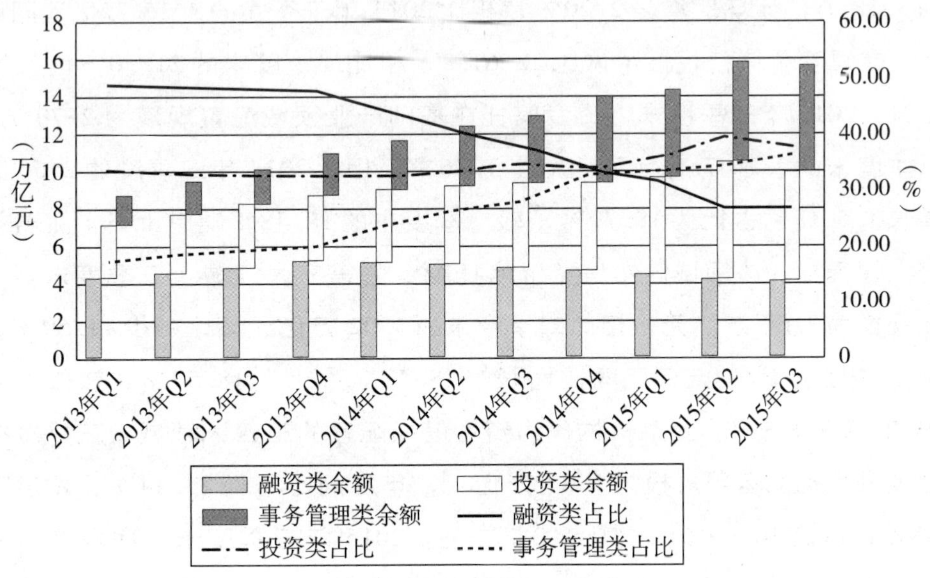

图 1－12 信托资产按功能分类规模（2013 年 Q1—2015 年 Q3）

1.4.1.5 从信托资金投向来看

信托资金五大投资领域分别为工商企业、基础产业、证券市场、金融机构、房地产。2015 年这五大投资方向基本保持稳定，只有证券投资和基础设施信托这两个方面有较大波动。如图 1－13 所示。

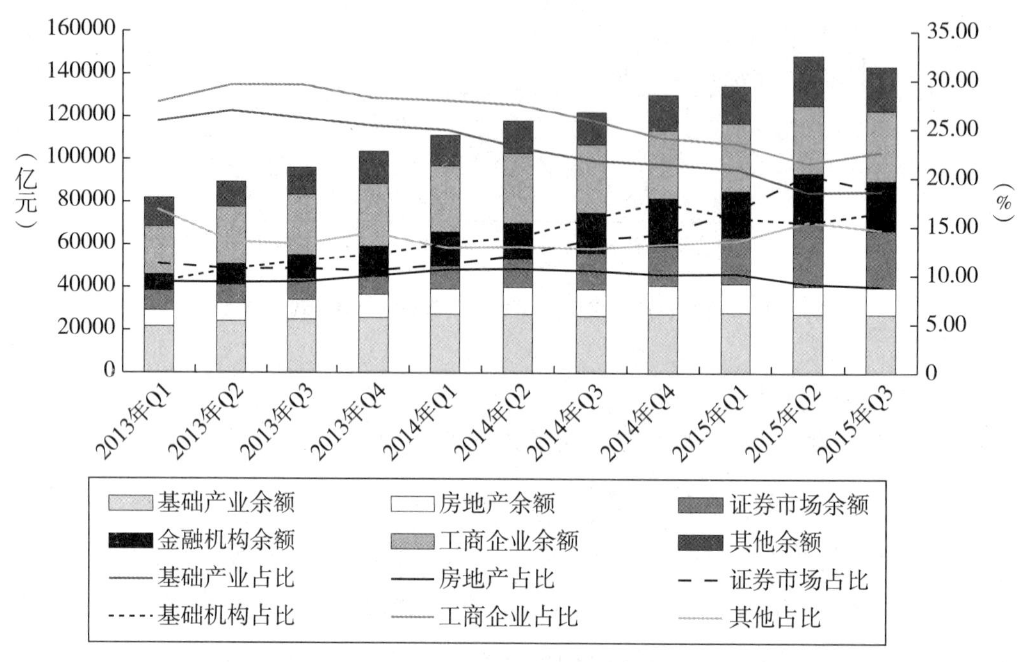

图 1－13 资金信托按投向划分规模（2013 年 Q1—2015 年 Q3）

2015 年三季度末，投向工商企业的资金信托规模为 3.25 万亿元，相比二季度末的 3.18 万亿元环比增长 2.20%，相比 2014 年三季度的 3.15 万亿元同比增长 3.17%；在总资金信托规模中占比 22.61%，相比二季度末的 21.50% 增长约 1%，略有上升。2015 年三季度末，资金信托在基础产业领域配置规模为 2.70 万亿元，相比二季度末的 2.74 万亿元环比减少 1.46%，相比 2014 年三季度的 2.66 万亿元同比增长 1.50%；占比为 18.79%，较二季度末的 18.48% 略有上升。证券投资在三季度大幅受挫，该领域仍然是资金信托配置的第三大领域。三季度末，证券投资信托规模为 2.67 万亿元，相比二季度末的 3.02 万亿元环比减少 11.59%，相比 2014 年三季度的 1.67 万亿元同比增长 59.88%；占比为 18.57%，较二季度末的 20.37% 下降了 1.8%。金融机构作为资金信托配置的第四大领域，三季度末资金信托对金融机构的运用规模为 2.37 万亿元，年度同比增长 23.44%，季度环比增长 4.41%，占比 16.49%，提升 1.2% 左右。2015 年三季度末，房地产资金信托规模为 1.29 万亿元，占比 8.96%，无论是规模还是占比，三季度末水平与二季度末相比都基本持平。

1.4.1.6 从已清算信托产品收益率来看

2015 年信托业已实现的年化综合实际收益率近年来一直相对平稳，处于 6% ~ 8%，在这一年中先上升后又回落。2015 年三季度清算信托项目 1609 个，年化综合实际收益率第三季度为 7.30%，较第二季度回落 2.89%，较第一季度回落 0.81%。而且第一季度也首次超过了 8% 的峰值，达到了历史性的 8.11%，显著超出 2014 年各季度水平和全年平均水平。同时，平均年化综合报酬率保持着 2015 年最初以来的增长趋势，不断向前，由第一季度的 0.40% 到第二季度的 0.50% 之后又在第三季度上升 1.02%。如图 1－14 所示。

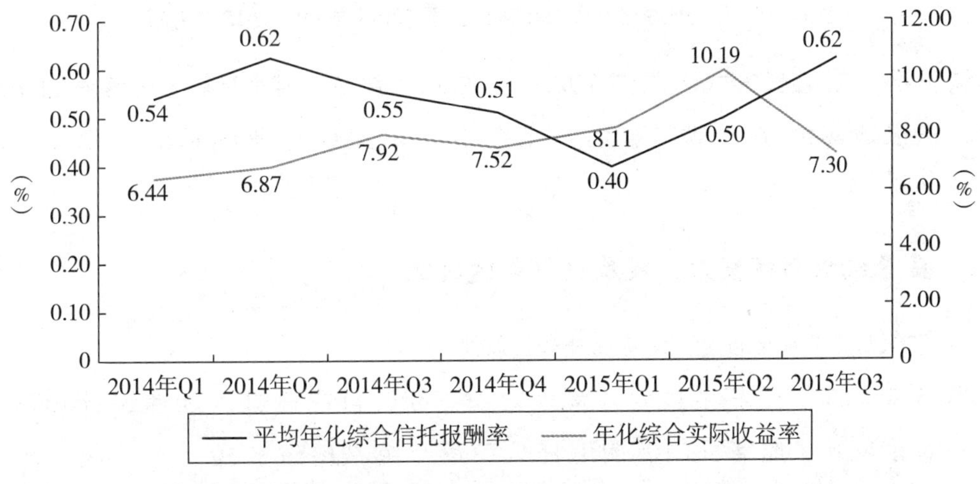

图 1－14 已清算信托产品收益率（2014 年 Q1—2015 年 Q3）

1.4.1.7 从信托营业收入和利润来看

2015 年一季度经营收入为 229.96 亿元，利润总额为 169.31 亿元，之后不断上升到第三季度 822.14 亿元的经营收入和约 548 亿元的利润总额。两者同比增速在第三季度有不小的回落。经营收入同比增速回落 1.34%，而利润总额同比增速回落竟有 8.96%。从公布的数据来看，华宸信托、国联信托、金谷信托、新华信托 4 家盈利降幅超过五成。中诚信托、华宝信托、中江信托、渤海信托等公司也表现不佳，盈利下滑超过两成。如图 1－15 所示。

虽然目前国家整体经济下行，新增信托业务锐减，信托资产首次出现负增长，信托经营收入和利润增幅也都有所下降，但是信托业整体营业收入和利润总额的双重上升，都表明信托公司在信托业务方面仍具有绝对的优势。

2015 年中国信托业仍将面临经济下行和竞争加剧带来的双重压力，旧增长方

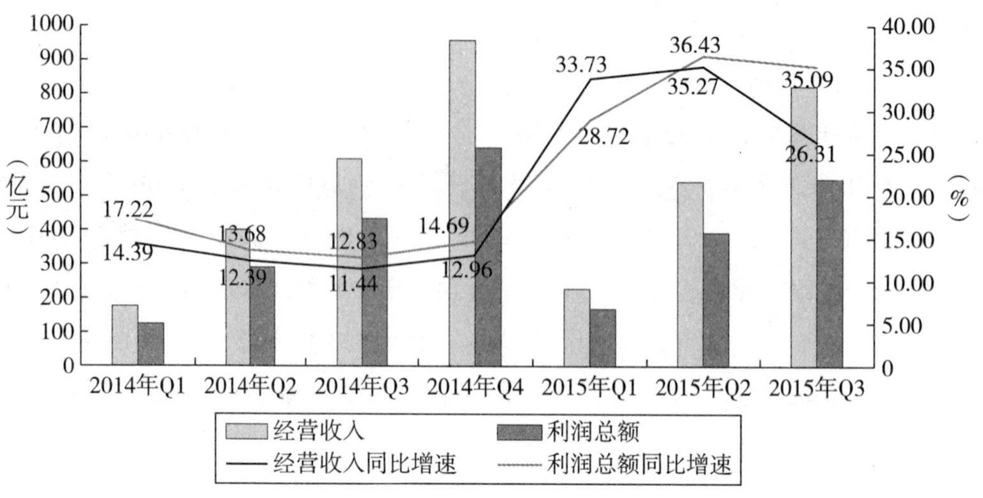

图1－15　信托业总经营收入和利润总额（2014年Q1—2015年Q3）

式继续萎缩，新增长方式尚未完全成型。在此背景下，中国信托业亟须加快转型步伐，积极适应经济新常态和信托业新业态，实现行业的持续、稳步、健康发展。

1.4.2　监管机构频频发力，顶层设计加速推进

1.4.2.1　2015监管新政频发，顶层设计加速推进

2015年以来，信托业监管政策大动作不断，目前已进入加速设计和落地阶段，同时也反映了监管部门促使信托公司逐步缩减传统“短、平、快”的通道业务，加快业务转型的决心。表1－5列出了2015年影响信托业发展的重大决策。

表1－5　2015年影响信托业发展的重大政策

时间	发布机构	政策、文件名称	主要内容
1月	银监会	《依法监管、为民监管、风险监管　银监会实行监管架构改革》	通知设立信托监督管理部，专司对信托业金融机构的监管职责
2月	银监会	《中国银监会办公厅关于做好信托业保障基金筹集和管理等有关具体事项的通知》	进一步明确了信托业保障基金的认购主体、时间、收益及分配等问题

续 表

时间	发布机构	政策、文件名称	主要内容
4月	银监会	将其直管的9家信托公司交由地方银监局监管	中信信托、中诚信托、外贸信托、英大信托、中粮信托、华鑫信托、民生信托、金谷信托和建信信托，除建信信托划归安徽银监局监管外，其余8家信托公司已划归北京银监局监管。至此，全国68家信托公司已全部由各地银监局进行监管
		《信托公司条例（征求意见稿）》	首次以行政法规的形式明确了信托公司业务经营规则，是信托公司“八大责任、八项机制”的全面细化
		《关于做好信托业保障基金筹集和管理等有关具体事项的通知》	要求各家信托公司于2015年4月1日前按2014年净资产余额的1%认购保障基金，4月1日后新设立的信托计划将按照规模向信托公司或融资方征收
	证监会		不得以任何形式参与场外股票配资、伞形信托等活动，不得为场外股票配资、伞形信托提供数据端口等服务或便利
	保监会	《关于保险资金投资集合资金信托计划有关事项的通知（征求意见稿）》	拟取消保险资金投资单一集合信托20%比例上限的约束，保监会在放宽比例的同时要求险企全程跟踪信托投资风险
6月	银监会	《信托公司行政许可事项实施办法》（简称《办法》）	明确信托公司再融资，包括IPO、挂牌新三板及借壳上市的条件。此外，该《办法》对银监部门的审批流程做出细致说明，明确表达出简政放权的意图，并且外资将被允许控股信托公司
	保障基金公司	《关于证券投资类资金信托暂缓认购信托业保障基金的通知》	信托公司二季度发行证券投资类信托可以按照发行规模暂缓缴纳1%的保障基金
7月	证监会	《关于清理整顿违法从事证券业务活动的意见》	对开立虚拟证券账户，借用他人证券账户、出借本人证券账户，代理客户买卖证券等行为进行清理
	中国证券登记结算公司		“重申”证券账户实名制要求，要求信托公司对名下开立的信托产品证券账户进行全面自查
	国家互联网信息办公室		要求全面清理“配资炒股”等违法网络宣传广告信息

续 表

时间	发布机构	政策、文件名称	主要内容
9月	证监会	《关于继续做好清理整顿违法从事证券业务活动的通知》	各证监局应当督促证券公司根据公告的要求，仔细甄别、确认涉嫌场外配资的相关账户。按既定部署开展清理整顿工作，积极与客户沟通、协调，不要单方面解除合同，简单采取“一断了之”的方式。对于符合业务合规性要求的证券账户，各证监局应当督促证券公司持续做好客户服务
	中国人民银行等十部委发布	《关于促进互联网金融健康发展的指导意见》	提出了一系列鼓励创新、支持互联网金融稳步发展的政策措施，积极鼓励互联网金融平台、产品和服务创新，鼓励从业机构相互合作，拓宽从业机构融资渠道，坚持简政放权和落实、完善财税政策，推动信用基础设施建设和配套服务体系建设。确立了互联网支付、网络借贷、股权众筹融资、互联网基金销售、互联网保险、互联网信托和互联网消费金融等互联网金融主要业态的监管职责分工，落实了监管责任，明确了业务边界
10月	中国人民银行		对金融机构一年期贷款基准利率下调0.25%至4.35%；一年期存款基准利率下调0.25%至1.5%；其他各档次贷款及存款基准利率、中国人民银行对金融机构贷款利率相应调整；个人住房公积金贷款利率保持不变。同时，对商业银行和农村合作金融机构等不再设置存款利率浮动上限，并抓紧完善利率的市场化形成和调控机制，加强央行对利率体系的调控和监督指导，提高货币政策传导效率
12月	银监会	《中国银监会现场检查暂行办法》	系统总结了银监会成立十余年来的现场检查经验，归纳和提炼了现场检查工作的基本原则和要求，指出了科学合理立项、创新检查体制、丰富检查手段、充分运用检查结果的工作方向
	中国信托业协会	《信托公司行业评级指引（试行）》（以下简称《指引》）	首次推出对信托公司经营管理情况进行全面综合评价的具体办法。《指引》将信托公司行业评级分为A、B、C三级，结果将对外公布

1. 设立信托监督管理部

过去，银监会非银部管理着信托公司、金融租赁、财务公司、消费金融、汽车金融和货币经纪等机构，累计覆盖313家。而随着信托规模越来越大，业务越来越复杂，监管难度日渐增大，所以单划一个部门来监管十分必要。同时，信托监管部的成立有利于未来信托市场的健康发展，有助于推动监管专业化调整与信托发展同步性。

2. 信托保障基金认购

保障基金占用净资产，提高信托计划的运作成本，使得信托计划在资产管理行业中竞争力下降，进而引起资产管理规模下跌导致的业绩下降，业务结构将发生变化。但对于行业长期发展来讲，保障基金避免产生系统性风险，这是对于构建市场化维稳机制的有效尝试。

3. 再融资

2015年4月银监会下发了《信托公司行政许可事项实施办法（征求意见稿）》，6月正式发布了《信托公司行政许可事项实施办法》。首次明确了信托公司再融资的条件，尽管正式出台的版本将相关内容全部删除，但银监系统官员2015年以来关于“鼓励符合条件的信托公司上市”的数度表态还是让业界充满希望。比如，山东信托谋划主板上市，中信信托也开始着手上市研究工作，重庆信托完成股改开启IPO征程，还有长安信托、渤海信托等一批信托公司筹备挂牌新三板。

4. 信托公司条例

《信托公司条例（征求意见稿）》首次将公司评级与展业范围挂钩，这对于评级优秀的信托公司来说是重大利好，而对于评级较差的信托公司来说或许意味着灭顶之灾；改变行业只进不出的现状，促进行业的有序竞争；首次提及“杠杆率”和“风险集中度”，意在丰富信托公司的监管指标，加强风控监管。该条例有利于改变信托公司无法上市、无法负债经营的现状，有利于完善信托公司资本补充渠道，同时也完善了监管标准。

5. 清理伞形信托

信托创新产品伞形信托野蛮生长，部分产品更是将高杠杆特性演绎到极致。为控制风险，证监会高压政策再三管控，伞形信托在数月之内急剧缩水。截至2015年9月30日，多家信托公司的伞形信托被清理完毕。

6. 行业评级

开展行业评级有助于加强行业自律管理，进一步促成优胜劣汰，但在另一方面也令诸多综合实力处于行业中下游的信托公司“压力山大”。

7. 央行“双降”

从短期来看，当前的货币政策和资金市场环境对传统的信托业务模式带来冲击。从长期来看，社会融资成本普遍下降，一些优质项目选择更低成本的融资渠道，这两方面因素为信托公司调低产品预期收益率，“熨平”资金成本、释放投资压力、化解兑付风险提供了机会；推动信托公司加速转型，加大投资类产品比重；促进信托公司不断拓展市场，开展QDII等创新业务，从而将注意力放在亚洲以外的房地产市场上。

1.4.2.2 勇于直面新挑战，抓紧机遇谋革新

监管部门的一系列行动正是信托新政“控风险、强监管、促转型”之宗旨的全面体现。信托业在受到监管部门着重“照看”的同时，行业本身也顺应新政，直面挑战，抓紧机遇。

1. 挑战形势严峻

（1）监管严格，合规成本上升

2015年以来，监管部门对于信托业依旧没有放松警惕，连连发布一系列政策。虽然这些政策使得信托业法律法规更加完善，但毫无疑问从另一方面来说，这也提高了信托公司的合规成本，使其也要面临市场规则变更所带来的行业变革。例如，行业评级办法的提出，使得一些注册资本低、规模小，但产品创新的信托公司推广销售难度增大，带来些许负面影响。信托保障基金认购等条例，会加重融资成本，挫伤融资方选择信托融资的热情，加大信托公司的资本压力，对信托通道业务的发展产生不利影响。

（2）最大离职潮

受监管政策及经济下行影响，信托业的地产、地方融资平台以及证券投资类三大业务，或面临停滞，或逐渐萎缩。信托业迎来近年来最大规模的人才流失。监管部门多次严格控管信托业，使得行业部分业务寡淡，尤其对于伞形信托的叫停，更使得新发产品也陷入停滞。据对部分信托公司的统计显示，2015年信托公司离职现象较往年有较大幅度增加，个别公司甚至可称为掀起了离职潮，相关人员要么奔向其他信托公司，要么选择其他金融机构。

（3）伞形信托终将成为历史

截至2015年2月，伞形信托估算规模已超过3000亿元，相比2014年12月的估算数字翻了一倍，银行降杠杆限增速。监管层为了加强对于伞形信托的监

管，出台了不少新的规定，使伞形信托的开展难上加难。直到2015年8月末，监管层直接下文要求清理存量伞形信托，才彻底阻断了伞形信托。2015年9月17日，证监会又发布《关于继续做好清理整顿违法从事证券业务活动的通知》，尽管这份文件被市场解读为监管态度有所缓和，但伞形信托仍在清理范围之内。至此，伞形信托将成为历史。

2. 重大发展机遇

（1）参与混合所有制改革

党的十八届三中全会明确提出，“要积极发展混合所有制经济”“混合所有制是我国基本经济制度的重要实现形式”。当前，进入新常态的信托业，正面临结构调整，降低风险型的融资类业务占比，提高收费型的投资类业务、投行类业务以及事务管理类业务的比重的任务。而混合所有制改革所蕴含的业务机会，正好与信托业的业务转型方向相契合。信托参与和支持混合所有制改革方式：以信托基金方式参与国有企业的成熟项目的股权投资；以PE基金方式参与国有企业的高新技术创业项目的私募股权投资；职工持股信托；MBO信托；以信托基金方式参与国有企业的并购投资。信托作为实体经济与资本的服务机构，要结合自身情况，不断总结经验，助推中国改革的深化，实现双方的共赢。

（2）投融资需求

2015年GDP第三季度末为173595亿元，虽然增速有所放缓，但依然保持着较快水平，未来经济发展仍将产生较大的投融资需求。截至2015年上半年，社会规模融资增量8.81万亿元；广义货币M2余额133.34万亿元，同比增长11.8%，狭义货币M1余额35.61万亿元，同比增长4.3%；人民币贷款余额88.79万亿元，同比增长13.4%。这预示对于信托公司，市场还有很大的潜力，要抓住商机，针对不同的客户提供不同的服务，满足市场需求。

（3）财富管理需求旺盛

最新数据显示，2015年中国私人财富将达到人民币110万亿元，高净值家庭数量达到201万户，拥有约41%的私人财富。而调研结果显示，68%的受访客户愿意承担一定风险，该比例较2012年客户调研数据大幅增长。在经济新常态、财富管理及金融市场皆日趋成熟的大环境下，信托公司有机会借此激发客户的投资热情，拓展业务。

2015年经济新常态下信托迎来新发展，监管部门频频颁布新政，完善各项规章制度，逐渐与国际监管准则接轨，这为规范信托业提供了强有力的武器。信托公司也积极响应新政，助推改革，利用宏观经济发展所带来的较大的投融资需求和财富管理需求扩大业务，不断创新转型。

1.4.3 风险防控须增强，打破刚性兑付要有序

信托业一直以来维持着高速的增长，信托产品大规模发行，在金融行业中跃升至第二位，仅次于银行，实现了难以复制的辉煌。而现在随着宏观经济增长换挡、资管竞争加剧、利率市场化深入和风控压力上升，实体经济未有明显好转，企业就很容易出现业务发展未达预期，难以按时还本付息进行刚性兑付的情况。这种高发的刚性兑付危机，已经影响到了信托业的健康有序发展，无论是相关的监管部门还是信托公司自身，都应直面刚性兑付危机，严格防控风险。

1.4.3.1 刚性兑付危机频发

在国内经济经历结构性转型的阵痛、实体经济增速放缓的背景下，投向实体产业的信托类产品收益正在走低，风险正在放大；同时，证监会打击场外配资、对伞形信托的清理，也使得证券信托产品整体陷入低迷。2012 年、2013 年发行的信托产品到2015 年开始集中进入兑付期。而这两年企业的业务经营却未达到预期的同步增长，信托到期后难以按合同约定支付利息甚至是本金。2015 年信托业迎来“兑付爆发年”。

数据显示，如图 1－16 所示，2015 年全年共计有 15859 只产品到期，总规模达 44538 亿元，3、4、5、6、9、12 月到期量及到期个数较大，且集合信托在二季度、四季度兑付较多。具体来看，2015 年信托公司兑付排行显示，中航信托以 239.37 亿元位列榜首，华鑫信托、重庆信托也均以超过 200 亿元的规模分列第二、三位。

据不完全统计，2015 年信托产品明确公告“提前清算”“提前结束”或者“提前兑付”的已达到 214 起；一季度、二季度，每个月平均清算产品数量约为 10 只。三季度达到清算的高峰，总共有 83 只，平均每个月有约 28 只产品。截至目前，四季度提前结束的集合资金信托也达到 53 只。这其中多个房地产项目赫然在列。2015 年全年预计共有 822 只集合房地产信托项目到期，到期规模将达 2303.15 亿元，平均年收益率达 9.52%。由此可见，2015 年房地产集合信托面临的兑付压力超过 2500 亿元。

2015 年以来，面临信托合同按期兑付压力的产品已达 15 个，涉及资金总计 162.29 亿元。

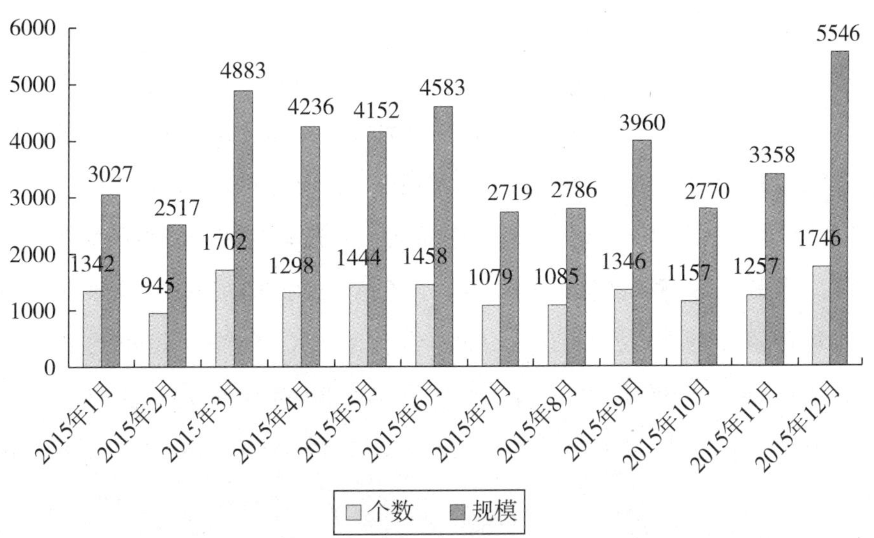

图 1－16　2015 年信托产品到期个数及规模

表 1－6 列出了面临信托合同按期兑付压力的 14 只产品。

表 1－6　2015 年面临信托合同按期兑付压力的信托产品汇总

产品名称	涉及资金（亿元）
黄氏装饰城二期	3.29
郑州熹曼股权收益权 1 号	20.5
镇江冠城计划二期	0.74
奈伦农业示范园区项目	2.66
汇源 6 号	6
宁波新金和	2
大雄特定资产收益权项目	1.5
中杭股份流动资金贷款项目	2
汇聚 2 号	10
华宸未来淮南志高资管项目	1
长城新盛——3 号	2
长城新盛——股权收益	
古冶产业链信托	5
华澳·长昊 27 号	6

在行业发展初期，刚性兑付维护投资者的合理权益，避免信托公司潜在的声誉风险，在一定程度上促进了行业发展。但这种以非市场化手段进行兜底的刚性兑付行为背后隐含的风险也不容小觑。刚性兑付所带来的风险如下。

1. 引发系统性风险

刚性兑付异化信托业务本质的另一个表现是风险与收益的不匹配。信托业尤其是集合资金信托业务飞速发展的一个重要原因是刚性兑付背景下信托产品“高收益，零风险”的现象，此现象吸引了大量社会资金涌入信托市场，但随着刚性兑付对于信托公司乃至信托行业不可长期维系，资本收益长期不能得到合理风险定价等问题，极易引发系统性金融风险。同时，引发和加重系统性金融风险的另一原因是随着资管市场的全面开放，银信合作、证信合作、基信合作、保信合作等新的业务合作模式不断涌现，不同金融机构之间的合作进一步加深。一旦信托市场发生系统性风险，极易将风险传导至其他金融部门，进一步加深金融行业的系统性风险。

2. 加重经营风险

刚性兑付在一定程度上异化了信托业务“受人之托，代人理财”的信托本质，以信托公司及关联方信用为信托计划提供了隐性担保，使得其承担的实质风险超越了净资本约束的范围。随着行业的不断发展以及受托管理资产规模的不断扩大，刚性兑付背后所隐含的风险将超出信托公司的承受范围，这势必会影响信托公司的长远发展。

3. 增加解决成本

如果刚性兑付风险没有在合理的控制范围内，那么随着刚性兑付潜规则的不断深入，解决成本也将会越来越大。一方面，刚性兑付可能引发信托规模尤其是集合资金信托规模的非理性发展，随着规模的扩大，背后的风险及解决问题的成本也将不断扩大；另一方面，刚性兑付导致信托产品市场缺乏合理的风险定价，导致投资者对信托产品风险缺乏必要的认识和判断，不利于信托产品市场的成熟，这必将导致信托产品市场向非理性的方向发展，问题解决的社会成本也将不断加重。

近几年，信托刚兑违约频率增高以及这背后的隐患，已经让我们意识到，信托业低风险的时代已经过去了。但由于实体经济的不景气，信托公司的风险项目随之增多。

图 1－17 为 2014 年 Q4 到 2015 年 Q3 信托公司风险项目个数及规模。

最新统计数据显示，截至 2015 年三季度末，信托行业风险项目有 506 个，比二季度末增加 56 个，规模达到 1083 亿元，比 2014 年同期增长 31.51%，较二季度末环比增长 4.74%。虽然相较于前几个季度增速有回落，但是依旧可以看出部

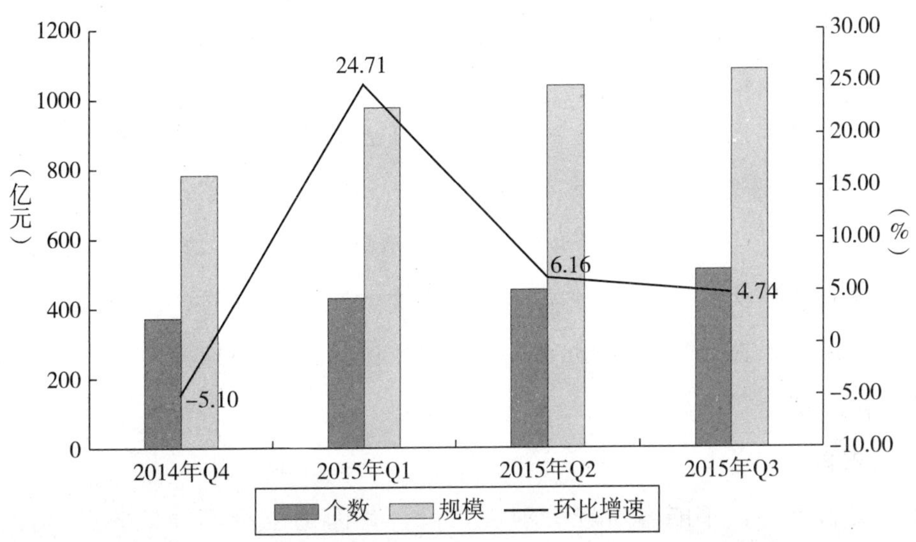

图1-17 信托公司风险项目个数及规模（2014年Q4—2015年Q3）

分信托产品风险隐患还是很大的。因而，刚性兑付问题亟须通过有序、系统、合理的方式加以解决。

1.4.3.2 信托业“破刚”路线

多数兑付风险事件依靠信托公司自垫资金等方式埋单，并未真正消除或分散风险，这不仅损害信托公司的利益，更严重制约行业的发展。只有真正解开刚性兑付难题，才能使信托业在风险处置的意义上步入市场化正轨。

2015年3月中国信托业协会发文提示信托产品正确的“打开方式”。文中称，信托公司应切实履行“卖者尽责”义务，坚持把合适的产品卖给适合的对象，在产品营销时向投资者充分揭示风险，不得存在虚假披露、误导性销售等行为。投资者应切实履行“买者自负”义务，要仔细阅读认购风险申明书，在确定购买信托产品后，签署相关合同，根据合同内容履行买者责任，自行承担风险损失。

1. 卖者尽责

尽责，就是要认真做好自己的本职工作。信托公司要尽责。信托公司必须从产品设计、尽职调查、风控监管、产品营销、后续管理、信息披露和风险处置等环节入手，全方位、全过程、动态化地进行管理。尤其针对项目投后管理方面，要时时跟进和进行风险监测，对于房地产等重点风险领域，需要定期进行压力测试。风险的处置方式必须市场化。信托公司的股东要尽责，应承诺或在信托公司章程中约定，当信托公司出现流动性风险时，给予必要的流动性支持。信托公司经营损失侵蚀资本的，应在净资本中全额扣减，并相应压缩业务规模，或由股东及时补充资本。信托产品的项目经理需要尽责，尤其是高风险项目，应安排专人跟踪，责任明确到人。项目风险暴露后，信托公司应全力进行风险处置，在完成风险化解前暂停相关项目负责人开展新业务。销售人员要尽责。规范产品营销中，提到了“坚持合格投资人标准”和“坚持私募标准”，准确划分了投资人群，坚持把合适的产品卖给适合的对象，承担售卖的责任。同时，要求在产品营销的时候必须向投资人充分揭示风险，将产品信息的风险充分披露，不对投资者进行任何误导性的销售行为。

2. 买者自负

对投资者而言，不能盲目轻信刚性兑付，片面追求高额预期收益，如何控制风险才是首要考虑因素。投资者在选择信托公司时，首先需考虑信托公司的风控能力，投资者可以通过财务报表中资产负债率、不良资产率、风险准备金、信托杠杆率、净资产及净资本规模等数据进行判别。其次，投资者需了解以往信托公司管理的信托产品状况，是否出现过兑付危机产品，处置风险能力如何。最后，投资者应该选择背景实力相对较强的信托公司。新常态下，投资者除了应慎选信托公司外，还需比较投资产品。投资者在选择信托产品时，先要了解目前的业务转型趋势，然后需要注意这些提前清算可能会带来的资金二次投资风险。

3. 信托业的监管层

一方面，要对买者尽责的现象进行监督。对信托投资计划进行彻查，并转变监管方式，使监管重心从产品的结果转向过程，让产品发行和运营的信息真实透明。对信托方和代销机构造假等违规行为造成的兑付危机，监管层应严惩不贷；对因行业变化等外部原因造成的兑付危机，则应让投资者风险自担。真正依靠市场机制，让信托投资行业回归到“受人之托、代人理财”的本质。另一方面，要对投资者进行风险教育。让投资者明白信托产品并非负债类产品，做不到任何时候都可以刚性兑付，随着理财产品的集中投入，行业效益发生变化，刚性兑付会逐渐弱化乃至消失。同时在规章制度方面，尽快完善相关政策，使之既有利于投资者规避风险，又有利于信托业的健康发展。

飞速发展的信托业，被频频出现的兑付事件蒙上了一层阴影。这个阴影必须尽快解决，实现有序“破刚”。做到卖者尽责，买者自负，信托业才会走得更远、更健康。

1.4.4 大资管时代“群雄并起”，信托业亟待脱颖而出

近几年，监管层推出一系列市场化改革措施，逐步打破了银行、券商、保险、基金、信托、期货等各类资产管理机构之间的竞争壁垒，形成了相互交叉、跨界竞争、创新合作、混业经营的“大资管时代”发展态势。2015 年大资管进一步加深，信托业身处其中，压力不断加深。

截至 2015 年上半年，国内广义资管规模已超过 60 万亿元，呈现快速发展态势。银行业类金融机构资管规模接近 33 万亿元，国内银行理财规模已突破 18.4 万亿元，信托资产管理规模 14.4 万亿元；证券期货经营机构资管规模也已突破 30 万亿元，其中，基金管理公司管理公募基金规模 7.11 万亿元，基金管理公司及其子公司专户业务规模 9.05 万亿元，证券公司资产管理业务规模 10.25 万亿元，期货公司资产管理业务规模 419 亿元，私募基金管理机构资产管理规模 3.89 万亿元；保险业总资产规模突破 11 万亿元。资管行业规模的不断扩大以及牌照优势的不复存在，均进一步加剧了市场竞争，使得信托业独享超额利润的时代已经过去。如图 1 – 18 所示。

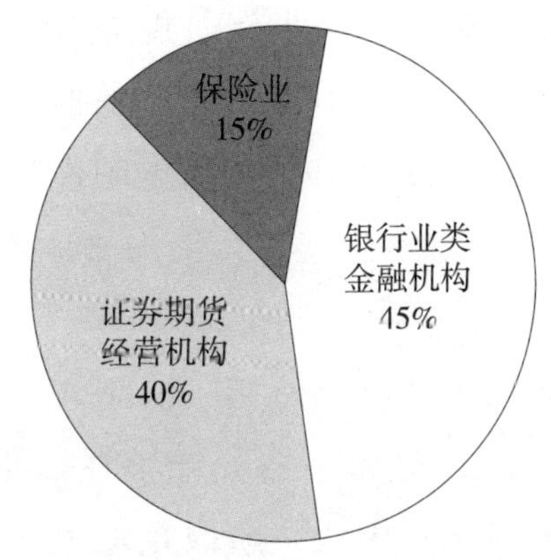

图 1 – 18　2015 年上半年资产管理行业的规模

1.4.4.1 私募创建公募潮

在股市赚钱效应的驱动下，2015 年公募基金规模总体强劲增长。根据基金业协会发布的数据，截至 11 月底，各类公募基金总规模达到 7.2 万亿元，比 2014 年年底增长了 2.67 万亿元，增幅达到 58.84%。公募基金规模超过 7 万亿元，也创造了历年新高。如图 1 – 19 所示。

即便公募基金公司已进入竞争激烈的“百舸争流”时代，这个行业仍然频频掀起扩编潮。根据证监会有关数据统计，截至 2015 年 11 月 27 日，除了现有的

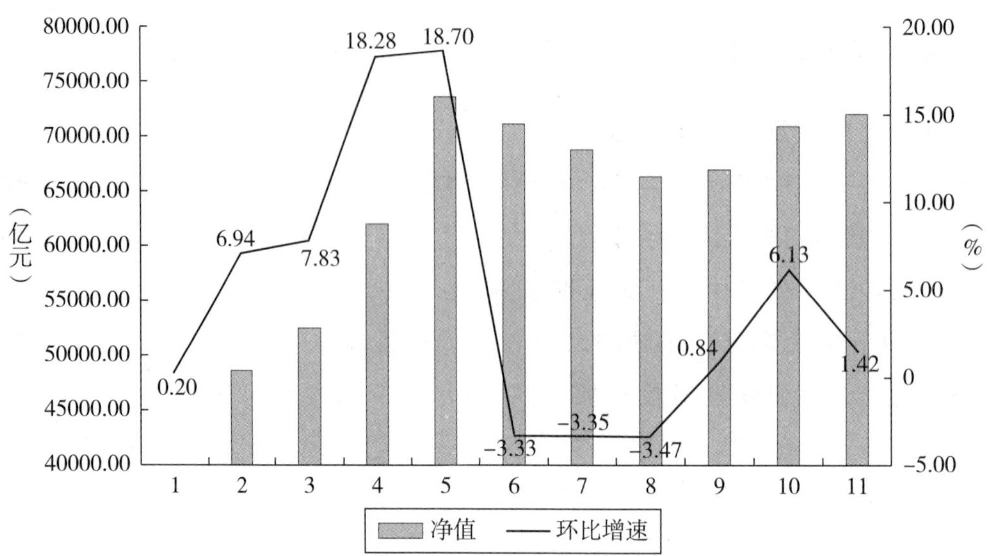

图1-19 公募基金总规模（2015年1月—2015年11月）

100家公募基金公司以外，又有24家公司提交设立基金管理公司的申请。在这24家等待“准生证”的公司中，还有不少是私募拟发起成立的公募公司，其中不乏公募明星基金经理出走创业的大型私募机构。证监会网站日前发布的最新基金管理公司设立申请公式表显示，著名私募大佬、规模最大的私募基金掌门人裘国根所属的重阳基金管理有限公司的设立申请材料被证监会接收，该基金的两大发起股东分别为上海重阳战略投资有限公司和上海重阳投资控股有限公司，两者持股比例分别为75%和25%，重阳基金注册地为上海市。同时，鹏扬资产、凯石投资也已申请公募牌照。

这些私募大佬在私募领域地位稳固之后，又争相进入公募业，主要是考虑到公募基金的投资者群体更广泛，可以申请社保委托资格等。但是即使拿到牌照，其也需考虑银行渠道费用等成本产出比，所以重心或仍放在私募业务，等牛市来临时，再大力发展公募业务。毕竟牛市之下，公募基金能赚取趋势效应，规模增长也比私募快。

私募与信托两个行业都是资产管理市场的分食者，二者都在不断争取资产管理市场中的更多份额。并且私募基金与资金信托有很多相似性，二者都要从投资者手中募集或集中资金，在资金集中起来以后进行的投资活动和利益分配等也大体是相同的。2015年的私募水涨船高，截至11月底，已备案私募基金22217只，认缴规模4.79万亿元，实缴规模3.82万亿元。这种高速发展必然会侵蚀有着业务同质性的信托业，并且私募大佬还在寻求公募发展，二者联合，再一次对信托业造成打压。

1.4.4.2 银行或持有券商牌照

伴随着银行混合所有制改革拉开大幕，混业经营备受关注，放开券商牌照的问题亟待解决。2015 年 6 月 24 日召开的国务院常务会议通过了《中华人民共和国商业银行法修正案（草案）》，除了取消存贷比外，更重要的是涉及银行经营业务范围的进一步完善和补充，给混业经营在法律层面上预留了空间。由于银行直接持有券商牌照牵涉一行三会的监管权属问题，需要时间协调和解决。从国际经验来看，先有试点性的银行混业经营案例再修改法律是通行做法。国务院或将择机试点，特批部分银行直接持有券商牌照。

不过随着大资管时代的不断推进、利率市场化以及银行业绩的明显下滑，已有多家银行通过境外全资子公司来收购证券公司的股权，曲线涉足证券经营。据公开披露的资料显示，在 A 股上市的 16 家商业银行中，已有 6 家银行通过子公司持有券商牌照，分别是中国银行、工商银行、建设银行、农业银行、交通银行和招商银行。同时，兴业银行也在筹划收购华福证券 60.35% 的股权。在这些银行子公司收购的券商里，除了中国银行通过全资控股的中银国际设立并控股了中银国际证券，获得了内地证券承销牌照，可做中国香港和内地券商业务外，其他 5 家银行子公司收购的券商业务范围基本都在中国香港。

作为储蓄率世界排名第一的国家，中国不管是居民还是企业，都有很深的银行“情结”，因此银行发展有着得天独厚的优势。截至 2015 年 11 月，银行业总规模 1911819 亿元，同比增长 15.5%。银行业不仅快速发展，现在还有望合法获得券商牌照进行混业经营，信托业的资本市场投资业务必然会受到一定程度的冲击。

1.4.4.3 保险进军信托领域

2015 年保险业发展迅速，原保险保费收入持续上涨，从 1 月的 4005.56 亿元上升到 11 月的 22396.65 亿元，同比增长速度也一直保持在 18% 左右，在 3 月更是达到 20.37%。如图 1－20 所示。

随着保险业的壮大，保险公司开始进军全金融平台。信托平台就是其中之一。2015 年 1 月国投信托宣布成功引入泰康人寿等战略投资者。增资完成后，国投信托的注册资本由 12.048 亿元增加到 21.905 亿元，净资产突破 40 亿元，可支持信托资产规模达到 3500 亿元，公司名称将由“国投信托”变更为“国投泰康信托”，泰康人寿保险股份有限公司、泰康资产管理有限责任公司合计持股 35%。成功入股国投信托标志着泰康人寿正式进军信托业。无独有偶，早前中国人寿就出资 24 亿元入股重庆信托，持股比例达 23.86%。人保集团出资 80875 万元入股

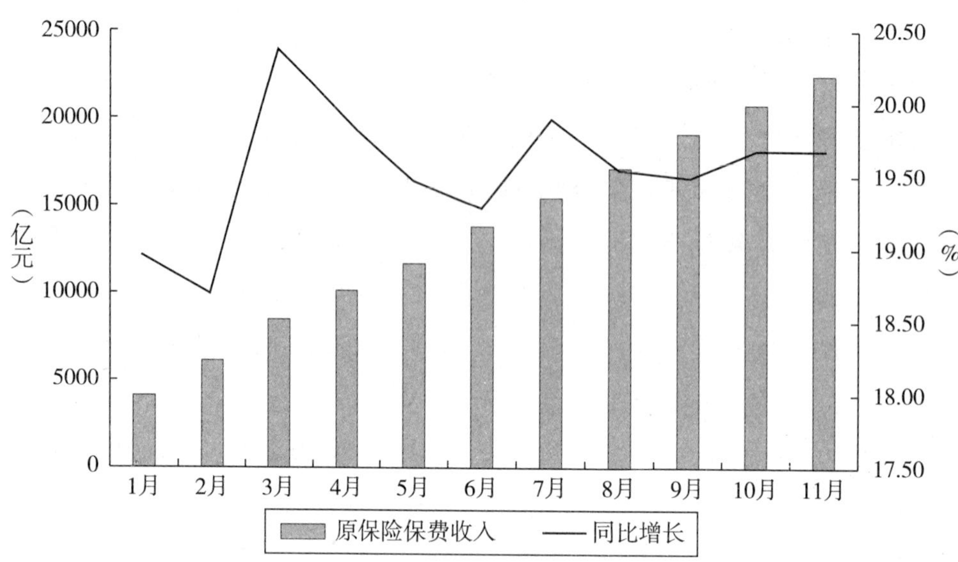

图1-20　保险原保险保费收入（2015年1月—2015年11月）

中诚信托，持股比例达32.9206%。安邦人寿保险股份有限公司与安邦保险集团股份有限公司分别斥资6635.3万元、2312万元入股天津信托，合计持股比例达5.26%。多家保险公司入股信托公司大多出于战略投资方面的考虑，同时也希望可以获得信托牌照。

保险业在资金运用方面一直有着不错表现，不断打破保险资金“体内循环”的模式，实现与银行、基金、信托等机构的对接。对于2015年不断有保险公司入股信托公司事件，信托业在意识到保险业通过信托平台延伸其资管业务的同时，还要审时度势开拓创新，充分运用好保险这一巨大平台，在“信保合作”业务创新中寻求新发展，实现新目标。

1.4.4.4　*互联网金融崛起，或对传统理财产品产生颠覆效应*

通过“互联网+”的技术创新和金融服务融合互动式突破，各种互联网理财产品进入大众视线。传统理财产品的门槛较高，实际把大量中低收入人群摒弃在金融消费之外，互联网理财产品的购买门槛经常低至1元乃至1分，这带来了全新的增量消费者，不但扩大了市场范围，而且向全社会进行理财教育、普及理财知识。

最为突出的产品余额宝是阿里巴巴通过收购天弘基金完成的。天弘基金发布的最新基金净值公告显示，自2013年6月余额宝上线以来，余额宝累计已经为用户创造收益445.69亿元，截至2015年第三季度，余额宝规模为6446亿元，仅余额宝的资产净值规模便超过了6000亿元，环比增速5.10%。虽然第二季度较一季度末7117.24亿元萎缩了983.43亿元，降幅为13.82%，但在百家基金公司争鸣中，余额宝依旧保持着自己的雄厚实力，在第三季度基金行业榜单中再次夺得公募基金规模、资管业务总规模双项第一。如图1－21所示。

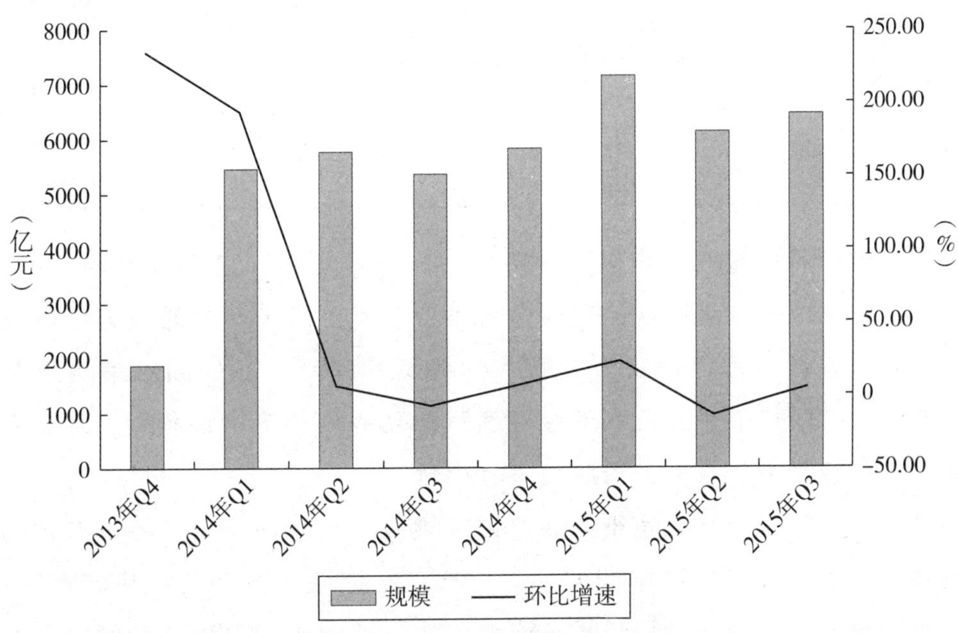

图1－21　余额宝规模（2013年Q4—2015年Q3）

随着余额宝的“横空出世”，其他互联网金融理财产品如雨后春笋般相继出现。腾讯与华夏基金合作推出理财通。理财通上线当天便公布7日年化收益率为7.529%。理财通只要一部智能手机，下载微信APP，绑定银行卡，就可以方便地存入、转出。其年化收益率为6.4350%，相当于活期存款的16倍以上，在试运行阶段单日存入最高限制到8000元以内。之后百度和嘉实基金合作推出百赚利滚利，华夏基金推出活期通，平安银行推出平安盈等。一系列的互联网金融在为消费者带来收益的同时也对银行存款造成了打击。2015年12月30日十大互联网金融理财产品7日年化收益如表1－7所示。

表1－7　2015年12月30日十大互联网金融理财产品7日年化收益

产品	对接基金	7日年化收益	购买门槛
余额宝	天弘余额宝	2.715	1元
零钱宝	广发天天红	3.634	1元
零钱宝	汇添富现金	3.274	1元
汇添富现金	汇添富现金	3.274	0.01元
微信理财通	华夏财富宝	3.214	0.01元

续　表

产品	对接基金	7日年化收益	购买门槛
百度百赚利	嘉实活期宝	2.933	0.01元
平安盈	南方现金增	2.818	0.01元
华夏活期通	华夏现金增	3.094	0.01元
南方现金宝	南方现金增	2.818	100元
现金快线	工银货币	2.892	0.01元

众多习惯使用网银的用户轻松地将银行的存款搬入了各种互联网理财产品，在各大银行纷纷遭受钱荒困扰的同时，各类互联网产品分分钟转去万元收益。尽管工行、农行等银行通过设置资金转入到各类互联网产品的限额来防止存款外流，但银行存款规模还是在互联网金融理财产品的夹击下出现萎缩。互联网理财产品给国内银行带来的存款分流压力不容小觑。

同样，互联网理财产品也给信托业带来挑战。互联网理财产品具有超强变现力、超高流动性，而至少一年期起的信托产品，把倾向方便的投资者拒之门外。互联网理财产品还具有低门槛特性，而高门槛一直以来都是信托的特征，这显然把中小投资者拒之门外。

大资管时代，信托业所面临的现实和潜在竞争对手越来越多，本身因专营信托制度而具有的优势越来越暗淡，因此信托业如何在泛资管时代求得生存是一个亟待解决的问题。信托业面临如此激烈的竞争环境，如何才能艳压群芳，值得行业深思。

1.4.5　谋求创新突破，积极布局互联网信托

在金融创新大潮汹涌澎湃、互联网金融风起云涌之际，信托业由于业务的私募性质及投资门槛较高等原因，远远落后于基金、银行、保险积极地先后“触网”介入互联网领域的速度。但在宏观经济下行，信托业迎来“换挡期”的当下，信托业应积极“触网”创新转型，抓住机遇寻求新发展。

1.4.5.1　“互联网+”发展势头好

中国互联网络信息中心发布的第36次《中国互联网络发展状况统计报告》显示，截至2015年6月，我国网民规模达6.68亿，互联网普及率为48.8%。同样，互联网+的发展势头也十分高涨，迅速席卷各个领域，金融领域也不例外。例如，天弘基金与阿里巴巴合作推出余额宝，华夏基金与腾讯合作推出微信财付

通，广发证券（000776）与百度合作推出百发100指数基金，平安集团斥资4亿元打造陆金所，招商银行（600036）推出小企业e家。各大机构都纷纷推出各类产品，加大自己的互联网金融布局。

2015年3月国务院总理李克强在十二届全国人大三次会议上作政府工作报告时，提出“制定‘互联网+’行动计划，要求推动移动互联网、云计算、大数据、物联网等与现代制造业结合，促进电子商务、工业互联网和互联网金融健康发展，引导互联网企业拓展国际市场”。

既有政策上的鼓励，而且是社会的大势所趋，信托公司应该积极行动，充分利用“互联网+信托”平台，开展多样化的业务。

1.4.5.2 信托业创新转型“触网”

在互联网金融飞速发展的当下，信托公司根据自身优势与特点利用互联网思维，已经进行多次“触网”。信托业三大巨头——中信信托、平安信托、中融信托，均已涉足“互联网+信托”，开展了多样化业务，并已初具规模。如图1-22所示。

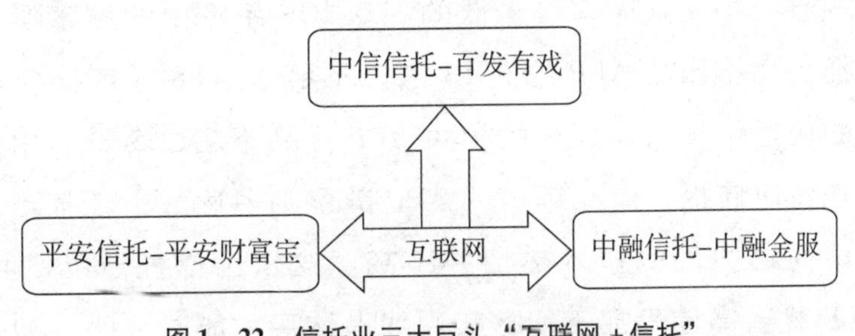

图1-22 信托业三大巨头“互联网+信托”

中信信托与百度联合开发了“百发有戏”，主打“消费众筹+电影+信托”理念，首期产品最低起购门槛为10元，认购者不仅可享受“百发有戏”提供的与影片有关的消费特权，还有望获得8%~16%的权益回报。该信托计划交易结构嵌套了两部分信托计划，其一是单一事务管理类信托，集中管理消费权益，其二是资金信托权益，集中管理认购资金。

平安信托依托于其旗下的互联网金融平台推出“平安财富宝”。截至2015年8月24日，该平台累计注册用户超过80万人，线上业务管理资产规模达101.34亿元，累计交易量达548亿元。通过服务和价值双驱动，获取中高端客户，包括高净值客户、成长型富裕客户以及青年才俊客户，提供差异化的投融资服务，由低到高筛选客户并迁徙。

2015 年 6 月中融信托旗下的互联网金融平台“中融金服”上线，并推出颇具信托特色的“金融产品增信项目”，首期产品预期年化收益为 6% ~9%。该产品的基本交易结构是，信托受益人以信托产品做增信，在这一平台上进行融资。平台定位是对接高净值客户流动性需求和大众对低风险投资品的需求，既为信托投资者提供了融资服务，解决了其中短期资金需求，又为普通大众提供了较低风险、较高收益的互联网金融产品。

不仅信托业三大巨头纷纷“触网”，其他信托公司也都涉足互联网，加快了创新转型。前有华鑫信托财富管理 APP 正式上线“触网”，有效实现了互联网移动端运用并处于信托行业领先地位；后有爱建信托出资 2000 万布局互联网金融。爱建信托与其他出资方签署合伙协议，各方拟共同投资 3.1 亿元设立上海汇付互联网金融信息服务创业股权投资中心，其中爱建信托以自有资金出资 2000 万元，占比 6.45%。

虽然信托公司在“触网”中取得一些进步，但在移动互联网方面还是有些欠缺。据中国电子商务研究中心不完全统计显示，多数信托公司的官网和微博更新频率较低，内容非常少，仅有 53% 的信托公司推出微信公众账号，这与银行、证券、保险等金融行业相比开通率是最低的。从 IOS 系统中的搜索信息来看，目前可下载的由信托公司推出的 APP 约有 13 家，不足全国 68 家信托公司数量的 1/5；由股东方推出的包括信托公司板块的相关 APP 产品不超过 5 款；由第三方公司开发的，用于信托资讯传播、产品销售的 APP 数量则多达数十款甚至上百款。总体来看，信托公司在这方面的投入热情并不高。这是由信托产品的投资规模都较大，用信托 APP 或者微信号都不能够实现线上购买功能造成的。但是随着移动互联网的快速发展，网民上网习惯由 PC 端向移动端快速转移，信托业很有必要在这方面多加探索。

1.4.5.3 加速拥抱互联网

虽然已有众多信托公司涉足互联网，一直在探索适合自己的创新路径，但是“互联网 + 信托”模式离成熟还有很长的路要走，信托行业需要以互联网思维创新开拓商业模式，以互联网技术稳步改进经营业态，植入优质的互联网基因，促进行业健康转型发展，加速拥抱互联网。

1. 政策支持

由于信托业自身定制化强、流动性差、互联网跨界融资无法获得“合格证”等问题，信托业相比较其他行业来说一直是相对滞后的。但是这一年来，国家也出台了相关政策扶持互联网信托的发展，这让信托业融入互联网金融获得了政策上的支持。2015 年 7 月 18 日中国人民银行等十部委遵循“鼓励创新、防范风险、趋利避害、健康发展”的总体要求，从金融业健康发展全局出发，为进一步推进金融改革创新和对外开放，促进互联网金融健康发展，颁布了《促进互联网金融健康发展的指导意见》。

2. 撬动屌丝人群

门槛高一直以来都是信托业的特点，信托合格投资人必须拥有大于 100 万元的可投资资产，其客户群体主要为高净值人群，而互联网一直以来都是以“屌丝经济”为主的。作为新时期重于创新转型的信托业，不仅要挖掘老客户还要拓展新客户。因此，信托创新更应致力于进一步满足那些对信托认识不够的高净值人士和合格投资者的综合服务需求，并不断提升客户体验，撬动屌丝人群，寻求更大的利益。

3. 解除“流转难”困局

互联网金融的核心是追求极致的客户体验。如何能比竞争对手提供更加完美、更加贴合用户需求的服务，是所有互联网金融企业最关心的问题。而信托产品流转难点导致二手信托交易的烦琐和滞后性，一度阻碍着“互联网 + 信托”模式的发展。因此，市场和信托投资者急需一个高效、灵活、跨平台的交易模式，不过若要在更大程度上激活信托流转市场，长远来看我国应当建立一套信托登记制度。

作为新时期的信托业，要充分利用互联网的优势，构建“互联网 + 信托”的模式，探索创新转型的方向，进而迎接信托业再一次辉煌发展的时期。

1.4.6 实业信托深耕细作，传统业务酝酿变局

在大资产管理时代下，信托公司常被冠以“实业投行”名号。实业投行业务主要围绕着房地产和基础设施两大领域展开。但随着房地产行业的没落和地方债务的强化管理，“实业投行”这个名号似乎变得有名无实，因此信托公司如何寻求业务转型与突破，做实产业投行是现在亟待解决的问题。首先，应当深化前期业务的深度，如传统房地产信托演变为 REITs、传统基础设施信托演变为 PPP 等；其次，围绕经济热点和国家鼓励方向拓展实业投行的业务范围，比如为 TMT、大健康、工业 4.0 等相关行业提供实业投行服务，减轻因行业景气程度而造成的业务波动情况。

1.4.6.1 房地产信托 REITs 破局可期

现如今的中国，正处于增长速度换挡、结构调整阵痛、前期刺激政策消化的关键时期，社会拥有大量闲散资金无处可投，但大量实体经济产业却面临高达

10%～15%的融资成本。作为经济基础和先导性产业的房地产业以及大量持有优质物业的实体经济产业，必须找到一个合适、有效的金融渠道来解决该难题。而REITs这种专门投资优质持有型物业的金融产品就是一个很好的选择。

目前全球已有20个国家和地区相继推出了REITs，总市值已经超过1.8万亿美元。其中，美国是全球首个开辟REITs市场的国家，也持续保持着全球第一大REITs市场的地位。截至2015年3月末，在美国NYSE和NASDAQ两个交易所上市的REITs有257个，合计市值9846亿美元，占到了全球市场的60%。而我国因为优质基础资产稀缺、法律制度不完善、税收障碍等，REITs发展进程比较缓慢。

表1－8列出了我国关于REITs的相关政策，可以看出我国政府还是鼓励REITs发展的。虽然相关政策还不是很完善，但是我国的地产开发商还是跃跃欲试，到目前为止已经发行了几个产品。

表1－8　　2009—2015年REITs政策明细

时间	发布机构	政策、文件名称	主要内容
2009年11月	中国人民银行	《中国人民银行办公厅关于征求〈银行间债券市场房地产信托受益券发行管理办法〉意见的函》	规定REITs将由依法设立的信托公司作为受托机构，通过在银行间债券市场公开发售房地产信托受益券的方式设立房地产信托投资基金，信托基金采用结构化的方式，投向已经使用且具有稳定现金流的房地产物业
2010年	国务院		批准北京、上海、天津三城市为房地产信托投资基金试点城市
2014年9月	央行	《关于进一步做好住房金融服务工作的通知》	要求积极稳妥地开展REITs试点工作。随后，根据住建部的相关部署，将首先在北京、上海、广州、深圳四大城市展开保障房REITs试点
2015年1月	住建部	《关于加快培育和发展住房租赁市场的指导意见》	提出要大力发展住房租赁经营机构、支持房企将其持有的房源向社会出租、积极推进房地产投资信托基金（REITs）试点、从租赁市场筹集公共租赁房源等重大措施

表1－9列出了国内商业地产开发商发行的REITs。我国已经发行了一些REITs，但是严格来讲，这些产品还不是真正意义上的公募REITs产品，与国际上的REITs相比还有很大差距。其中，鹏华前海万科是最接近国际标准的一支产品。

鹏华前海万科 REITs 为封闭式基金，在封闭期内投资目标公司股权，以获取商业物业租金收益为目标，认购起点为 10 万元，上市后在深圳交易所场内交易的最低份额为 1 万元。在上市第一天，成交额就超过5000 万元，基金交投活跃，这也从侧面表明，REITs 是有市场需求的。

表 1－9　　国内商业地产开发商发行的 REITs

类型	发行时间	名称	规模
类房地产投资信托基金	2014 年 5 月 21 日	中信启航专项资产管理计划	52.1 亿元
	2015 年 2 月 6 日	苏宁云创	43.95 亿元
	2015 年 6 月 26 日	鹏华前海万科	30 亿元
贴着互联网标签的众筹房地产投资信托基金	2015 年 6 月 8 日	商业地产众筹产品稳赚 1 号	50 亿元
外发行的房地产投资信托基金	2015 年 12 月 3 日	华联商业信托	3.94 亿元
	2005 年 12 月 21 日	越秀	33 亿港元

REITs 在很大程度上是可以推进房地产业和国民经济长远繁荣的。对于房地产开发商来说，过去从银行贷款受到的制约较多，其他投资渠道又主要是通过信托公司设立房地产信托计划，资金成本居高不下，而产生 REITs 之后，则拓宽了中国房地产业的融资渠道，缩短了资金回笼周期，增加了效率。对于投资方来说，过去只有机构投资者和少数富裕个人投资者能够分享投资商业地产项目和权益产生的高收益，而 REITs 产生之后，众多中小投资者都可以参与进来，拓宽了受众范围。同时，商业地产作为资本密集型行业，加上当前整个土地成本的高启，需要实现持续的快速发展。国外的经验也证明了 REITs 能够推动实体经济产业的整体发展，推动社会资本的有效配置。

大力推动 REITs 发展，诸多问题仍待解决。如何将 REITs 的特点与中国的具体市场状况结合起来，稳妥推进金融创新，同时防范可能出现的投资风险与市场风险，如何更好地健全国内相关法律法规，保证房地产市场的稳定长远发展，值得我们继续进行深入的研究和探索。

1.4.6.2　2015 年 PPP 模式方兴未艾

党的十八届三中全会决定允许社会资本通过特许经营等方式参与城市基础设施投资和运营。这之后，PPP 成为了中央推动政府职能及公共服务模式转变、稳增长、缓解地方债务压力的重要途径。相关部门也相继出台各项文件，加速 PPP 发展，规范 PPP 发展。如表 1－10 所示。

表 1-10　2014—2015 年政府发布的关于 PPP 的相关文件

时间	发布单位	名称	主要内容
2014 年 9 月 21 日	国务院	《加强地方政府性债务管理的意见》	要推广使用政府与社会资本合作模式。鼓励社会资本通过特许经营等方式参与城市基础设施等有一定收益的公益性事业投资和运营
2014 年 9 月 23 日	财政部	《推广运用政府和社会资本合作模式有关问题》	充分认识推广运用政府和社会资本合作模式的重要意义，积极稳妥做好项目示范工作，切实有效履行财政管理职能，加强组织和能力建设
2014 年 11 月 30 日	财政部	《政府和社会资本合作示范项目实施有关问题》	公布天津新能源汽车公共充电设施网络等 30 个政府和社会资本合作模式示范项目，总投资规模约 1800 亿元，涉及供水、供暖、污水处理、垃圾处理、环境综合整治、交通、新能源汽车、地下综合管廊、医疗、体育等多个领域
2014 年 12 月 2 日	国家发展改革委	《关于开展政府和社会资本合作的指导意见》	从项目适用范围、部门联审机制、合作伙伴选择、规范价格管理、开展绩效评价、做好示范推进等方面，对开展政府和社会资本合作（PPP）提出具体要求
2014 年 12 月 30 日	财政部	《规范政府和社会资本合作合同管理工作》	要高度重视 PPP 合同管理工作。加强对 PPP 合同的起草、谈判、履行、变更、解除、转让、终止直至失效的全过程管理，通过合同正确表达意愿、合理分配风险、妥善履行义务、有效主张权利，是政府和社会资本长期友好合作的重要基础，也是 PPP 项目顺利实施的重要保障
2014 年 12 月 31 日	财政部	《政府和社会资本合作项目政府采购管理办法》	明确 PPP 项目采购的适用范围及采购程序，并对争议处理和监督检查做了具体规定
2015 年 3 月 10 日	国家发展改革委、国家开发银行	《推进开发性金融支持政府和社会资本合作有关工作》	各地发展改革部门要加强协调，积极引入外资企业、民营企业、中央企业、地方国企等各类市场主体，灵活运用基金投资、银行贷款、债券发行等各类金融工具，推进建立期限匹配、成本适当以及多元可持续的 PPP 项目资金保障机制。要加强与开发银行等金融机构的沟通合作，及时共享 PPP 项目信息，协调解决项目融资、建设中存在的问题和困难，为融资工作顺利推进创造条件

续 表

时间	发布单位	名称	主要内容
2015 年 4 月 25 日	国家发展和改革委员会、财政部、住房和城乡建设部、交通运输部、水利部、中国人民银行	《基础设施和公用事业特许经营管理办法》	对于 PPP 的定义、适用范围、合作形式和期限、政府为保障投资人合理回报可以做出的承诺内容、项目协议变更及终止问题的程序、实施方案的编制审批流程作了明确规定；对现代财政预算制度对于 PPP 项目的约束、前期融资方案的制订和创新融资渠道做出了强调；对避免重复审批、提高审批效率给出了明确意见
2015 年 5 月 19 日	国务院	《关于在公共服务领域推广政府和社会资本合作模式指导意见的通知》	从中央到地方大力推出了规模高达数万亿元的 PPP 项目
2015 年 11 月 9 日	李克强总理发表讲话		要通过采取 PPP 等方式，扩大有效投资，加快推进基础设施尤其是中西部公共设施建设，促进均衡发展

表 1－10 列出了 2014—2015 年政府发布的一系列关于 PPP 的利好政策。在政府的推动鼓励下，PPP 有了较好发展。2015 年，PPP 模式在各地全面展开，业内人士称之为 PPP 元年。12 月 16 日，国家发改委公布“第二批推介的 PPP 项目”，项目总数为 1488 个，总投资金额约 2.26 万亿元，数量上比 2015 年年中推出的第一批推介项目高出 42.9%，金额上比第一批示范项目高出 13.9%。据统计，经过两年多的发展创新，全国各地已推出的 PPP 项目多达 1800 多个，总投资高达 3.4 万亿元。

信托作为金融行业中的一个重要分支，在参与 PPP 模式运作中有其自身优势。在与地方政府的长期合作过程中，信托公司积累了丰富的经验、人脉，无论是从专业性、规范性，还是从融资能力等方面考量，信托公司通过 PPP 模式与地方政府合作，或比其他金融机构更有优势。信托公司可以充分发挥自身在资金端的社会资源积聚能力，在 PPP 项目中凭借丰富的项目管理经验帮助地方政府进行项目管理，降低政府可能面临的投融资风险。表 1－11 列出了 2015 年信托公司参与 PPP 的项目。

表 1－11　　2015 年政信产品

时间	项目	信托公司	规模（亿元）
7 月	唐山世园会	中信信托	6.08
8 月	成渝高铁荣昌服务区项目	重庆信托	2.5
9 月	四川省 PPP 项目的投资基金	中航信托、交银信托	70
9 月	昆明滇池西岸生态湿地 PPP 项目	中建投信托	
10 月	江苏省 PPP 融资支持基金	紫金信托	20

其中，中信信托“中信·唐山世园会 PPP 项目投资集合资金信托计划”的成立，实现了信托参与 PPP 项目“零的突破”。尽管已经认识到 PPP 业务的重要性并开始做各种类型的尝试，但信托公司作为社会资本参与 PPP 项目，其中还有很多问题有待解决。

为更好地发展 PPP 项目，对于监管部门而言，可以研究出台相关政策甚至指引，在信托保障基金缴纳、风险资本计算等方面给予支持与配合。对于信托公司而言，要立足传统政信业务，发展 PPP 模式，不断创新，拓宽业务范围。

1.4.6.3　围绕热点试水全新服务领域

为了加速信托业创新转型，除了以上传统实业投行业务，信托公司还可以将下述领域作为实业投行业务的重点拓展方向。

1. TMT

李克强总理“两会”工作报告多次提及“互联网＋”计划，瞬间引爆原本就火热的 TMT 行业。TMT50 指数 2015 年以来涨幅高达 33.89%，而同期上证指数涨幅仅为 4.27%，一批 TMT 行业个股更是成为领涨龙头。2015 年上半年，TMT 行业投资总额和投资数量均创 2012 年以来历史新高。

2. 大健康

2015 年 12 月 4 日从卫计委获悉，按照中央要求，国家卫生计生委正在研究编制《“十三五”健康中国建设规划》，此规划将成为今后 5 年推进健康中国建设的纲领性文件。统计数据显示，美国的健康产业占 GDP 的比重超过 15%，加拿大、日本等国健康产业占 GDP 的比重超过 10%。而我国的健康产业仅占 GDP 的 4%～5%。作为处于中国起步阶段的大健康行业，未来前景大好。

3. 工业 4.0

中国正加快实施《中国制造 2025》制造强国战略，《中国制造 2025》是中国版的“工业 4.0”，其宗旨是发展两化融合下的智能制造。工信部 2015 年已遴选出涉及38个行业、21个地区的46个国家智能制造试点项目，加速进行智能制造试点研究实践推广。分析认为，数字化工厂作为工业4.0的核心表现形式，随着工业4.0、中国制造2025的深化推进，市场爆发在即，市场空间在1000亿元以上。

为进一步做实信托公司“实业投行”的定位，要对传统业务模式、交易结构、业务流程、风控手段进行再创新，重塑新模式。同时，对组织进行持续再造，并长期深入地培育产业研究与深耕能力，从而重新发现与确定具备抗经济周期与行业周期的商业模式，进而借助中国产业升级的东风促进公司价值的实现与长足发展。

1.4.7　整合共享资理产品，组合化产品多元呈现

截至2015年三季度末，泛资管行业总额达到了80万亿元，较2014年年末增长近32%，可见，2016年突破100万亿元是大概率事件，2016年泛资管行业总额有望达到110万亿元。

2014年和2015年Q3资产管理规模如图1－23所示。

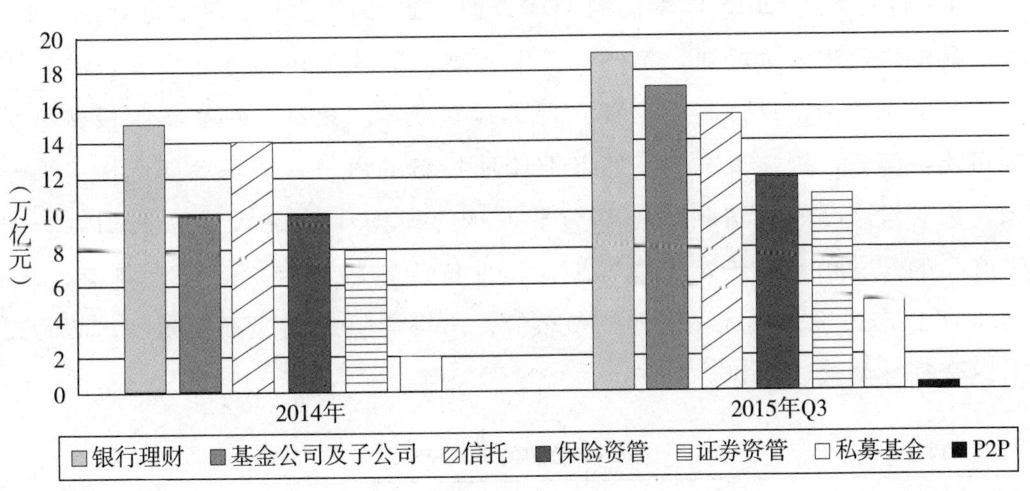

图1－23　2014年和2015年Q3资产管理规模

而从泛资管市场份额看，信托资管的市场地位有所下降，由2014年年末的23.3%下降至2015年三季度末的19.7%，市场份额下降较为明显，而且还有继续下降趋势。在信管遭遇如此难题下，只有主动出击资产管理领域，并对各类负责的资管产品加以整合，实现共享，才能在竞争激烈的行业里站稳脚跟，充分体现信托公司专业化理财机构的资产管理能力和资源整合能力。而TOT、FOF、

MOM 这三种新型的运作模式，无疑为信托业提供了新的转型出路。这三类产品都是由专业的投资机构，利用专业化管理构建的投资组合。TOT 基金是将资金投向正在运作的阳光私募基金，门槛低，市场前景好。FOF 则是投向公募基金，专业度高、风险分散。MOM 是将资金投向私募基金管理人专为 MOM 成立的专用账户，产品多元化，配置分散，控制风险。

1.4.7.1 TOT

TOT（Transfer – Operate – Transfer）是一种新型的融资方式，即转让—经营—转让。在这种模式下，私营企业先用私人资本或资金购买某项资产的全部或部分产权或经营权，购买者再对项目进行开发和建设，在约定的时间内通过对项目经营收回全部投资并取得合理的回报，特许期结束后，将所得到的产权或经营权无偿移交给原所有人。

传统的信托产品投资门槛高，发行量少，人数限制大，阻挡了许多中小投资者。而 TOT 信托的最大优势是投资的门槛降低，同时也不再要求投资人不得超过 50 人。这就促使 TOT 信托产品火热起来，很多信托公司成立此项目，以满足市场需求。

表 1 – 12 列出了 2015 年发售的 TOT 产品，这些产品均得到大力追捧。但是，TOT 产品的劣势也较为明显。第一，费用偏高。子基金和私募基金管理者都要提取一部分管理费用，这提高了 TOT 产品的运营成本。第二，存在集中投资某一品种的可能。第三，极端情况下，如果 TOT 所投资的每一只子基金都选择了同一只股票，会导致产品的投资品种不够分散，从而与 TOT 产品设计初衷相悖。国内 TOT 产品的开发和募集还处于摸索期，行业优劣特性并存，应理性对待。目前，国内 TOT 生态还没有形成，进入壁垒较低，市场竞争还远谈不上激烈，此时正是进入这个行业的最佳时机。

表 1 – 12　　2015 年发售的 TOT 产品

发售日期	名称	发行规模（万元）	投资期限（月）
2015 年 1 月 24 日	外贸信托—乾元 TOT 集合资金信托计划	10000	24
2015 年 1 月 25 日	乾元 TOT	10000	120
2015 年 4 月 3 日	中铁信托—合盈夹层基金 TOT 权益投资集合资金信托计划	3000	12
2015 年 6 月 2 日	组合量化对冲 TOT 专享 4 号	3000	36
2015 年 6 月 2 日	组合量化对冲 TOT 专享 3 号	3000	36

续 表

发售日期	名称	发行规模（万元）	投资期限（月）
2015 年 6 月 2 日	组合量化对冲 TOT 集	10000	36
2015 年 6 月 2 日	组合量化对冲 TOT 专享 5 号	3000	36
2015 年 6 月 2 日	组合量化对冲 TOT 专享 1 号	3000	36
2015 年 6 月 2 日	组合量化对冲 TOT 专享 2 号	3000	36
2015 年 7 月 4 日	中原信托—成长 407 期集合资金信托	14000	21
2015 年 7 月 19 日	中原信托—宏业 179 期集合资金信托	10000	11 ~ 17
2015 年 8 月 11 日	中原信托—安益 361 期集合资金信托	10000	33
2015 年 9 月 13 日	中原信托—安益 362 期集合资金信托（第 1 期）	10000	12
2015 年 9 月 13 日	中原信托—安益 362 期集合资金信托（第 2 期）	5000	12
2015 年 9 月 13 日	中原信托—安益 362 期集合资金信托（第 3 期）	5000	12
2015 年 9 月 13 日	中原信托—安益 362 期集合资金信托（第 4 期）	10000	12

1.4.7.2　FOF

FOF（Fund of Fund）是一种专门投资于其他证券投资基金的基金。FOF 并不直接投资股票或债券，其投资范围仅限于其他基金，通过持有其他证券投资基金而间接持有股票、债券等证券资产，它是结合基金产品创新和销售渠道创新的基金新品种。

随着基金行业第二轮爆发式增长浪潮的到来，FOF 这种基于基金行业之上的新型资管方式越来越受到行业重视。其实 FOF 在美国等成熟市场已经有了很大发展。美国 FOF 管理的资产规模最终会占到基金行业资产规模的 10% 左右，欧洲等其他市场也能占到 5% ~6%。而以目前国内基金行业 7 万亿，年底直奔 10 万亿容量而言，FOF 市场至少达到 5000 亿规模。FOF 除了具有很好的市场前景之外，还有其他优势。首先，专业度高。FOF 基金是通过资深的研究员和投决会来决定所投基金标的的，因此其决策往往更专业、科学。其次，FOF 可以分散风险。投资者投资 FOF 基金等于间接地投资了多支基金产品，这样能有效避免“鸡蛋放在一个篮子里”的巨大风险。同时，专业母基金团队还能通过资产配置获得一定收益。最后，规模效应。FOF 基金作为一个渠道，可以将募集到的个人投资者资金以机构投资者身份进行投资，因此往往可以投资一些高门槛或者名额稀缺的私募基金。在众多利好的情形下，许多信托公司出售自己的FOF产品。

表1－13列出了信托公司2015年发售的FOF产品。可以看出，尽管FOF有诸多优势，但目前国内FOF基金产品还是很少，仍处在萌芽阶段。这是由于国内FOF市场还存在监管不成熟、双重收费、FOF基金管理人不成熟与选择投资标的理论不成熟等问题。未来FOF想要寻求更好发展，就要围绕这些问题，不断创造可观收益，从而在激烈竞争中真正发展壮大。

表1－13　　2015年发售的FOF产品

发售日期	名称	发行规模（万元）	投资期限（月）
2015年2月4日	华宝信托—源贝展源FOF集合资金信托计划（第一期）	10000	24
2015年2月5日	华宝信托—源贝展源FOF集合资金信托计划	10000	96
2015年4月14日	兴福1期FOF	10000	24
2015年4月26日	华融信托—工行国信安全垫FOF权益投资集合资金信托计划	10000	24
2015年5月2日	中海信托—工商银行—东方证券FOF优选1号集合资金信托计划	4000	96
2015年11月7日	四川信托—FOF套利宝1号证券投资集合资金信托计划	10000	12

1.4.7.3　MOM

MOM（Manager of Mangers）基金，即管理人的管理人模式，是指该基金的基金经理不直接管理基金投资，而是将基金资产委托给其他的一些基金经理来进行管理，直接授予他们投资决策权限，MOM本身的基金经理仅负责挑选和跟踪监督受委托基金经理的表现，通过对投资管理人的研究评价，构建管理人投资组合，以投资子账户委托形式让他们负责投资管理，并持续对其业绩进行动态跟踪、风险控制，从而获取长期、稳定、高于市场平均水平的投资收益，并在必要时对管理人进行更换的一种投资模式。

在国际市场上，有着对冲基金性质的MOM资管产品早已风靡投资领域。有统计数据显示，2005—2015年，美国MOM模式管理基金平均年复合收益率达到了42.7%，在各类基金中位居第一。MOM市场规模从2000年的2440亿美元快速增长到2015年的过万亿美元，MOM已经成为欧美主流的资产管理模式。而在国内，由于2014年以来A股波澜壮阔的牛市行情和公募及私募基金规模的快速增长，国内起步不久的MOM也迎来发展良机，大量资金涌入MOM行业。2015年新设立的MOM机构如雨后春笋般涌现。表1－14列出了2015年信托公司发售的MOM产品。

表1－14　2015年信托公司发售的MOM产品

发售日期	名称	发行规模（万元）	投资期限（月）
2015年2月24日	海通MOM星石A期	10000	24
2015年4月7日	中海信托—兴汇创富MOM一号集合资金	60000	12
2015年4月26日	北方信托—中原MOM产品二号结构化证券投资集合资金信托计划	10000	96
2015年4月26日	北方信托—中原MOM产品四号结构化证券投资集合资金信托计划	10000	96
2015年4月26日	北方信托—中原MOM产品五号结构化证券投资集合资金信托计划	10000	96
2015年4月26日	北方信托—中原MOM产品一号结构化证券投资集合资金信托计划	10000	96
2015年4月26日	北方信托—中原MOM产品三号结构化证券投资集合资金信托计划	10000	96

MOM模式作为海外市场中较为流行的资产管理模式之一，有着众多优势。首先，产品选择全市场优秀的投资经理。MOM模式，每准入一个新基金经理，都会量身定做一款新的投资品。由优秀的管理团队，基于成熟的理念，运用前沿的策略，为客户实现资产长期保值与增值。其次，配置分散，控制风险。由于投资于多个不同的投资经理，风险敞口分散，可以有效平抑投资运作中的净值波动，降低风险。最后，产品保证了多元化。多元的策略、多元的风格、多元的经理让投资者能够获得最佳投资方案，集个别基金经理之强项，构建更多元化的投资组合，从而获得更平稳、持续的投资回报。这些MOM自身具备的独特优势越来越受到国内投资者的认可，未来MOM在国内必将大有可为。

过去信托业是融资性业务占据绝对比重，现在信托在传统资产管理领域推出了越来越多的产品，比如TOT、FOF、MOM等。当前，信托业通过以TOF、FOF、MOM等产品为试验田，借助于其他专业机构管理能力，逐步提升自身水平，目的是实现信托业的转型，求得更长远发展。

1.4.8 逐鹿泛资管时代，财富管理推陈出新

信托业靠着中国经济发展、特殊时期的宏观调控政策以及牌照优势在不自觉的过程中走到了今天。而支撑信托业未来黄金发展期的，也将是过去多年积累起来的庞大社会财富。如果说过去5年的经济刺激政策所带来的强大融资需求是信托业原始资本的源泉，那么5年之中快速展开的财富管理业务将为信托业今后的发展提供坚实基础。财富管理的社会需求，一方面是中国高净值人士的日益增加，另一方面是中国“创一代”们越来越多的考虑资产国际化问题、海外留学和移民问题、财产规划或继承问题以及慈善问题。针对这两方面需求，信托公司可以围绕富人阶层个性化资产配置，多元化生活需求开展家族信托服务；针对客户资产全球化资产配置趋势，加快海外业务资格申请，增强与境外机构的合作等。

1.4.8.1 私人财富市场蓝海，家族信托厚积薄发

2015年福布斯富豪榜数据显示，美国以536人占据榜首，中国以213人紧随其后，华人富翁数更是达到300人的新高，如图1－24所示。

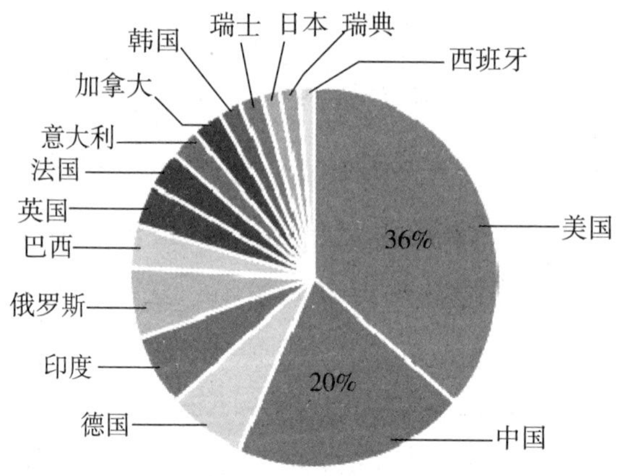

图1－24 2015年各国亿万富豪人数比较

此外，新晋富豪榜单中，71人来自中国，占近1/4，由此可见中国富豪财富增长速度十分可观。当前不仅仅是我国私人财富不断上升的时期，也是中国“创一代”面临财富传承的节点，在这样的背景下，家族信托也在中国市场寻找到了切入点，将迎来发展的黄金时代。

2015年，信托公司纷纷开始布局家族信托，包括中航信托、平安信托、中信信托、中融信托、长安信托在内的多家信托公司都开立了家族信托业务，其推出的产品模式也愈加多样化。

1. 低门槛模式

过去家族信托动辄就在3000万元以上，让一些小型投资者望而却步。比如，平安信托的“鸿承世家”、中航信托的“新财道家族信托”，都是精准定位3000万元以上富裕人群推出的财富管理与服务品牌。招商银行与外贸信托合作推出的财富传承系列家族信托基金产品，资产门槛为5000万元。而现在，信托公司开始从“低门槛”入手，门槛逐渐“亲民”，吸引了很多客户。比如，长安信托推出的“长安家风”家族信托，除3000万元以上高净值客户可以进行个性化定制家族信托之外，长安信托还把“长”“安”两大系列产品的最低门槛降至300万元。中融信托推出的“承裔泽业”标准化家族信托产品，起点为1000万元。如表1－15所示。这种低门槛的家族信托，可以让更多投资者体验财富管理服务，同时也扩大了市场需求。

表1－15　家族信托门槛对比　　单位：万元

信托公司	产品	最低门槛
平安信托	鸿承世家	3000
长安信托	长安家风	300
中融信托	承裔泽业	1000

2. 标准化模式

过去家族信托都是推崇“私人定制”，但是由于成本核算及私人定制门槛过高、国人对资产全权托管仍存顾虑等问题，客制化家族信托一直难以销售，现在标准化家族信托的出现可谓是雪中送炭。标准化信托就是相对于客制化信托而产生的，目的在于让复杂的事情简单化、简单的事情重复化，在对信托观念尚未获得成熟理解、客户经理质量参差不齐的现况下，标准化信托通过目的的确立，以较清晰的简单合同条款进行销售。标准化体现为产品规格标准化、营销流程标准化、信托规划标准化、操作流程标准化、服务流程标准化。其实这种标准化信托在中国台湾早有先例。信托公司在考虑海峡两岸相似法制环境下，参考借鉴推出了内地标准化家族信托。中融信托首先试水标准化家族信托。2015年4月中融信托在北京推出国内首批标准化家族信托产品——“中融信托·承裔泽业标准化家族信托产品”。该产品由中融信托家族办公室设计、发布、运营，同时聘请长期从事家族信托、税务、婚姻继承等领域理论与实践的台湾专家团队提供咨询服务，旨在为更多的中国家庭提供专业家族信托服务。此次中融信托发行标准化家族信托，不仅在业务上取了巨大创新，还一举成为了业内的“开拓者”。标准化家族信托解决了投资者财富传承的难题，同时也更加符合中国国情和中国家庭的需求。

3. 互联网推广模式

目前，国内多家信托机构推出的家族信托都有向低门槛、标准化方向发展的趋势，这也使家族信托的推广产生了向具有更多受众群体的互联网方向转变的趋势。如长安信托拍摄了我国第一支家族信托主题微电影，目的是通过微电影让更多群体了解家族传承，让更多人感受到家族信托带来的益处。此外，部分信托公司还通过微信公众号、微信自媒体等网络传媒形式加大宣传和推介范围，建立和高净值客户的互动与沟通，逐步构建家族信托的忠诚客户群。

4. 资金＋SPV 模式

在家族信托中引进 SPV 概念，通过家族信托多层次 SPV 架构专业设计，委托人的主要信托资产特别是非资金信托资产并不直接由受托人持有，而是通过 SPV 间接持有，旨在满足家族信托资产财产权与管理经营权相分离、信托利益与信托财产负债相隔离、受托人作为信托财产名义所有权人与信托资产经营风险相隔离、财产控制人风险与资产受益权享用相分离等需求。通过资金＋SPV 家族信托模式，可以解决家族客户和信托公司等相关服务机构关心的风险防范和管理控制问题，实现家族信托相关当事人的共赢。

5. 家族信托＋保险

财富所有者可以将部分财产放入私人信托，尤其是无法用于购买保险的不动产或者股权，并将另外一部分金融资产用来购买人寿保险，约定未来保险赔偿金放入私人信托。这样，在保险赔偿金到位之前，私人信托也可以依据财富所有者意愿进行管理，尤其是对于指定受益人提供相应的支持，比如教育或者养老，而无须等到保险赔偿金到位后才这么做；而人寿保险的存在，意味着每个家庭成员身故后都能够有一笔赔偿金进入私人信托，以保障私人信托源远流长。目前，中航信托等部分信托公司对此已经有所关注，并做出了有益的尝试和探索。

虽然家族信托在 2015 年已经有了新的进展，但相比欧美成熟市场的家族信托架构，发展家族信托业务仍存在诸多障碍。首先，《信托法》缺失。《信托法》规定："设立财产信托，有关法律、行政法规规定应当办理登记手续的，应当依法办理信托登记。未办理信托登记的，应当补办登记手续。不补办的，该信托不产生效力。"但是我国信托登记制度尚不完善，导致家族信托无法产生效力。其次，税费问题。我国现行税收制度未针对信托财产所有权与收益权分离的特点设计专门的税收制度，从而产生了大量的重复征税现象，这些税收大大降低了客户设立家族信托的热情，而且我国不动产和股权过户税负偏高更是给推动家族信托设置了不少障碍。最后，信托管理理念薄弱。我国境内正式接受信托制度的时间很短，社会对信托的认知度仍然较低，尤其是家族信托，在我国境内处于起步阶段。对中国的信托业而言，信任是业务开展的基础，只有让社会公众知晓家族信托的功能，家族信托才能在中国信托市场中占有一席之地。

在种种难题下，家族信托应该突出重围，通过完善立法、开放离岸市场、放宽境外业务范围、建立行业评级和信托产品评级、加强人才培养、增强管理能力等一系列措施促使家族信托打开市场，快速发展。

1.4.8.2 信托进军海外市场

近来，境外投资的热度持续上升，已拥有境外投资的高净值人群占比从2013年的33%上升到37%。然而，目前投资海外的渠道仍然有限，需求和供给的不平衡给私人财富管理带来巨大的潜在机遇。这为正处在传统业务增速趋缓下的信托业开辟了新的市场，许多信托公司纷纷布局海外，将国际化业务作为下一步的业务开拓重点，信托业不断深化“走出去”步伐。目前，信托公司打开海外市场的主要途径是QDII业务、QDIE业务、人民币国际投贷业务。

1. QDII业务

信托公司打开海外市场的最主要途径QDII业务。信托公司QDII业务始于2007年3月12日，当时中国银行业监督管理委员会、国家外汇管理局联合印发了《信托公司受托境外理财业务管理暂行办法》。直到2009年，外管局批准上海国际信托、中海信托、中诚信托各2亿美元的投资付汇额度，这才拉开了信托公司QDII业务的大幕。截至2015年11月27日，信托业QDII额度为77.50亿美元，比2014年增长4亿美元。如表1－16所示。全市场共有132家机构拥有QDII投资额度，较2014年新增15家。

表1－16　　2014年和2015年QDII投资额度　　单位：亿美元

截止日期	银行	证券	保险	信托
2014年12月31日	129.9	337.5	292.33	73.5
2015年11月27日	138.4	375.5	308.53	77.5

截至2015年11月27日，信托业共计14家信托公司获得QDII额度，如表

1－17所示。与2009年年末相比，无论是参与信托公司的数量，或是获批额度的规模，均已翻了数倍。

表1－17　信托公司QDII额度情况　单位：亿美元

获批时间	信托机构	获批额度
2009年12月	中海信托	1
2011年9月	平安信托	1
2011年12月	华信信托	1
2014年9月	外贸信托	5
2014年11月	中诚信托	16
2014年11月	建信信托	4
2014年11月	中融信托	3
2014年12月	上海信托	9.5
2014年12月	华宝信托	19
2014年12月	中信信托	9.5
2015年1月	新华信托	1.5
2015年2月	兴业信托	2
2015年2月	北京信托	3
2015年3月	交银信托	2

2. QDIE业务

2015年信托公司在QDIE领域亦有新进展。2015年1月，中诚信托香港子公司在深圳前海设立的全资子公司“深圳前海中诚股权投资基金管理有限公司”获得了QDIE资格，成为首家获批该项资格的信托公司，前海中诚也由此成为首家拥有跨境业务全牌照信托公司。2015年7月，中诚信托旗下子公司——深圳前海中诚股权投资基金管理有限公司QDIE第一批产品获批，获批换汇额度1.45亿美元，并已完成资金出境投资。QDIE的落地为中国内地投资者海外投资提供了新的跨境投资通道，放开了一些提供跨境投资机构服务的资质。

3. 人民币国际投贷业务助力海外布局

人民币国际投贷业务的主要形式是发起国际投贷基金，通过基金运作开展人民币境外直接投资和海外贷款业务。上海市、云南省已经设立了国际投贷基金，广西壮族自治区和山东省也在酝酿设立国际投贷基金。2015年2月，中信信托全资子公司——中信聚信资本管理有限公司投资设立的云南聚信海荣股权投资管理有限责任公司正式获得了中国人民银行及云南省金融办的批准，可以从事人民币境外直接投资、人民币海外贷款业务。聚信海荣是中信信托进行海外投资业务的主要平台，中信信托正式成为国内第一家可从事人民币国际投贷业务的信托公司。比起 QDII 和 QDIE，跨境人民币投贷业务进一步拓宽了国内投资者的对外投资范围和融资渠道。

境内企业和居民强烈的海外投资和资产配置需求对金融服务提出了迫切要求，在为信托业带来机遇的同时也带来了挑战。首先是海外市场波动的挑战。2008 年国际金融危机加剧了全球经济的不稳定性。希腊债务危机、巴西金融风暴等事件余波难平，以石油和黄金为代表的商品价格剧烈动荡，主要货币汇率变动频繁且超常。地缘政治的局势紧张、宗教冲突、民族分裂运动等事件性危机也危及贸易和资本的安全。其次是政策法律及监管体系差异的挑战。尽管各国市场交易规则不断向国际化演进，但区域性政策法律以及监管规则仍存在较大差异。由政党更迭或议案修订导致的投资所在地投资政策法律的变化，更会令海外投资面临风险。最后是市场竞争的挑战。我国企业和居民“走出去”所产生的金融服务需求，在多数东道国已经受到当地金融机构及国际化金融企业的关注。因此，信托公司在“客场”为境内企业提供的服务将面临激烈的竞争。与此同时，信托公司在境内“主场”也面临着不小的挑战，境内外资机构开发的结构化产品或固定收益产品已经占据了我国居民境外投资理财市场的重要份额。随着金融对外开放的深化，信托公司必然会与外资理财在针对企业跨境投融资以及居民境外理财产品和综合服务等各方面开展正面交锋。

未来，伴随市场培育的成熟、人民币国际化的加深、国内信托制度的完善，家族信托和海外信托业务都将成为财富管理皇冠上的“明珠”，也必将成为信托模式下财富管理业务发展的蓝海。

1.4.9　2016 年信托业发展趋势展望

1.4.9.1　深层调整期来临，行业地位或有所下降

1. 宏观经济视角

2015 年是中国宏观经济新常态步入新阶段的一年，GDP 增速的“破 7”，工业主营业务收入的“零增长”，GDP 平减指数、企业利润和政府性收入的“负增长”，都标志着中国宏观经济于 2015 年步入深度下滑期和风险集中释放期。

信托资金的重要投向是实体经济，占比达到 80% 左右，实体经济的好坏在很

大程度上左右了信托行业的景气程度。宏观经济下滑传导到经济实体，进而影响其投融资决策，再进一步反映到信托行业资产增速规模上。因此，2015 年信托资产规模 5 年来首次环比负增长，同时经营收入和利润增幅均下降。2015 年的信托业进入了深层调整期。

2016 年，宏观经济依然不容乐观，GDP 增速可能在 6.7% 左右，此轮经济周期调整远没有结束，信托行业的资产获取难度仍不会降低，新业务领域、新发展模式尚不成熟，其所获得的增长动力依然不足，这将导致信托在 2016 年的增速很可能进一步下滑，约为 5% 。

2. 大资管市场背景

2015 年大资管进入活跃期和快速增长期，呈现出自上而下的行业放松管制和自下而上的创新不断加快的发展态势。各机构在监管逐渐放开的大背景下迎来蓬勃发展的新时期，资产管理成为各类金融机构争相发展的业务，信托业要想在越演越烈的竞争中突出重围，压力也越来越大。过去，信托业超过保险、证券成为仅次于银行的第二大金融机构，而 2015 年第三季度，银行占比 24% ，基金占比 21% ，信托占比 20% ，信托被基金超过下降到第三位，如图 1－25 所示。

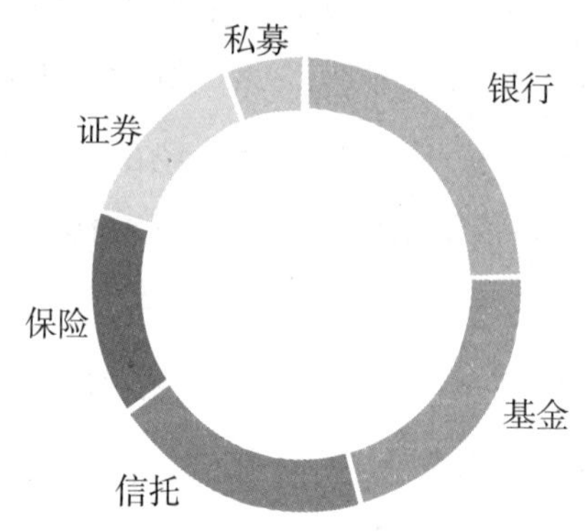

图 1－25　2015 年第三季度资管各机构占比

据麦肯锡研究报告显示，中国未来 10 年有望以 25% 的年复合增长率成为全球增长最快的资管市场，每年可创造 30 亿美元以上的利润。中国进入了一个大资管时代，中国资产管理行业的发展在未来 5 年会从现在的 60 万亿元增长到 100 万亿元的规模。

2016 年信托公司要想在大资管时代之下逆势而上，不仅要靠自身经验的积累，而且要从其他领域入手，拓展信托业务范围，开辟新的收益增长点。2016 年信托业站在大资管时代的起点，必将会拥抱未来、拥抱变革。

1.4.9.2 监管变革正当时，风控主题将延续

1. 监管变革

2015 年监管部门推出众多相关条文，这促进了行业的有序发展。但对尚处于成长阶段的信托业来说，仍需要监管部门不断推进信托制度与现有法律法规的融合，满足信托机构在业务发展等多方面的制度需求，从而有效促进行业可持续发展，以此实现我国信托业由人治向法治的转变。

预计在 2016 年，《信托公司子公司管理办法》《信托公司尽职调查指引》以及与公益信托有关的实施细则等监管制度可能首次征求意见；净资本管理办法、监管评级、信托公司行业评级、信托公司条例有望正式落地实施。

2. 防控风险

随着国内宏观经济增速持续承压，实体企业的日子已经越来越不好过。这也预示着 2016 年将有一大部分企业可能无法到期进行刚性兑付。数据显示，2016 年信托业将会有 10275 个项目到期，共计金额 31965 亿元人民币，如表 1－18 所示。

表 1－18　　2016 年信托业到期项目情况

月份	个数	规模	集合	单一	财产权
2016 年 1 月	1200	3112	1054	1919	139
2016 年 2 月	746	2594	694	1672	228
2016 年 3 月	1353	4341	1300	2773	268
2016 年 4 月	1141	3208	1185	1847	176
2016 年 5 月	1228	3441	1407	1833	201
2016 年 6 月	1477	5382	1676	3500	206
2016 年 7 月	1121	3232	1183	1828	223
2016 年 8 月	986	3454	1708	1470	276
2016 年 9 月	1023	3201	1255	1812	136

因此，2016 年，防控风险最大的主题还是建立核心盈利模式，实现业务模式转型，有序实现信托财产交付的市场化。未来，信托业可以通过建立一套比较公开透明，以市场和法制为基础的破产程序，有序地打破刚性兑付，继续坚持稳健审慎的理念，稳中求进，在业务发展中高度重视风险，加强风险监测预警，妥善处置风险，保护投资者和公司利益，维护行业平稳发展。

1.4.9.3 “供给侧改革”，实业信托迎机遇

2015 年 11 月 10 号，习近平在中央财经领导小组会议上首次提出了“供给侧改革”，指出“在适度扩大总需求的同时，着力加强供给侧结构性改革，着力提高供给体系质量和效率，增强经济持续增长动力，推动我国社会生产力水平实现整体跃升”。“供给侧改革”作为一项系统工程，深刻地影响着信托行业未来的发展脉络。

1. 稳增长、城镇化带动下的基础设施信托业务

一直以来，基建类投融资业务是信托公司的业务重点领域之一。根据信托业协会数据，截至 2015 年三季度末，投资于基建领域的资金信托规模达 2.70 万亿元，在全部资金信托中占比 18.79%。《国家新型城镇化规划（2014—2020）》报告称，未来 5 年内城镇化率将提高 5%，实现 1 亿左右农业转移人口和其他常住人口在城镇落户，由此将衍生出大量的基建投资业务机会。2016 年信托将有广阔的参与空间：积极参与政府和社会资本合作的信政合作新模式的探索和实践；关注地方政府债务置换和存量债务清理过程中的阶段性介入机会；关注地方政府在盘活存量基础设施和国有企业股权改革中的市场机遇；重点关注与城市升级有关的地上地下基础设施、互联网基础设施、旅游基础设施、农村电网改造等投资重点的业务机会。

2. 去库存和分化发展格局下的房地产信托业务

中国人口通过红利拐点后，房地产投资在经济增长中的拉动作用逐步下降。2015 年以来，以“930”新政为契机，在取消限购、降低房贷等政策的刺激下，全国商品房销售额高速增长。但是，由于城市分化格局的延续，库存压力仍在积累。截至 2015 年 10 月底，全国待售商品房面积约 6.9 亿平方米，创历史新高。中央经济工作会议部署“去库存”的重要任务时，提出了加快农民工市民化、建立购租并举的住房制度、鼓励房地产开发企业降价和并购重组、取消过时的限制性措施等重要举措。从潜力来看，目前中国常住人口城镇化率已接近 55%，户籍人口城镇化率仅 40%，农民工市民化潜力巨大，但短期仍会受到购买力、就业机会、公共服务保障等因素的制约。2016 年由于房地产与金融高度融合的特性，以及良好的收益水平，未来房地产信托仍将是信托公司业务的重心之一。

2016 年信托业仍需要主动适应“供给侧”结构改革思路的转变，审时度势，抓住机遇，着力发展实业信托，谋划信托业务的新布局。

1.4.9.4 理财需求多元化，业务创新寻突破

随着我国金融改革创新的不断推进，投资环境逐渐完善，投资者理财需求趋向多元化。作为金融机构重要分支之一的信托业，应不断推陈出新，顺应市场潮流，寻求新突破，如图1－26所示。

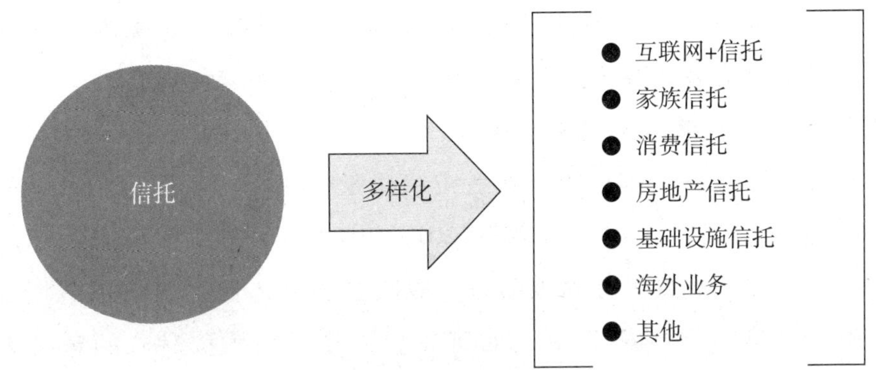

图1－26 信托多样化

1. 充分发挥互联网优势

互联网化未来依旧是信托公司的发展方向，但这种互联网化绝对不仅仅限于为互联网理财机构提供资产以实现信托产品的拆分销售，更重要的是要将信托公司的金融优势以及信托工具的法律制度优势在互联网平台上得以运用。

2. 大力发展家族信托

2016年，我国高净值人群将进一步扩大，家族信托必将迎来巨大发展契机。目前，我国家族信托还处于初步发展阶段。未来可以借助专业化家族信托设计团队，全力推进家族信托业务的稳步开展，为中国富裕家庭提供个性化、专业化、系统化的财富管理解决方案，全面解决富裕家族面临的家族财富管理困惑，构建家族信托生态系统。

3. 布局消费信托

普惠金融迅速发展、互联网金融崛起、信托业亟待转型升级、居民对产品品质需求提升等现状，使消费信托的发展充满了机遇，未来前景可观。2015年消费信托的模式已日渐成熟，但仍面临诸多问题。2016年信托公司可以就消费服务是否比其他相关提供类似服务的行业有优势；能否在定制环境中降低成本，得到足够信托报酬；为投资者提供消费信托时，投资者的利益能否得到保障这几个问题展开发展转型。

2016年是“十三五”计划的开局之年。信托业在市场竞争加剧的压力下，还

可以在房地产信托、基础设施信托、海外信托这些领域不断探索和加深，以实现整个行业的可持续发展。

1.4.9.5 顺势而为谋发展，跨境资产配置成新宠

2016年中国人民币国际化进程将会进一步加快，资本账户对外开放逐步进行，这将有利于引导国内外资金自有流动，从而形成新时期境内外投资机遇时期，因此，信托公司需要进一步深化国际化业务发展深度和高度。

1. 人民币加入SDR助力海外业务

2015年11月30日，国际货币基金组织执董会决定将人民币纳入特别提款权（SDR）货币篮子，新的SDR篮子将于2016年10月1日生效。人民币国际化增加了人民币作为资产配置币种的吸引力，提高了境外人民币资产供应增加的可能性。人民币“入篮”，对其国际化历程而言，无疑具有里程碑式的意义。2016年信托业将在各种利好政策下继续布局海外业务，丰富其跨境产品种类，为客户提供更多的配置选择。

2. “一带一路”拓宽融资需求

2016年信托业还可以依靠“一带一路”政策导向，主动探索以本外币一体化融资解决方案为核心的国际投行业务。一方面，“一带一路”有着很大的基建投资需求。我国对外直接投资将出现爆发式增长，其缺口需依靠国内资金解决。另一方面，“一带一路”有着很大的贸易融资需求。根据相关测算，未来10年，中国与“一带一路”沿途国家的年均贸易增长率将在20%～30%，其中蕴含着海量的贸易融资需求。未来，信托业可以在“一带一路”战略带动下，通过开展多元化业务、加强多方合作关系、适应市场需求等，不断为信托业发展注入新活力，加快走出去的步伐。

2

信托机构

2.1 信托机构的数量

2.1.1 1979—2004年，大起大落

我国信托业的发展之路可谓艰难而曲折，信托公司的数量也随着每一次的整顿与变革起起落落。以1979年10月中国国际信托投资公司在北京成立为标志，各种类型的信托投资公司在短期内迅速膨胀，至1982年年底，全国各类信托机构发展到620多家，高峰时为1988年年底，全国信托投资机构数量达到上千家。每一次的整顿，都会有大量的信托公司被清理，1999年3月开始了我国信托史上规模最大、措施最严厉也最具历史意义的第5次清理整顿。第4次清理整顿后全国239家信托公司中，应彻底退出信托市场、摘去信托机构牌子的有160家左右，其中已对外公告摘牌的公司达118家，剩下的80多家将合并保留为60家左右。按照此次整顿的原则和实际保留的结果，从2001年9月30日中煤信托投资有限责任公司成为全国首家完成重新登记工作的信托公司开始，截至2004年年末，全国已获重新登记、领取金融许可证的信托公司共有59家。

2.1.2 2004—2006年，风波不断

此时重新登记工作尚未最终完成，仍有十几家信托公司批准保留，却未完成重组、领取新的金融许可证，但此后几年一直没有新的信托公司出现，因此这59家信托公司便成为中国信托业规范发展时期的基本盘。2004年的中国信托业又进入了多事之秋，先后有金信信托“乳品信托”、爱建信托“刘顺新事件”、庆泰信托恶炒桂林旅游等事件接连爆发，2004—2006年陆续有几家信托公司被监管部门停业整顿：2004年8月29日，金新信托被监管部门正式责令停业整顿；2005年5月13日，宁夏伊斯兰国际信托投资有限公司实施停业整顿；2005年7月庆泰信托停业整顿；金信信托于2005年12月30日被停业整

顿；2006 年 11 月 24 日，吉林泛亚信托投资有限责任公司被中国银监会授权吉林银监局责令停业整顿。如表 2－1 所示。至此，尚保留非银行金融机构经营牌照的信托公司只剩下 54 家。

表 2－1　　停业整顿的信托公司情况一览表

公司名称	整顿原因	整顿工作机构	停业时间
金新信托	“德隆事件”债务危机，非法吸收公众存款	华融资产管理公司	2004 年 8 月 29 日
伊斯兰信托	“德隆事件”债务危机，经营困难	华融资产管理公司	2005 年 5 月 13 日
庆泰信托	操控桂林旅游崩盘，资金链断裂	东方资产管理公司	2005 年 7 月
金信信托	违规经营、经营不善、挪用信托资金，造成较大损失	中国建银投资	2005 年 12 月 30 日
泛亚信托	公司治理存在严重缺陷，董事长、总经理长期虚位，受实际控制人操控的情况严重，管理非常混乱；挪用客户保证金、信托资金、抽逃资本金	东方资产管理公司	2006 年 11 月 24 日

2.1.3　2007 年至今，触底反弹

2004 年以来，信托公司的数量是只见减少未见增加，不仅已经批准保留尚未完成重新登记的信托公司重组之门被彻底关上，还不断有被停业整顿的信托公司。这种情况从 2007 年起有了松动，直到 2009 年才有了彻底的转机。中国信托公司数量由 54 家缓慢增加，2009 年经重组重新开业的信托公司达 5 家之多，2010 年则延续了这个态势，信托公司数量继续增加，又有 5 家信托公司加入信托市场中。2011 年兴业银行成功入主联华信托，更名兴业国际信托有限公司，东方资产管理公司重组广州科技信托投资公司成功，更名大业信托有限责任公司，金信信托重组成功，浙商金汇信托股份有限公司成立，长城新盛信托公司开业。2012 年万向信托开业，2013 年民生信托获准重新登记。至此，信托公司数量达到 68 家。2003 年以来信托机构数量变动情况如表 2－2 所示。

表 2－2　　2003 年以来信托机构数量变动表

时间	机构数量（家）	备注
2003 年	59	
2004 年	58	金新信托停业整顿

续 表

时间	机构数量（家）	备注
2005 年	55	宁夏伊斯兰信托、庆泰信托、金信信托停业整顿
2006 年	54	吉林泛亚信托投资有限责任公司停业整顿
2009 年	58	华澳信托、中粮信托、金谷信托、江南信托开业
2010 年	63	华鑫信托、方正东亚信托、紫金信托、四川信托、五矿信托开业
2011 年	66	大业信托、浙商金汇信托、长城新盛信托开业
2012 年	67	万向信托开业
2013 年	68	民生信托开业

2.2 信托机构的名称

我国信托机构的名称也随着中国信托业的发展悄然发生着变化，每一次机构名称的变更都与信托业的发展阶段息息相关。信托机构名称的变化有很多原因，既有政策调控下对信托公司行业性的全面调整，也有因公司自身发展需要和公司体制的变更而进行的个体性调整；既有由控股股东发生变化的更名，也有冲破地域性限制的商号命名。

2.2.1 行政地域性命名改为品牌商号

伴随我国市场经济改革发展的不断深化，信托公司对冲破经营地域限制束缚的冲动早已有之，最初的命名中由于出资人多是地方政府机构或财政部门，因此不得已带有明显的地域性名称。这类名称对信托公司全国化业务的开展非常不利，也不适应市场化运作的规律与发展。信托“新办法”颁布实施后，监管部门打破地域限制，鼓励信托公司开展全国化业务，原有的地域性机构名称已显得不合时宜。信托公司地域性命名更名为品牌商号的情况如表 2－3 所示。

表 2－3　　地域性命名更名为品牌商号

更名后用名	公司原名	更名时间
建信信托有限责任公司	合肥市信托投资公司	2003 年 12 月
庆泰信托有限责任公司	青海庆泰信托投资有限责任公司	2002 年 8 月 19 日
弘泰信托有限责任公司	沈阳市信托投资公司	2003 年 3 月
百瑞信托有限责任公司	郑州信托投资公司	2002 年 9 月
新时代信托股份有限公司	包头市信托投资公司	2003 年 12 月

续 表

更名后用名	公司原名	更名时间
国联信托有限责任公司	无锡市信托投资公司	2003 年 1 月
中融国际信托有限公司	哈尔滨国际信托投资公司	2002 年 5 月
英大国际信托有限责任公司	济南英大国际信托投资公司	2001 年 12 月 31 日
中江国际信托股份有限公司	江西国际信托股份有限公司	2012 年
北方国际信托股份有限公司	天津北方国际信托投资公司	2003 年 10 月
新华信托股份有限公司	重庆信托投资股份有限公司	2001 年 12 月
安信信托股份有限公司	鞍山市信托投资公司	2004 年 8 月 6 日
国投信托有限公司	沈阳弘泰信托投资有限公司	2004 年 10 月
华澳国际信托有限公司	昆明信托投资有限公司	2010 年 1 月
渤海国际信托有限公司	河北省国际信托投资有限责任公司	2007 年 12 月 18 日
华宸信托有限责任公司	内蒙古信托投资有限责任公司	2007 年 10 月 22 日
华融国际信托有限责任公司	新疆国际信托投资有限责任公司	2008 年 5 月 19 日
华润深国投信托有限公司	深圳国际信托投资有限责任公司	2008 年 10 月
建信信托有限责任公司	合肥兴泰信托有限公司	2010 年 1 月 20 日
交银国际信托有限公司	湖北省国际信托投资有限公司	2007 年 5 月
青岛海协信托投资有限公司	喀什信托投资有限公司	2003 年 10 月
中泰信托有限责任公司	厦门联合信托投资有限责任公司	2002 年 2 月 9 日
衡平信托有限责任公司	成都工商信托投资有限责任公司	2002 年 12 月
中投信托有限责任公司	浙江省国际信托投资公司	2007 年 11 月

2.2.2 公司改制引发的更名

一些信托公司为了更好地适应市场化进程，对公司体制进行了股份制改革，“有限责任公司”逐渐变为“股份有限公司”，因此而改名的信托公司也不在少数。还有一些信托公司进行增资、扩股，由独资公司改制为有限责任公司，由此引发更名。由公司改制而引发的更名情况如表 2－4 所示。

表 2－4　由公司改制而引发的更名

改制后用名	公司原名	更名时间
北方国际信托股份有限公司	天津北方国际信托投资公司	2003 年 10 月
国联信托股份有限公司	国联信托有限责任公司	2008 年 7 月
中海信托股份有限公司	中海信托有限责任公司	2007 年 12 月 26 日

续 表

改制后用名	公司原名	更名时间
深圳国际信托投资有限责任公司	深圳国际信托投资公司	2002 年 2 月
吉林省信托投资有限责任公司	吉林省信托投资公司	2002 年 3 月 1 日
内蒙古信托投资有限责任公司	内蒙古信托投资公司	2002 年 4 月
山东省国际信托投资有限责任公司	山东省国际信托投资公司	2002 年 8 月
宁波市金港信托投资有限责任公司	中国工商银行宁波市信托投资公司	1997 年 6 月
新华信托投资股份有限公司	中国工商银行重庆信托投资股份有限公司	2001 年 12 月
中诚信托有限责任公司	中煤信托投资有限责任公司	2004 年 2 月 19 日
华信信托股份有限公司	中国工商银行大连信托投资股份有限公司	1997 年

2.2.3 股权变更引发的更名

2007 年“新办法”的颁布实施引发了信托公司股权变更的风暴，又有一批信托公司在此过程中变更名称。进入2010 年，信托公司仍然存在着名称变更的需求与冲动，央企、金融集团的大规模入主，给我们呈现出令人惊喜的新面孔，与大股东相关联的商号名称逐渐出现在信托公司的名称之中，这为信托机构在未来资管市场竞争中树立自身品牌打下了基础。与大股东商号相关的信托公司更名情况如表 2 – 5 所示。

表 2 – 5　　与大股东商号相关的信托公司更名

现名	公司原名	实际控制人
中航信托股份有限公司	江西江南信托	中航工业集团
建信信托有限责任公司	合肥兴泰信托	建设银行
交银国际信托有限公司	湖北国投	交通银行
平安信托有限责任公司	平安信托	平安集团
中信信托有限责公司	中信信托	中信集团
华融国际信托有限责任公司	新疆国投	中国华融资产管理公司
昆仑信托有限责公司	金港信托	中石油
中海信托股份有限公司	中海信托	中国海洋石油总公司
华能贵诚信托有限公司	黔隆信托	华能集团
中铁信托有限责任公司	衡平信托	中国中铁
中投信托有限责任公司	浙江国投	中国建银投资

续 表

现名	公司原名	实际控制人
华润深国投信托有限公司	深圳国投	华润股份
五矿国际信托有限公司	青海庆泰信托	五矿集团
中粮信托有限责任公司	伊斯兰信托	中粮集团
国联信托有限责任公司	无锡市投资信托公司	无锡国联集团
广东粤财信托有限公司	粤财信托	广东粤财投资控股有限公司
安徽国元信托有限责任公司	国元信托	安徽国元控股
方正东亚信托	武汉国投	方正集团
紫金信托	南京信托	紫金控股
陆家嘴国际信托有限公司	海协信托	陆家嘴金融发展有限公司
国投泰康信托有限公司	沈阳弘泰信托	国家开发投资公司
光大兴陇信托有限责任公司	甘肃省信托有限责任公司	光大集团

2.2.4 政策导向调整引发的更名

2007 年信托“新办法”实施，信托机构名称行业性地由“信托投资公司”统一变更为“信托公司”，此后 3 年间，信托公司陆续完成更名，自此信托公司名称中“投资”二字再也没有了踪迹。2007—2009 年信托公司更名情况如表 2－6 所示。

表 2－6　　2007—2009 年信托公司更名一览表

原名	变更后公司名称	更名时间
华宝信托投资有限责任公司	华宝信托有限责任公司	2007 年 4 月 18 日
中信信托投资有限责任公司	中信信托有限责任公司	2007 年
中诚信托投资有限责任公司	中诚信托有限责任公司	2007 年 7 月 25 日
中海信托投资股份有限公司	中海信托股份有限公司	2007 年 6 月 28 日
平安信托投资有限责任公司	平安信托有限责任公司	2007 年
中国对外经济贸易信托有限公司	中国对外经济贸易信托有限公司	2008 年 1 月 10 日
衡平信托投资有限责任公司	衡平信托有限责任公司	2007 年 7 月 5 日
东莞信托投资有限公司	东莞信托有限公司	2007 年 7 月 27 日
国联信托投资有限责任公司	国联信托有限责任公司	2007 年 6 月
国投信托投资有限公司	国投信托有限公司	2007 年 7 月 6 日
国民信托投资有限公司	国民信托有限公司	2007 年 8 月 17 日
杭州工商信托投资股份有限公司	杭州工商信托股份有限公司	2007 年 7 月 12 日

续 表

原名	变更后公司名称	更名时间
山东省国际信托投资有限公司	山东省国际信托有限公司	2007 年 8 月 7 日
上海国际信托投资有限公司	上海国际信托有限公司	2007 年 7 月
合肥兴泰信托投资有限责任公司	合肥兴泰信托有限责任公司	2007 年 6 月 20 日
云南国际信托投资有限公司	云南国际信托有限公司	2007 年 10 月
厦门国际信托投资有限公司	厦门国际信托有限公司	2007 年 7 月 20 日
中融国际信托投资有限公司	中融国际信托有限公司	2007 年 7 月 18 日
山西信托投资有限责任公司	山西信托有限责任公司	2007 年 8 月 24 日
大连华信信托投资股份有限公司	大连华信信托股份有限公司	2007 年 9 月
广东粤财信托投资有限公司	广东粤财信托有限公司	2007 年 8 月 9 日
华宸信托投资有限责任公司	华宸信托有限责任公司	2007 年 9 月 13 日
江苏省国际信托投资有限责任公司	江苏省国际信托有限责任公司	2007 年 6 月
苏州信托投资有限公司	苏州信托有限公司	2007 年 9 月 4 日
新华信托投资股份有限公司	新华信托股份有限公司	2007 年 9 月
英大国际信托投资有限责任公司	英大国际信托有限责任公司	2007 年
中原信托投资有限公司	中原信托有限公司	2007 年
百瑞信托投资有限责任公司	百瑞信托有限责任公司	2007 年 11 月
浙江省国际信托投资有限责任公司	中投信托有限责任公司	2007 年 11 月 20 日
渤海国际信托投资有限公司	渤海国际信托有限公司	2007 年 12 月 18 日
重庆国际信托投资有限公司	重庆国际信托有限公司	2007 年 12 月 29 日
安徽国元信托投资有限责任公司	安徽国元信托有限责任公司	2008 年 1 月 30 日
西安国际信托投资有限公司	西安国际信托有限公司	2008 年 1 月 29 日
北京国际信托投资有限公司	北京国际信托有限公司	2008 年 2 月 20 日
陕西省国际信托投资股份有限公司	陕西省国际信托股份有限公司	2008 年上半年
北方国际信托投资股份有限公司	北方国际信托股份有限公司	2008 年 10 月 28 日
湖南省信托投资有限责任公司	湖南省信托有限责任公司	2008 年 10 月 23 日
安徽国元信托投资有限责任公司	安徽国元信托有限责任公司	2008 年 11 月 3 日
金港信托投资有限责任公司	金港信托有限责任公司	2008 年 1 月
甘肃省信托投资有限责任公司	甘肃省信托有限责任公司	2009 年
中泰信托投资有限责任公司	中泰信托有限责任公司	2009 年 4 月 13 日
江西国际信托股份有限公司	江西国际信托投资股份有限公司	2009 年 4 月
天津信托投资有限责任公司	天津信托有限责任公司	2009 年 7 月 31 日
联华国际信托投资有限公司	联华国际信托有限公司	2010 年 1 月 11 日

2.3 信托机构的地域

2007 年以前，信托公司基本上属于地方性金融机构，2007 年以后，监管部门逐渐放松了对信托公司异地业务的限制，但对分支公司的组织形式仍然予以禁止。另一方面，随着我国经济的高速增长，以及个人财富的不断积累，理财观念逐渐深入人心，全国化的理财市场悄然形成。供给与需求的强烈矛盾，致使信托公司在现有条件下采取了两种变通的方式：一是通过重组等重大契机，同时依托股东资源变更注册地址，将公司从原有经济欠发达地区迁移到沿海经济发达地区；二是通过在经济发达地区设立办事处、业务部门等形式，开拓全国化信托业务。

2.3.1 依托股东资源变更注册地

2010 年 7 月，先后经有关监管及政府部门批准，英大信托全面完成了注册地迁址工作，由济南迁址北京。2010 年信托公司注册地变更的还有五矿信托，与英大信托不同的是，五矿信托是由青海庆泰信托重组而来，公司成立伊始便将公司一步到位地由青海省西宁市迁址至北京。类似的情况还有 2009 年新成立的中粮信托、华澳信托、华鑫信托和安信信托。依托股东资源变更注册地的情况如表 2－7 所示。

表 2－7　依托股东资源变更注册地一览表

信托公司	原注册地	大股东	注册地
英大信托	济南	国家电网公司	北京
中粮信托	宁夏	中粮集团	北京
华澳信托	昆明	三吉利能源	上海
华鑫信托	佛山	中国华电集团	北京
安信信托	鞍山	上海国之杰投资发展有限公司	上海

2.3.2 依托股东资源转移业务重心

相对于上述一些信托公司，还有相当部分信托公司不能轻易将注册地迁址至大股东所在地，因此普遍采取转移业务重心的形式。这类信托公司的共同特征是大股东同样具有雄厚的实力和丰富的股东资源，但原注册地股东仍保留部分股权，且原注册地金融资源匮乏，地方政府不愿放弃已有金融牌照。这些复杂因素导致信托公司迁址困难，因此退而求其次选择转移业务重心的方式谋求公司更好的发展。从表 2－8 可以看出，这些公司原注册地大多为一些经济欠发达的中西部地区，确实不利于公司更快发展，而依托股东的资源，信托公司业务重心的转移方向均为北京、上海等经济中心，其带动业务发展的效果不言而喻。

表 2－8　部分信托公司业务重心转移情况表

信托公司	原注册地	业务重心
交银国信	武汉	上海
昆仑信托	宁波	北京
中融信托	哈尔滨	北京
华能贵诚信托	贵州	北京
华融信托	新疆	北京

2.3.3 广设异地业务机构，突破地域局限

还有一类信托公司，它们采取直接将业务触角伸向经济发达地区的方式，通过设立办事处、业务部门等形式，开展异地信托业务，有些信托公司甚至拥有境外办事机构。从多数公司的地域布局来看，异地业务团队开展异地业务的地域主要分布在经济较为发达的东部沿海地区和一线中心城市。其中，重点分布地域主要包括上海、北京、珠三角地区、长三角地区以及环渤海地区等，其中最为集中的城市依次为北京（天津）、上海、深圳、广州、南京、成都、杭州、沈阳、重庆、西安等。此外，多数信托公司还把注册地（本部所在地）的临近城市和地区作为开展异地业务、设立异地业务团队的切入点和起步期开展异地业务的重要目标。

2.4 信托机构的股东结构

信托公司的股权结构也经历着历史性的变革，从最初的地方政府、地方财政为主要出资人，到地方国资的逐步退出，战略投资人、境外金融机构、国内金融机构、大型企业集团等市场化的股东逐渐入主信托公司。纵观信托业这 30 多年的股权结构变化，也是经历了商业银行股权的剥离、信证分离、行政管理机构国资的退出、大型国企战略投资者的进入、外资入股，以及金融控股集团的入主等阶段。伴随着信托业的逐渐成长，信托公司的股权结构也日趋多元化。

2.4.1 商业银行所持股权的剥离

中国信托业恢复初期没有对信托业进行清晰定位，也没有明确如何开展信托业务，而是在 1980 年 6 月国务院下达的《关于推动经济联合的通知》中要求“银行要试办各种信托业务，融通资金，推动联合”。因此，新中国成立后恢复信托业后的信托公司，一开始就走上了以银行业务为主营业务、金融实业并举的混业经营之路。当时开办的信托业务，也是为响应国务院的号召，以中国人民银行总行牵头积极推动开展的。1980 年 9 月，中国人民银行总行下达《关于积极开办信托业务的通知》，各分行纷纷在经济发达的城市试办信托业务。至 1981 年年底，全国 21 个省 241 个市陆续开办了信托业务。因此，我国的信托公司从一降生，就与商业银行有着密不可分的亲缘关系，大部分信托公司的股东均为商业银行，有些甚至直接冠以“中国工商银行××信托公司”的名字。

但当时此类信托公司的业务品种大多有信托之名却无信托之实，或者名实皆无，主要被银行用作突破信贷计划管理的工具。1992 年邓小平南行，迎来中国新一轮改革开放的热潮，进入 1993 年，经济过热现象有增无减，圈地运动愈演愈烈，金融秩序越发混乱。在此过程中，信托公司与银行联手，违规拆借、违规揽存、违规放贷，并直接大规模地参与了沿海热点地区的圈地运动和房地产炒作活动，再次充当了加剧经济形势过热、扰乱金融秩序的角色。1993 年 6 月，中央决定进行宏观调控，收紧银根，严控货币发行，整顿金融秩序。与此同时，对信托业进行清理整顿，这次清理整顿初期阶段按“分业经营、分业管理”的思路将信托业与银行分开，要求国有商业银行办的信托投资公司或者以重组改造或者以转让或者以关闭等形式全部脱离银行，并于 1995 年通过《商业银行法》，禁止商业银行从事信托投资公司及投资于非银行机构，国务院下令要求四大国有商业银行与所办的信托公司脱钩。到 1996 年年底，脱钩、撤并了 168 家由商业银行独资或控股的信托公司，全国具有独立法人地位的信托公司变为 244 家。自此，商业银行与信托公司股权层面的关联被彻底斩断，商业银行与信托公司成为独立的两个金融行业。

2.4.2 20 世纪 90 年代末证信分离

信托公司与商业银行的业务关系被切断后，又开始了证券业务的经营，一时间信托公司开办的证券营业所遍布全国主要城市，信托公司在证券发行、承销等业务方面占有重要的地位，证券业务甚至成为很多信托公司的核心业务。1996 年 10 月 5 日，中国人民银行公告批准中银信托投资公司由广东发展银行收购；1997 年 1 月 4 日，中国人民银行公告依法关闭中国农村发展信托投资公司；1998 年 6 月，中国新技术创业投资公司因到期债务不能偿还被关闭；1998 年 10 月，号称中国信托业“老二”的广东国际信托投资公司也因资不抵债和支付危机被关闭。到 1997 年年末，全国共有信托投资公司 242 家，资产规模约 4600 亿元。因为这些信托公司普遍存在着资产质量差、支付困难等问题，所以引发了信托行业系统性风险和区域性风险。1999 年 3 月，国务院下发国发第 12 号文，宣布中国信托业的第 5 次清理整顿开始。这次清理整顿的措施中就包括信证分业，要求信托公司所属的证券资产限期以自组控股证券公司、以评估后的证券资产参股其他证券公司、转让等方式全部剥离。从此，信托公司不再经营证券经纪业务和股票承销业务。但信托公司保留了一些证券公司、基金管理公司的股权，至今仍有很多信托公司参股证券公司与基金公司。

2.4.3 国有资产退出引发的股权变化

我国信托业与国有资产的历史渊源由来已久，也是在信托业恢复的同一时期，随着财政收入分成制度的实施和地方、部门利益的独立化，各地区、部门也纷纷自行组建信托投资公司，在银行之外迅速形成了以融通资金、促进地方经济和部门经济发展的另一类型的信托投资机构。这类机构基本上是地方政府或中央政府部门所属的全资国有企业，资本金由政府拨入或通过“划拨债权”“换股”等操作形成投入，管理人员和业务骨干主要为政府官员，并被作为政府直属的行政事业单位进行管理。在商业银行与信托公司的股权关系被切断以后，绝大部分信托公司的股权结构就是国有控股了。以 2004 年信托公司披露信息为例，35 家信托公司中除国民信托外，全部是国有控股。其中，国有资产管理部门、地方财政，以及地方财政投资公司控股的信托公司达 21 家之多，占比超过 60%。2006 年国资控股或持股比例重大的信托公司有 31 家，占全部统计数据的 66%，这两年该比例还有小幅上升的趋势，一些信托公司的地方国资股东看到信托业蓬勃发展，清退了一些民营小股东，逐渐稳固了国资在信托公司股权中的比重。可以想象，在这样的股权结构下，信托业还难以完全摆脱行政指令的管理体制，距市场化运营和现代化管理还存在一定差距。

这种历史遗留的问题已经逐渐暴露及显现，体制性的制约越来越突出地影响和限制着信托公司的发展。作为可以和人类想象力相媲美的信托制度，需要的是最为先进的管理经验和市场化的经营理念，一些信托公司的股东及管理者意识到这个问题的严重性，逐渐退出信托机构，以优化信托公司的股权结构。

国有企业从经营性金融机构退出的典型案例是北京国投、中诚信托和深圳国投。早在2005年，北京市政府就制订了整体退出金融领域方案，并希望通过引入战略投资者，转让市属国有股份，进行公司重组，来接手北京市国资公司及京能集团两家国资公司持有的54.29%股权。2007年12月，北京国投完成战略重组，成为具有外资成分的金融机构，股权转移完成后北京市国有资产经营有限责任公司持股34.3%，威益投资有限公司持股19.99%，中国石油化工股份有限公司持股14.29%。

根据中央关于国有资产合理流动、调整重组、做大做强的改革要求，鉴于目前信托业已成为充分竞争行业、国家无须对单一信托公司直接投资控股的实际情况，财政部提出将其持有的中诚信托股权划拨给中国人保。这样，一方面有利于优化国有金融资本配置，增加对国有重点金融企业的资本支持，实行强强联合，形成优势互补；另一方面也有利于促进国有金融企业完善公司治理，提高经营管理水平，实现国有金融资本保值增值。此次股权划转，正值中国人保整体重组改制的关键时刻，此次财政部将中诚信托国有股权划拨中国人保，有助于中国人保构建国有保险金融集团。而对中诚信托而言，此次国有股东变化将为其带来难得的发展机遇。中国人保的综合实力、遍布全国的机构网络和法人机构客户及个人客户，对于其构建发展平台、扩展营销网络、获得业务资源、优化资本结构、建立持续资本补充机制、完善公司治理、提升品牌价值和谋求更好更快发展，将起到不可估量的作用。

对深圳国投进行重组，引进战略投资者，也是深圳市委市政府按照“产业第一”的原则，着眼于深圳国投长远发展做出的审慎决策。为更好、更快地建设“产业金融中心”和“金融创新中心”，进一步做强做大深圳国投，2004年年初，深圳市委市政府决定启动深圳国投引进战略投资者工作，为该公司引入具有国际先进经营管理能力、雄厚财务能力和良好国际品牌的大型产业集团，使深圳国投发展成为具有国际品牌的资本雄厚、资产优良、管理卓越、盈利丰厚，处于国内领先地位的综合性非银行金融机构和举足轻重的行业领导者。2006年10月17日，公司引进战略投资者协议签署，通过股权转让和单方增资，华润股份有限公司持有公司51%股权，深圳市人民政府国有资产监督管理委员会持有公司49%股权。深圳国投的注册资本将由人民币20亿元增至26.3亿元。

北京国投、中诚信托和深圳国投的重组都是地方政府主动地从信托公司退出，而且这3家公司都是行业的龙头，经营成果非常显著，特别是深圳国投的利润总额及净利润位居全行业第二，人均利润居全行业第一，其他各项经济指标也都处于绝对领先地位。因此，这几个案例的国有资产退出的出发点均为促进信托公司市场化健康发展，具有非常积极的意义。

还有一部分信托公司的国有资产股东由于种种原因也逐步退出信托公司的经营管理，包括新疆国投重组为华融信托、湖北国投重组为交银国信等，我们暂且称之为国有资产的被动退出。国有资产退出引发信托公司部分股权变化情况如表2－9所示。

表2－9　国有资产退出引发信托公司部分股权变化一览表

公司简称	股权出让方	股权受让方	转让时间
北京国投	北京市国有资产经营有限责任公司	威益投资有限公司	2007年12月
中诚信托	国家股	中国人民保险集团公司	2008年10月
深圳国投	深圳市人民政府国有资产监督管理委员会	华润股份有限公司	2006年10月17日
新疆国投	新疆国有资产管理委员会	中国华融资产管理公司	2008年
湖北国投	湖北国信集团公司	交通银行股份有限公司	2007年5月
苏州信托	苏州国际发展集团有限公司	苏格兰皇家银行、联想控股	2008年7月
天津信托	天津市财政局	泰达国际控股（集团）	2008年
金港信托	天津经济技术开发区国有资产经营公司	中油资产管理有限公司	2009年6月
百瑞信托	郑州市财政局、登封市财政局	深圳市易建科技有限公司、红狮涂料国际有限公司	2008年3月
中原信托	河南投资集团有限公司	中原高速公路股份有限公司	2008年5月
华信信托	大连市国有资产管理委员会	大连华信投资有限公司、大连港集团有限公司	2007年4月
东莞信托	东莞发展控股股份有限公司	广东福地科技总公司	2006年12月
中融信托	哈尔滨市国有资产管理局	哈尔滨市经济开发投资公司	2005年
山西信托	山西省国信投资（集团）公司	减资	2005年

2.4.4 境内战略投资者入股引发的股权结构改良

银监会2007年颁布的《信托公司治理指引》第三条明确提出了信托公司治理应当遵循的原则："积极鼓励引进合格战略投资者、优秀的管理团队和专业管理人才，优化治理结构。"信托公司在壮大自身实力的实际需求推动下，开始了引进战略投资者的行动。其中比较具有影响意义的案例有国家开发投资公司入主沈阳弘泰信托、国家电网重组英大信托、中铁股份有限公司入主衡平信托、湖南华菱钢铁集团控股内蒙古信托、中国华能集团重组黔隆信托、建银投资重组浙江国投、中粮信托重组伊斯兰信托、中国航空工业集团重组江南信托等。这些成功案例的重整方都是国有大型企业集团，它们的入股将对未来信托公司的发展乃至信托业的壮大起到不可估量的意义。大型央企持有信托公司股权情况如表2－10所示。

表2－10　　大型央企持有信托公司股权情况

序号	信托公司	前身	央企股东
1	华鑫信托	佛山信托	中国华电集团
2	中航信托	江南信托	中航工业集团
3	昆仑信托	金港信托	中石油
4	华能贵诚信托	黔隆信托	中国华能集团
5	五矿信托	庆泰信托	五矿集团
6	中铁信托	衡平信托	中国中铁集团
7	中粮信托	伊斯兰信托	中粮集团
8	中海信托	中海信托	中国海洋石油总公司
9	华宝信托	华宝信托	宝钢集团
10	外贸信托	外贸信托	中化集团
11	英大信托	英大信托	国家电网
12	国投信托	沈阳弘泰信托	国家开发投资公司
13	中投信托	浙江国投	建银投资

2.4.5 外资入股引发的股权变动

纵观信托公司股权变动的发展史，其中最为浓墨重彩的一笔便是外资金融机构的入股。信托"新办法"颁布以来，中国银监会有关领导多次明确表示，鼓励外资机构通过参股中国信托公司的方式进入中国市场。中国银监会主席刘明康提出，要“鼓励信托公司引进境外战略投资者。信托公司要按照市场经济发展的客观规律和信托业务的运行规律运作，一切不符合市场规律和国际良好惯例的做法都要改过来，信托公司要积极与境外战略投资者合作，更好地解决信托产品的开发和风险防范问题，切实提高经营管理能力”。前中国银监会非银行金融机构监管部负责人曾表示，银监会鼓励外资机构通过参股国内现有信托公司的方式进入我国市场。信托业对外开放非常必要，通过引入外资，可以引进国外规范的信托业务经营理念、技术、经验和人才。2007年下半年，银监会非银行金融机构监管部主任柯卡生表示，“信托公司应该主动抓住机遇，引进优秀人才，寻求有实力的专业金融机构进行合作，或是引入海外合格战略投资者……”，银监会将不断创新监管制度，不断完善相关法规，逐步为信托公司等非银行金融机构提供市场准入的便利，坚持以促进竞争力建设推动信托公司的创新工作。

在监管者的大力支持和信托公司的努力下，巴克莱银行、苏格兰皇家银行、澳大利亚国民银行、摩根士丹利、英国安石、麦格理集团等国际著名金融机构成功入股信托公司。外资持有信托公司股权情况如表2－11所示。

表2－11　外资持有信托公司股权情况

序号	信托公司	外资股东	持股比例（%）	获批时间
1	紫金信托有限责任公司	日本住友信托银行	19.99	2010年
2	方正东亚信托有限责任公司	东亚银行有限公司	19.99	2010年
3	中航信托股份有限公司	新加坡华侨银行	19.99	2009年
4	华澳国际信托有限公司	麦格理集团	19.99	2009年
5	联华国际信托有限公司	澳大利亚国民银行	20	2008年
6	苏州信托有限公司	苏格兰皇家银行公众有限公司	19.99	2008年
7	杭州工商信托股份有限公司	摩根士丹利	19.9	2008年
8	新华信托股份有限公司	巴克莱银行有限公司	19.50	2008年
9	北京国际信托投资有限公司	威益投资有限公司	19.99	2007年
10	中粮信托有限责任公司	蒙特利尔银行	19.99	2012年
11	百瑞信托有限公司	摩根大通	19.99	2012年

2.4.6 金融集团控股引发的股权变动

信托公司的股权结构近年来发生了重大的变化，先是2007年交通银行重组湖北国投成功，开启了商业银行入股信托公司的新时代，为中国的金融综合化发展探索了道路。2010 年，经银监会批准，中海信托通过输出团队和管理参股四川信托，持有四川信托 30% 的股权，开创了信托公司入股信托公司的先河，也是对信托行业发展的再一次有益探索。2011 年 7 月 29 日，浙商金汇信托股份有限公司在杭州正式开业，成为国内信托公司重组复牌的经典成功案例。而中国国际金融有限公司的参股，更是券商参股信托公司的第一例。至此，信托公司已经成为金融业态中唯一拥有商业银行、保险公司和券商股东的金融机构，其股权结构的多元化程度在金融机构中遥遥领先，这也必将为信托公司的发展带来全新的局面。金融集团控股类信托公司情况如表 2－12 所示。

表 2－12　　金融集团控股类信托公司一览表

序号	公司名称	控股股东
1	中信信托	中国中信集团公司
2	交银信托	交通银行股份有限公司
3	中诚信托	中国人民保险集团公司
4	平安信托	中国平安保险（集团）股份有限公司
5	中泰信托	人保投资控股有限公司
6	中建投信托	中国建银投资有限责任公司
7	华融信托	中国华融资产管理公司
8	金谷信托	中国信达资产管理股份有限公司
9	兴业信托	兴业银行
10	国民信托	富德生命人寿
11	建信信托	中国建设银行股份有限公司
12	长城新盛	中国长城资产管理公司
13	光大兴陇	中国光大集团股份公司

2.5　信托公司经营分析

在过去的十几年内，信托业从中国金融改革进程中金融行业边缘革命发起人的角色迅速成长为今天的主流金融业态。截至 2015 年三季度末，信托全行业管理的信托资产规模为 15.62 万亿元（平均每家信托公司 2296.92 亿元），固有资产规模达到 4177.94 亿元（平均每家信托公司 61.44 亿元），实现经营收入 822.14 亿元，利润总额 548.71 亿元，平均年化综合报酬率延续了 2015 年一季度以来的增长趋势，三季度为 0.62%。各项指标表明，在宏观经济增速换挡、泛资管行业竞争加剧、利率市场化改革深入、风险防控压力上升等多重因素叠加下，信托业发展没有出现增长的断崖式下跌，整体经营业绩保持常态增长水平，投资与事务管理功能定位进一步强化。在外部宏观经济形势存在较大不确定性以及资本市场异常波动的背景下，信托行业在持续动荡中实现螺旋式上升，在冷热交替中不断求索和蜕变。

2015 年信托公司年报显示，2009—2014 年，信托业资产规模增长 6.5 倍，同期银行业与保险业的资产规模增长为 2 ~3 倍。当前的信托业应该摆脱过去单纯对资产规模、市场份额与经营业绩的追求，探索新的商业模式，从而实现可持续发展。经济去杠杆化、新的资产配置体系、要素市场改革、互联网金融等将成为信托业未来增长的主要驱动力。信托业主要业务数据发生了较大的结构性变化，信托规模再创历史新高，业务结构继续优化，系统风险可控，行业发展平稳，转型态势良好，同时信托业也面临着增幅放缓、业绩下滑、个案风险增加等方面的挑战。

2.5.1 主要财务指标平稳增长

2.5.1.1 资本利润率

基于本报告撰写之时，2015 年全年权威统计数据尚为公布，故本章下文均采用 2015 年 4 月信托公司公开披露的年报数据。2015 年信托公司公开披露信息显示，信托行业平均资本利润率为 18.36%，比 2014 年下降了 1.95%，虽然资本利润率较 2014 年有所回落，但仍然保持在较高的利润率水平。

从总资本利润率排名来看，中铁信托的总资本利润率达到了 50.21%，仍然维持 2014 年度总资本利润率排名第一的位置。纵观信托行业整体情况，各公司资本利润率离散程度有所下降，从数据分布的离散程度来看，标准差为 8.91%，这一指标与 2014 年度相比变化不大。信托公司资本利润率统计分析情况如表 2 – 13 所示。

表 2 – 13　　信托公司资本利润率统计分析表

年份 项目	2010	2011	2012	2013	2014
平均值（%）	14.61	18.25	20.90	20.31	18.36
平均值增长（%）	1.64	3.64	2.65	-0.59	-1.95
公司数目	53	61	65	67	64
最大值（%）	67.48	97.77	64.26	54.06%	50.21

续 表

项目＼年份	2010	2011	2012	2013	2014
最小值（%）	3.10	0.78	4.04	1.36%	3.14
标准差（%）	9.52	13.49	10.46	8.80	8.91
变异系数	0.65	0.74	0.50	0.43	0.48

从资本利润率排名来看，资本利润率表现比较优异的信托公司前5名为中铁信托（50.21%）、四川信托（45.56%）、西藏信托（37.07%）、方正东亚（32.89%）以及工商信托（32.17%）。而2013年资本利润率前5名为中铁信托（54.06%）、四川信托（38.79%）、方正信托（38.25%）、安信信托（37.40%）以及大业信托（36.23%）。与2013年相比，前5名公司的组成变化比较大，中铁信托及四川信托仍保持在前两位，方正信托由第3位降至第4位，而另外其他两家信托公司，均跌出前5名。同时，2010年资本利润率在15%～30%的公司为24家，2011年在此范围的公司达到了29家，2012年达到了34家，2013年达到了42家，2014年则为34家。也就是说，2014年信托行业的中坚阵营仍然在持续成熟和扩大。信托公司资本利润率的水平与公司注册资本的规模密切相关，资本利润率排名第1的中铁信托，其注册资本规模扩大，势必会对其资本率产生影响。因此，信托公司在追求增资扩股，壮大公司实力的同时，也应考虑到其对资本利润率的影响。

受公司普遍增资及行业整体转型的影响，只有21家信托公司资本利润率比2014年增加，而2014年度资本利润率增长的信托公司有36家之多。从资本利润率增幅来看，2014年度，资本利润率增幅前5名的公司为西藏信托（13.44%）、重庆国信（7.46%）、四川信托（6.77%）、华信信托（5.61%）和天津信托（3.89%）。（注：信托公司名后数字为2014年度资本利润率增加量）。

资本利润率前10位信托公司如表2－14所示。

表2－14　资本利润率前10位信托公司

序号	公司简称	资本利润率（%）
1	中铁信托	50.21
2	四川信托	45.56
3	西藏信托	37.07

续 表

序号	公司简称	资本利润率（%）
4	方正东亚	32.89
5	工商信托	32.17
6	大业信托	31.00
7	中原信托	29.98
8	中融信托	28.38
9	华信信托	27.00
10	天津信托	25.99

2.5.1.2 信托报酬率

2015 年信托公司公开披露信息显示，信托行业平均信托报酬率为 0.76%，比 2014 年下降了 0.13%。可以发现，在经历了 2006 年和 2007 年的超速增长之后，信托行业平均信托报酬率逐年下降。

从信托报酬率分布的离散程度来看，信托报酬率分布的标准差 0.49% 比 2013 年（0.56%）有较大幅度下降，变异系数上升 1.94%。这说明，全行业信托报酬率的差距有所减小。样本公司中，大部分公司（42 家）的信托报酬率水平低于 1%。其中，有 17 家公司（占全体公司数量的 32.7%）的信托报酬率低于 0.5%。可以发现，信托报酬率低于 0.5% 的公司数量高于 2013 年。信托公司信托报酬率的统计分析情况如表 2－15 所示。

表 2－15　　信托公司信托报酬率的统计分析表

项目 \ 年份	2010	2011	2012	2013	2014
平均值（%）	0.69	1.05	0.97	0.88	0.76
平均值增长幅度（%）	－0.17	0.36	－0.09	－0.09	－0.12
公司数目	42	49	52	55	52
最大值（%）	2.03	4.10	2.65	3.44	2.66
最小值（%）	0.07	0.25	0.22	0.25	0.14
标准差（%）	0.49	0.76	0.54	0.55	0.49
变异系数	0.71	0.73	0.56	0.63	0.64

从信托报酬率排名来看，信托报酬率表现比较优异的信托公司前 5 名为工商信托（2.66%）、华信信托（1.88%）、爱建信托（1.87%）、东莞信托

(1.82%) 和重庆国信 (1.32%)。其中，工商信托、爱建信托与东莞信托 2013 年度也位列前 5 名。2013 年度前 5 名中的新华信托和苏州信托则跌出了前 5 名。同时，在 2013 年，信托报酬率超过 1% 的公司数量达到 14 家，到了 2014 年度则减少到 9 家。信托报酬率的高低某种程度上也体现了公司市场化程度的高低。一般来说，背靠国有大型企业或中央企业的公司，往往拥有更多的股东资源的支持，在业务开展中，若交易对手中央企或大型国企的比例过高，则会相应降低公司信托报酬率水平。而常年保持较高信托报酬率的信托公司则多为市场化程度较高的公司。

从信托报酬率增幅来看，信托报酬率增幅前 5 名的公司为重庆国信 (增长 0.51%)、华信信托 (增长 0.41%)、华宸信托 (增长 0.23%)、国联信托 (增长 0.18%) 以及中铁信托 (增长 0.15%)。

2014 年有 9 家信托公司信托报酬率比 2013 年有所增长，却有 35 家信托公司信托报酬率下滑，这一现象着实令人担忧。在越来越激烈的市场竞争的压力下，信托公司选择了降低收益水平的方式来维持市场占有率，而不是主动提高服务水平和产品竞争力来赢得市场，这一现象应该得到更多重视。

信托报酬率前 10 位信托公司如表 2-16 所示。

表 2-16　　信托报酬率前 10 位信托公司

序号	公司简称	信托报酬率 (%)
1	工商信托	2.66
2	华信信托	1.88
3	爱建信托	1.87
4	东莞信托	1.82
5	重庆国信	1.32
6	新华信托	1.31
7	华宸信托	1.31
8	国联信托	1.22
9	安信信托	1.02
10	湖南信托	1.00

2.5.1.3　人均净利润

信托业协会最新数据显示，2015 年三季度末，信托业实现人均净利润 241.89 万元。2015 年信托公司公开披露信息显示，信托行业人均净利润为 401.44 万元，比 2014 年上升 6.78 万元。2010—2014 年，信托公司人均净利润的行业平均值已经连续经历了 5 年增长。与其他金融业态相比，信托业的人均净利润一直遥遥领先，这也是令信托人引以为傲的，人均净利润的优异表现体现了信托业“精英式”的发展模式，区别于其他金融及服务业人海战术的发展模式。

从人均净利润的统计分析来看，只有重庆国信和江苏国信两家公司的人均净利润超过 1000 万元，维持了 2013 年人均净利润超千万元的业绩。其中，重庆国信实现了高达 2615 万元的人均净利润。从数据分布的离散程度来看，2014 年人均净利润分布的变异系数（0.95）比 2012 年（0.66）有大幅上升。

信托公司人均净利润的统计分析情况如表 2－17 所示。

表 2－17　　信托公司人均净利润的统计分析表

项目＼年份	2010	2011	2012	2013	2014
平均值（万元）	278.68	311.30	382.32	394.66	401.44
平均值增长幅度（万元）	23.30	32.62	71.02	12.35	6.77
平均值增长率（%）	9.12	11.71	22.8	4.52	1.72
公司数目	53	61	65	66	63
最大值（万元）	1226.51	1361.32	1559.15	1520.01	2615
最小值（万元）	28.79	12.22	61.83	11.36	16
标准差（万元）	251.10	246.07	247.48	270.81	382.5
变异系数	0.90	0.79	0.66	0.70	0.95

从人均净利润排名来看，人均净利润表现比较优异的信托公司前 5 名为重庆国信（2615 万元）、江苏国信（1459 万元）、华信信托（966 万元）、中诚信托（916 万元）和西藏信托（910 万元）。与 2013 年相比，前 5 名公司的组成变化不大。同时，可以发现，2010 年有 33 家信托公司的人均净利润达到了 150 万元以上，2011 年实现 150 万元以上的公司达到了 46 家，2012 年继续增加到 56 家，到了 2013 年继续增加到了 57 家，到了 2014 年，这个数字下降到 50 家。2014 年信托业人员增长的速度超过了当年利润的增幅。

从人均净利润增幅来看，人均净利润增幅排名前 5 的公司为重庆国信（增长 1147.49%）、西藏信托（增长 352.12%）、华信信托（增长 242.64%）、天津信托（增长 205.89%）以及华润信托（增长 155.57%）。人均净利润降幅最大的公司是中铁信托，减少 493 万元，降幅达到 52.9%。

2014 年人均净利润排名前 10 的信托公司如表 2－18 所示。

表 2－18　人均净利润前 10 位信托公司　单位：万元

序号	公司简称	人均净利润
1	重庆国信	2615
2	江苏国信	1459
3	华信信托	966
4	中诚信托	916
5	西藏信托	910
6	华润信托	773
7	中海信托	726
8	上海国信	674
9	国联信托	652
10	天津信托	551

2.5.2 信托资产规模继续攀高

2.5.2.1 信托资产规模

根据中国信托业协会最新公布的信息，截至 2015 年三季度末，信托业管理资产总额达到 15.62 万亿元（平均每家信托公司 2296.92 亿元），较 2014 年三季度的 12.95 万亿元，年度同比增长 20.62%，信托资产规模同比增幅明显回落；较 2015 年二季度的 15.87 万亿元，季度环比下降 1.58%。

2015 年信托公司公开披露信息显示，信托业管理信托资产规模达到 13.88 万亿元，再创历史新高。每家信托公司平均信托资产规模为 2071.78 亿元，比 2014 年上升了 467 亿元，增幅为 29.12%。自 2004 年以来，信托公司的信托资产规模每年都有大幅度的提升，除了 2013 年和 2014 年外，平均每年提升 40% 以上，2012 年以来，每年的提升幅度逐渐变小。但是，在近 5 年中，除了 2013 年和 2014 年外，2009—2012 年信托资产平均值均实现了 45% 以上的增幅。

有 13 家公司信托资产规模降低，比 2013 年的 7 家增加了 6 家，为近 5 年来历史最高值。在政策的指引下，通道业务难以为继，转型成果初步显现，“外延式”增长方式有所抑制。另外，中信信托自 2013 年创下自 2004 年以来单个公司年度信托资产规模的最高纪录 7296.61 亿元后，2014 年继续以 1724.13 亿元的增幅刷新了该项纪录，信托资产规模达到历史新高 9020.74 亿元，连续多年领跑信托资产规模。从信托资产规模分布的平均程度来看，信托资产规模分布的标准差

（18357256 万元）比 2013 年（13235416 万元）大幅上升。与此同时，变异系数也出现了近 5 年以来的第一次上升，从 2013 年的 0.83 上升到 2014 年的 0.89。

值得注意的是，2010—2013 年，信托资产规模的变异系数持续下降，但是 2014 年却破天荒的第一次出现增加的情况，这说明 2014 年信托行业改变了连续数年的平均化趋势，信托公司之间的信托资产规模分布开始出现分化。

信托公司信托资产规模的统计分析情况如表 2－19 所示。

表 2－19　　信托公司信托资产规模的统计分析表

项目＼年份	2010	2011	2012	2013	2014
平均值（万元）	4989064	7601637	11813118	16046023	20717837
平均值增长幅度（万元）	1680681	2612573	4211481	4232905	4671814
平均值增长率（%）	45.84	52.37	55.40	35.83	29.12
公司数目	55	62	66	68	67
信托资产缩减的公司数	7	6	5	7	13
最大值（万元）	33279077	39996932	59134914	72966080	90207416
最小值（万元）	326089	438216	260295	1271355	695795
标准差（万元）	5740773	7208211	9911516	13235416	18357256
变异系数	1.06	0.95	0.85	0.83	0.89

从信托资产规模排名来看，信托资产规模最大的信托公司前 5 名为中信信托（90207416 万元）、中融信托（71059273 万元）、建信信托（66583533 万元）、兴业信托（65115172 万元）以及外贸信托（54345654 万元）。与 2013 年相比，信托资产规模排名前 5 的公司变化比较大，华润信托和中诚信托分别从 2013 年的第 4 位和第 5 位下降至 2014 年的第 7 位和第 14 位。建信信托和外贸信托分别从 2013 年的第 6 位和第 7 位上升至 2014 年的第 3 位和第 5 位。

同时，可以发现，信托资产规模达到 1000 亿元以上的公司达到 44 家，比 2014 年度的 40 家又增加 4 家。另外，信托资产规模达到 500 亿元以上的公司，2009 年有 12 家，2010 年则增长到 21 家，2011 年则增长到 33 家，2012 年增长到 47 家，2013 年增长到 56 家，2014 年则达到了创纪录的 60 家。

从信托资产增长幅度来看，信托资产增长前 5 名分别为建信信托（34001894 万元）、中融信托（23205783 万元）、外贸信托（22607961 万元）、华宝信托（21994585 万元）以及上海国信（19407833 万元）。与 2013 年相比，信托资产增长前5名的变化较大，其中，仅中融信托依然保持了高速增长，继续跻身前5名的行列。兴业信托、华润信托、云南国信和中信信托分别从2013年的第1位、第3位、第4位和第5位下跌至2014年的第14位、第13位、第23位和第6位。而建信信托、外贸信托、华宝信托和上海国信分别从2013年的第65位、第9位、第26位和第18位跃升至2014年的第1位、第3位、第4位和第5位。在政策的引导下，被动管理银信合作业务被进一步限制，银行系信托公司短期内面临业务转型和调整，往年信托资产规模快速增长的态势得到遏制，信托资产规模指标的变化比较明显。

从信托资产规模增幅来看，信托资产规模增幅前5名的公司为建信信托（增长104.36%）、上海国信（增长100.93%）、西藏信托（增长98.49%）、华宝信托（增长81.01%）以及中海信托（增长77.10%）。值得一提的是，2014年信托资产规模增长率排名前5的信托公司其增长率远远低于2013年。另外，信托资产规模增长率后5名的公司为华宸信托（减少45.27%）、光大兴陇（减少25.88%）、山西信托（减少23.07%）、国投泰康（减少20.58%）以及昆仑信托（减少15.93%）。

从各年信托资产规模的稳定程度来看，最稳定的前3名分别是英大信托（变异系数为0.16）、华宸信托（变异系数为0.26）以及华信信托（变异系数为0.29）。英大信托自2009年以来一直保持了稳定的信托资产规模，平均值为18462767万元。另外，信托资产规模波动程度最大的前3家公司分别是国民信托（变异系数为1.39）、西藏信托（变异系数为1.29）以及云南国信（变异系数为1.18），这3家公司近5年来都实现了信托资产规模的持续大幅增长。

信托资产规模前10位信托公司如表2－20所示。

表2－20　　信托资产规模前10位信托公司　　单位：万元

序号	公司简称	信托资产规模
1	中信信托	90207416
2	中融信托	71059273
3	建信信托	66583533
4	兴业信托	65115172
5	外贸信托	54345654
6	华宝信托	49146271
7	华润信托	47197867

续 表

序号	公司简称	信托资产规模
8	华能贵诚	42155688
9	平安信托	39984861
10	交银国信	39799220

2.5.2.2 信托资产结构

信托资产的行业占比平均值分布如图 2－1 所示。

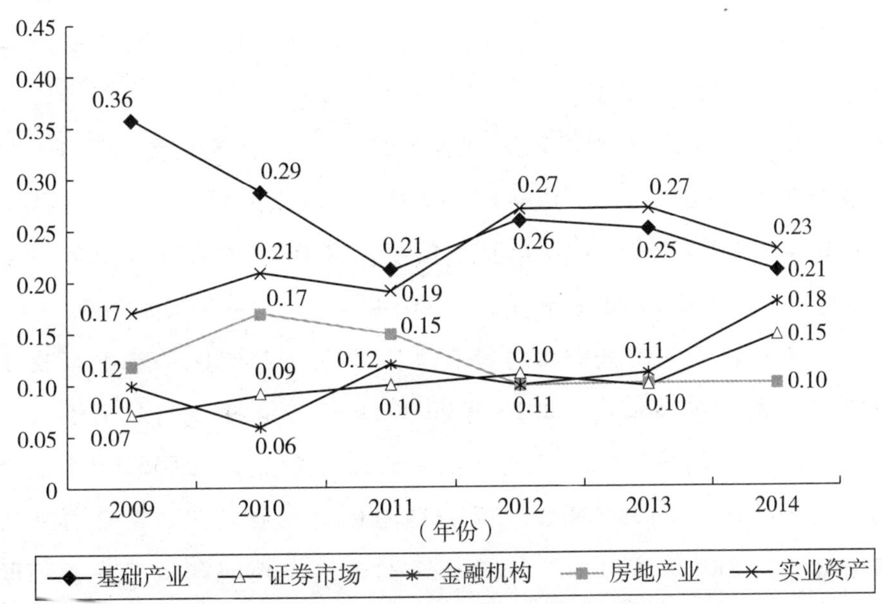

图 2－1 信托资产的行业占比平均值分布

第一，自 2009 年以来，信托资产在基础产业上的分布比例是最大的，但是在 2009 年达到最高峰（36%）之后逐年下降，到 2011 年已经下降到 21%，此后连续 3 年被实业以微弱优势反超。第二，信托资产在房地产业和证券市场的分布比例曲线惊人一致，2009—2011 年逐年上升，2012 年和 2013 年保持 0.10 的比例，2014 年均小幅上升。第三，金融机构的分布占比在近 5 年内除了在 2010 年大幅下降外，2009 年、2011 年和 2012 年均在 10% 左右徘徊，2014 年金融机构的分布比例大幅上升至 18%。

综合上述数据，我们可以发现，房地产信托和银信合作继续受阻，在国内信托公司经营环境持续偏紧的背景下，各家信托公司信托资产比例变化较大。其中，基础产业资产比例和实业资产比例比 2013 年小幅下调 4%，房地产业资产比例与 2013 年持平，而证券资产和金融机构资产分布比例分别上升 4% 和 7%。可以看出，信托公司在 2014 年减少实业资产和基础产业资产投资的同时，加大了对金融机构和证券市场的投资，这与 2014 年资本市场的投资低谷不无关系。同时，由于房地产市场的持续低迷，市场方向不明朗，各信托公司在权衡利弊后谨慎保持了房地产业资产比例不变的投资格局。在原有的投资结构下，整个信托行业的发展并没有受到政策的负面影响而停滞不前，依然实现了 29% 以上的资产规模的扩张。与此同时，信托持续加大对金融机构和证券市场的投资，显示出信托公司对资本市场后续走势的乐观态度。综上所述，我们不难看出，2014 年整个信托行业对宏观经济未来的走势判断与 2013 年相比差别较大，因此在投资结构上与 2013 年相比做出了较大的调整。

首先，基础产业资产的变异系数一直比较低，而且相对稳定，自 2009 年以来，基本维持在 0.60 左右。在 2009 年，该指标达到历史最低的 0.61，2010 年则小幅回升到 0.66，2011 年与 2010 年基本持平，为 0.64，2012 年又回落至新的历史低点 0.56，2013 年小幅回升至 0.58，2014 年该指标继续回升至 0.63。如图 2－2所示。这表明，不同信托公司对持有基础产业资产比例的态度发生了微妙的变化，2012 年分歧大幅降低后，2013 年和 2014 年各信托公司对于投资基础产业的比例的大小分歧又逐渐扩大。但是，我们必须注意到，布局基础产业资产依然是各信托公司的共识，其变异系数远低于其他几个行业。其次，证券业资产的变异系数波动较大，2009—2011 年，可能出于对证券市场风险的考虑，不同信托公司对证券业资产的持有态度差异较大，2009 年，该项资产的变异系数达到 1.37，2010 年虽然小幅下降，但也达到了 1.26，2011 年重新增大到 1.28。2012 年证券市场分布比例的变异系数大幅跌至 0.89，2013 年大幅增加到 1.01，2014 年又大幅下跌至 0.84。这显示出各信托公司在 2012 年纷纷增持证券业资产后 2013 年对证券资产的持有比例又出现了较大的分歧，2014 年出于对证券市场前景的判断，各信托公司证券业资产的持有比例大幅增加，分歧程度为近 6 年来的最低水平。另外，对于实业资产，各信托公司的态度在 2009—2013 年越来越趋于一致，变异系数越来越小，由 2009 年的 1.02 降至 2013 年的 0.66，但是 2014 年各信托公司对于实业资产的持有比例分歧开始加大，大幅增加到 0.77。对于房地产业，在 2009—2011 年，其变异系数逐渐缩小，但是，2011 年后房地产业占比变异系数却持续上升，2014 年达到创纪录的 1.49，显示出各信托公司继 2012 年在持有房地产业资产的比例方面发生分化后，2013 年和 2014 年这种分歧持续加大。值得注意的是，2011 年以后的几年内，各信托公司对于房地产业资产持有比例的变异系数远远高于其他几种资产形式，这显示出各信托公司对房地产业发展前景的判断逐渐分化。对于金融机构分布比例，2009—2011 年变异系数持续下降，2012 年小幅回升至 1.22，但是 2013 年又大幅下跌至 0.78，2014 年延续了 2013 年的跌势，微跌至 0.72。而且，在 5 种资产布局中，金融机构的变异系数波动较大。这说明，各信托公司的该种资产的占比更具分歧，但是 2014 年这种分歧大幅降低。

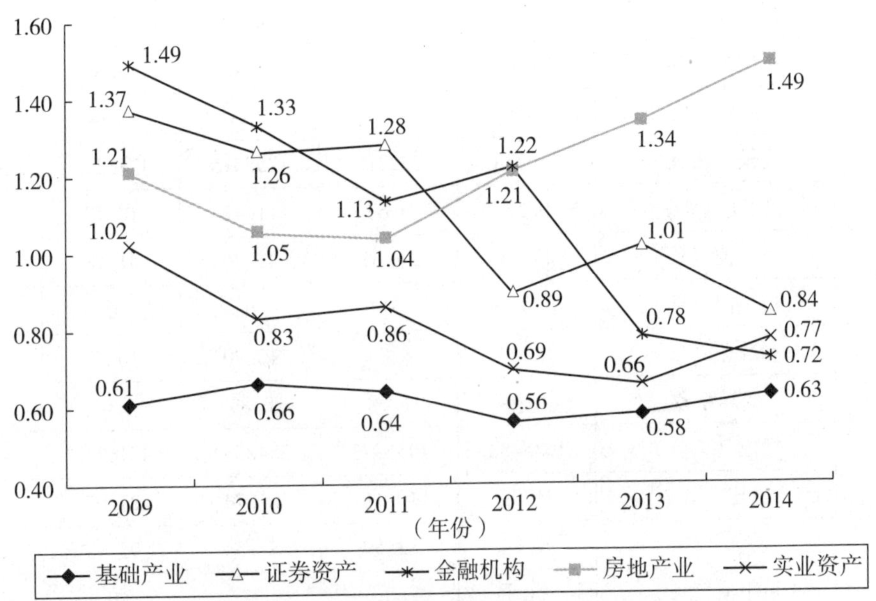

图 2－2　信托资产行业分布比例的变异系数

信托公司信托资产相关情况分别如表 2－21～表 2－24 所示。

表 2－21　信托公司信托资产行业分布占比

项目 \ 年份		2010	2011	2012	2013	2014
披露公司数目		51	61	63	63	64
基础产业	规模（万元）	1804825	1580108	2762256	4256482	4450960
	占比（%）	28.77	20.79	25.58	25.49	21.35
	占比最大值（%）	79.20	55.35	82.4	85.09	61.74
	占比最小值（%）	0	0	0	0	0
	标准差（%）	18.95	13.35	14.40	14.67	13.41
	变异系数	0.66	0.64	0.56	0.58	0.63

续 表

项目	年份	2010	2011	2012	2013	2014
披露公司数目		51	61	63	63	64
房地产	规模（万元）	820647	1122519	1028790	1721714	1981747
	占比（%）	17.28	14.77	9.52	10.31	9.51
	占比最大值（%）	81.80	76.64	70.92	70.30	83.31
	占比最小值（%）	0	0	0.64	0	0
	标准差（%）	18.10	15.36	11.48	13.87	14.18
	变异系数	1.05	1.04	1.21	1.34	1.49
证券资产	规模（万元）	556738	732216	1258315	1748212	3051222
	占比（%）	9.13	9.63	11.42	10.47	14.64
	最大值（%）	43.43	34.62	42.76	41.18	57.91
	最小值（%）	0	0	0	0	0
	标准差（%）	11.49	8.04	10.20	10.62	12.26
	变异系数	1.26	1.28	0.89	1.01	0.84
实业	规模（万元）	1035482	1455973	2848754	4516831	4879568
	占比（%）	21.09	19.16	26.74	27.05	23.41
	最大值（%）	92.24	83.59	84.54	92.95	78.51
	最小值（%）	0	0	0	0	0
	标准差（%）	17.42	16.52	18.34	17.94	17.92
	变异系数	0.83	0.86	0.69	0.66	0.77
金融机构	规模（万元）	338668	939302	1090494	1842148	3825970
	占比（%）	5.82	12.23	9.78	11.03	18.35
	最大值（%）	30.55	64.16	52.27	48.15	62.65
	最小值（%）	0	0	0	0	0
	标准差（%）	7.73	13.89	11.96	8.59	13.21
	变异系数	1.33	1.13	1.22	0.78	0.72

表 2-22　各项信托资产比例最大的前 3 名

项目 \ 名次	第 1 名	第 2 名	第 3 名
基础产业资产	英大信托（61.74%）	爱建信托（51.73%）	紫金信托（47.60%）
房地产业资产	工商信托（83.31%）	长城新盛（70.40%）	浙江金汇（37.37%）

续　表

项目＼名次	第1名	第2名	第3名
证券业资产	中海信托（57.91%）	江苏国信（38.67%）	华润信托（33.84%）
实业资产	天津信托（78.51%）	中泰信托（69.25%）	新时代（66.87%）
金融机构	五矿信托（62.65%）	建信信托（52.66%）	西藏信托（41.38%）

注：基础产业资产占比，英大信托、爱建信托和紫金信托连续两年保持前3的位置。值得一提的是，这3家信托公司虽然继续保持较高的基础资产占比，但是比例略有下调，其中，英大信托下调近15%，其他两家信托公司略微下调1%～3%。

房地产业资产占比，工商信托以83.31%的比例依然位居行业第1，长城新盛也继续保持占比前3的位置，中原信托则大幅降低房地产资产信托比例，从2013年的61.92%（行业第2名）下降为2014年的13.20%（行业第24名）。

证券业资产占比前3名变化较大，2013年排名前3的陕西国信、建信信托和外贸信托，2014年被中海信托、江苏国信和华润信托取代。其中，陕西国信未披露2014年的证券业资产占比数据，江苏国信大幅提升证券业资产占比，从2013年的7.79%跃升至2014年的38.67%。

实业资产占比排名前3的企业变化较大，只有新时代继续保持行业前3的位置，西部信托2014年大幅下调实业资产信托比例，从2013年度的70.28%（行业第2名）降为2014年度的46.71%（行业第11名）。

金融机构资产占比，建信信托继续保持行业前3的位置，华宝信托和华润信托小幅下调金融机构资产占比，五矿信托则大幅上调金融机构资产占比，从2013年度的4.23%（行业第35名）大幅上升至2014年的62.65%（行业第1名）。

表2－23　　各项信托资产规模最大的前3名　　单位：亿元

项目＼名次	第1名	第2名	第3名
基础产业资产	中信信托（3323）	交银国信（1625）	中融信托（1430）
房地产业资产	平安信托（919）	华润信托（756）	中融信托（744）
证券业资产	建信信托（1974）	中海信托（1820）	外贸信托（1766）
实业资产	中融信托（2292）	兴业信托（1426）	渤海信托（1348）
金融机构	建信信托（3506）	兴业信托（2240）	华宝信托（1951）

注：基础产业资产规模，前3名公司与上年度相比变化较大，只有中信信托继续位居前3位。兴业信托和英大信托分别从2013年的2017亿元（第2位）和1603亿元（第3位）跌至2014年的1080亿元（第6位）和1300亿元（第5位）。交银国信和中融信托则分别以1625亿元和1430亿元的基础产业资产持有规模跃升为行业第2位和第3位。

房地产业资产规模，2014年前3名公司与2013年度相比变化不大。华润信托和平安信托继续位居房地产业资产规模前3的位置，中原信托则以567亿元的跌幅由2013年的行业第2跌至2014年的行业第28位。中融信托以213亿元的增幅跃居行业第3名。

证券业资产规模，2014年行业前3名公司与2013年相比变化不大。建信信托和外贸信托继续位居行业前3名，华润信托则由2013年的行业第3名微跌至2014年的行业第5，而中海信托则以1316亿元的增幅跃居行业第2名。

实业资产规模，前3名公司与2013年度相比没有变化，中融信托以612亿元的增幅继续保持行业第1，渤海信托以98亿元的增幅位居行业第3位。兴业信托虽然小幅调减实业资产规模69亿元，但仍然位居行业第2位。

金融机构资产规模，前3名公司与2013年相比差别较大，只有建信信托以3506亿元的规模继续保持行业第1。兴业信托和华宝信托分别以1324亿元和1062亿元的增幅跃居行业第2名和第3名，中信信托和华润信托则跌出行业前3。

另外，从2009年以来各年信托资产构成比例的稳定程度来看，投资策略比较明显的是工商信托，其房地产产业资产比例基本在74.12%，苏州信托连续5年基础产业资产比例相对稳定在45.63%，湖南信托的基础产业资产比例相对稳定，山东国信的实业资产比例也相对稳定。

表 2-24　　各项信托资产投资比例最稳定的前 3 名

项目＼名次	第 1 名	第 2 名	第 3 名
基础产业资产	湖南信托（40.12%，0.14）	苏州信托（45.63%，0.16）	英大信托（72.80%，0.18）
房地产业资产	工商信托（74.12%，0.12）	东莞信托（8.23%，0.20）	中江国信（8.18%，0.20）
证券业资产	建信信托（35.47%，0.15）	中融信托（11.04%，0.17）	中信信托（8.05%，0.23）
实业资产	兴业信托（26.70%，0.15）	山东国信（40.67%，0.20）	厦门国信（35.54%，0.20）
金融机构	新时代（3.26%，0.35）	平安信托（11.06%，0.37）	天津信托（4.85%，0.39）

注：表中括号内第 1 个数字是平均值，第 2 个数字是变异系数。

2.5.2.3　信托资产运用分析

自 2009 年以来，贷款资产的比例一直居于首位。在 2009—2011 年，贷款资产比例持续下降，由 2009 年的 50.4% 逐年下降至 2011 年度的 36.76%，这也是该比例的历史最低点。2012 年贷款资产比例小幅上升至 41.52%，2013 年则持续上升至45.05%，2014 年该比例大幅下跌至38.64%，几乎接近近5 年来的历史最低点。尽管如此，在信托资产的运用分布格局中，贷款资产的比例仍然远远高于其他几种资产形式。长期投资比例居信托资产运用的第 2 位，2008—2011 年，长期投资比例尽管一直小幅波动，但依旧维持在 10% 以上的水平，最高 18.72%，最低 13.74%，但是 2012 年长期投资比例大幅跌至 9.74%，2013 年则继续下降至 8.67%，2014 年继续跌至 7.53%，成为几种资产运用形式中的最低值。货币资产的比例在 2009—2013 年除了 2011 年大幅增加外，其余年份均下降，从 2011 年的最高值 13.74% 降低为 2013 年的 6.8%，2014 年则小幅增加至 8.14%。值得一提的是，在过去的 5 年中，除了 2011 年外，货币资产比例一直在 10% 以下的水平徘徊。交易性金融资产比例在过去的 2009—2013 年变化不大，一直在 6% ~10% 徘徊，2014 年该指标首次突破 10%，达到历史性的 11.27%，在 4 类资产类型中运用比例仅次于贷款资产，这显示出整个信托行业 2014 年对于交易性金融资产的判断整体向好。信托公司信托资产的运用分布如图 2-3 所示。

综上所述，我们不难看出，2014 年，各信托公司在基本沿用以往的投资资产运用策略的同时，微调了各类型资产的运用比例，贷款资产的运用比例首次低于 40%。贷款资产比例最高，交易性金融资产和货币资产居中，投资业务最少。但是，我们应该注意到，2014 年，长期投资运用比例仍然处于下降通道中，货币资

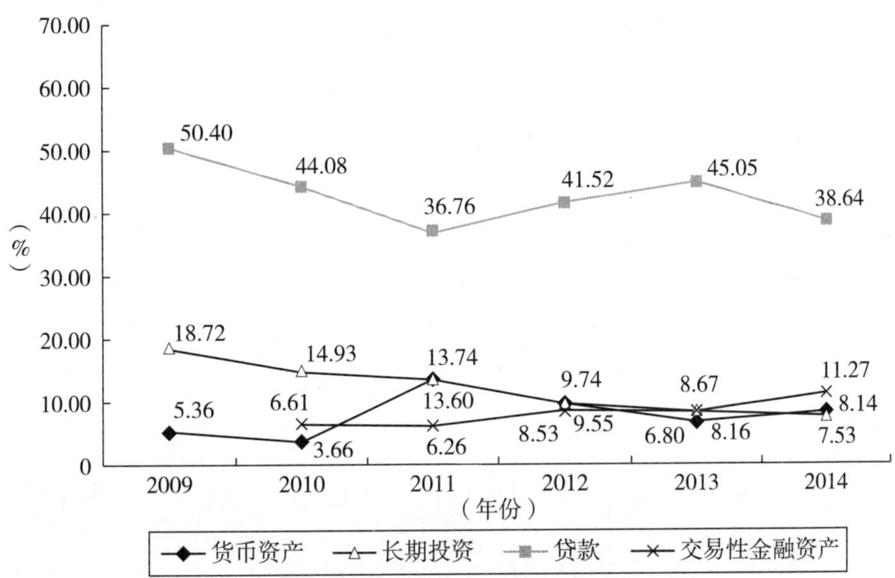

图 2－3 信托公司信托资产的运用分布

产运用比例小幅下降，贷款资产比例也小幅下降，交易性金融资产运用比例则大幅上升近 3%。这种信托资产运用格局在一定程度上反映出 2014 年整个信托行业虽然没有改变依赖贷款业务获取利润的投资格局，但是在其他投资方式上有了一定的尝试和创新。

图 2－4 列出了 2009—2014 年信托公司信托资产各运用方式比例的增减速度。其中，长期投资资产的波动性最小，波动区间为 －4% ～2. 67%，最大跌幅为 2012 年的 4%，最大涨幅则为 2009 年的 2. 67%。而且在过去的 6 年中，仅有 2009 年长期投资资产比例实现了正增长。另外，货币资产与贷款的变动在 2011 年、2012 年、2013 年和 2014 年基本是负相关的，其中一项资产比例的增长必定伴随另一项资产比例的下降。例外的是，在 2009 年与 2010 年两个年度，两种资产比例都呈下跌趋势，只是货币资产比贷款下降的幅度小很多。

由图 2－5 可得出以下几个结论。首先，贷款的变异系数一直比较低，2009 年之后，变异系数都在 0. 50 以下，除 2011 年为 0. 50 外，其余 5 年均在 0. 40 左右徘徊。这表明，不同信托公司对贷款资产比例的态度比较一致。其次，长期投资资产的变异系数也比较稳定，除 2009 年达到 1. 14 外，其余 5 年均在 0. 88 ～0. 97。这表明，在近 5 年，不同信托公司对长期投资产业资产比例的态度分歧基本稳定。另外，从变异系数看，不同信托公司对货币资产比例的态度在 2009—2011 年基本保持一致，2012 年出现比较大的分歧，但是之后上述分歧逐渐变小，

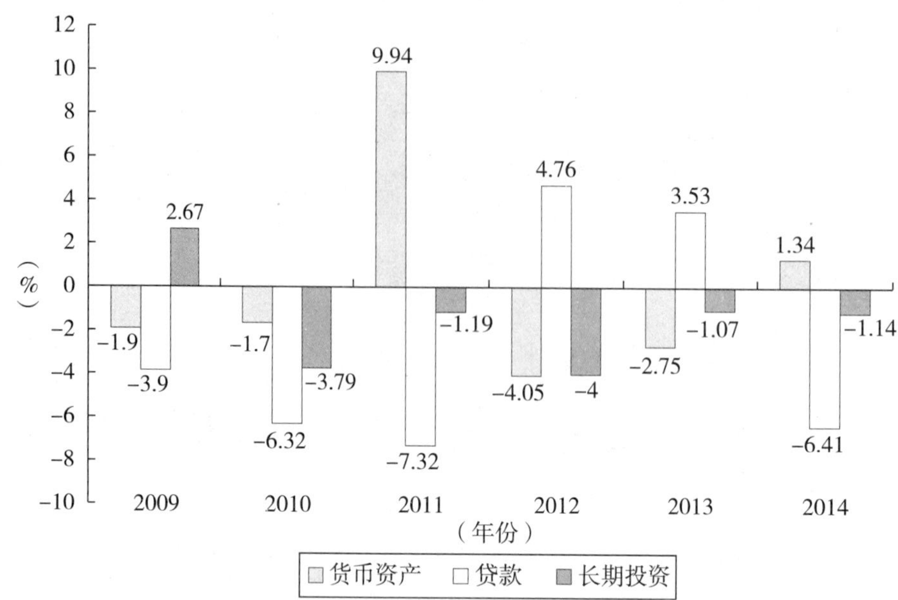

图 2-4　2009—2014 年信托公司信托资产各运用方式比例的变化速度

到了 2014 年该指标又大幅上升至 1.35，达到近 6 年以来的最高值，这表明不同信托公司对货币资产比例的态度在 2014 年以后出现了分化。

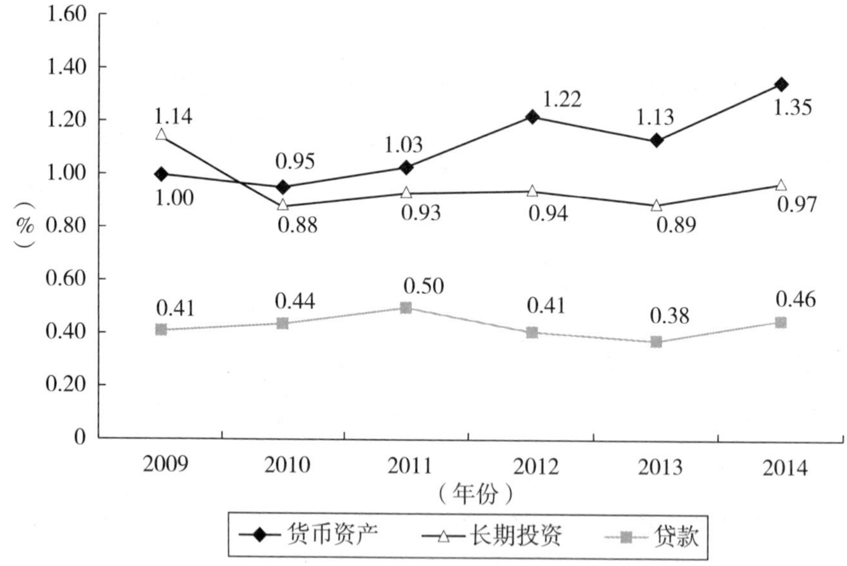

图 2-5　2009—2014 年信托资产运用方式构成比例的变异系数

综合上述分析，我们不难发现，2009—2013 年，各信托公司对于信托资产运用的变异性变化不大，而 2014 年这一趋势发生了变化。这显示出，各信托公司在信托资产运用方面的态度在 2014 年开始出现分化，这是近 6 年来首次出现的可喜变化。这表明2014 年各信托公司的同质化竞争形势有了明显的松动，这有利于信托行业的可持续发展。

信托公司信托资产相关情况如表 2－25 ~ 表 2－28 所示。

表 2－25　　信托公司信托资产运用方式分布

项目＼年份		2010	2011	2012	2013	2014
披露公司数目		51	61	63	64	64
货币资产	规模（万元）	318077	1012030	1062537	1146007	1620648
	占比（%）	3. 66	13. 60	9. 55	6. 80	8. 14
	占比增长（%）	－1. 80	9. 94	－4. 05	－2. 75	1. 34
	最大值（%）	18. 38	65. 41	51. 14	32. 94	62. 65
	最小值（%）	0. 15	0. 00	0. 00	0. 20	0. 00
	标准差（%）	3. 48	14. 01	11. 66	7. 71	11. 00
	变异系数	0. 95	1. 03	1. 22	1. 13	1. 35
贷款	规模（万元）	2909409	2734718	4628246	7404305	7695919
	占比（%）	44. 08	36. 76	41. 52	45. 05	38. 64
	占比增长（%）	－6. 32	－7. 32	4. 76	－3. 53	－6. 41
	最大值（%）	79. 84	86. 60	80. 98	80. 15	83. 00
	最小值（%）	0. 03	0. 03	5. 40	12. 30	10. 25
	标准差（%）	19. 46	18. 45	17. 11	16. 95	17. 78
	变异系数	0. 44	0. 50	0. 41	0. 38	0. 46
长期投资	规模（万元）	863308	1021872	1086106	1425731	1498744
	占比（%）	14. 93	13. 74	9. 74	8. 67	7. 53
	占比增长（%）	3. 79	－1. 19	－4. 00	－1. 07	－1. 14
	最大值（%）	57. 22	52. 50	48. 45	39. 55	42. 70
	最小值（%）	0. 26	0. 85	0. 02	0. 39	0. 00
	标准差（%）	13. 07	12. 95	9. 13	7. 75	7. 29
	变异系数	0. 88	0. 93	0. 94	0. 89	0. 97

表 2－26　　2014 年度各项信托资产运用方式比例最大的前 3 名

项目＼名次	第 1 名	第 2 名	第 3 名
货币资产	五矿信托（62. 65%）	建信信托（45. 04%）	华润信托（36. 33%）

续　表

项目＼名次	第1名	第2名	第3名
贷款	浙江金汇（83.00%）	湖南信托（75.96%）	国投信托（75.23%）
长期投资	昆仑信托（42.70%）	百瑞信托（24.49%）	苏州信托（20.77%）
交易性金融资产	平安信托（43.12%）	厦门国信（36.46%）	吉林信托（30.67%）

注：货币资产占比，2014年行业前3名与2013年相比差别不大，建信信托和华润信托继续保持行业前3的位置。五矿信托从2013年的3.04%大幅增长到2014年的62.65%（位居行业第1名）。华宝信托则在2014年小幅调低货币资产占比1.33%，从2013年的32.94%（行业第1名）微跌至2014年的31.61%（行业第4名）。值得一提的是，2014年货币资产占比行业前3名平均货币资产运用比例比2013年大幅上升15%左右。

贷款占比，2014年行业前3名与2013年相比变化较大，只有湖南信托继续位居行业前3名。中粮信托和英大信托在2014年小幅下调贷款运用比例，分别由2013年的79.27%（行业第2名）和77.50%（行业第3名）跌至2014年的74.62%（行业第8名）和68.13%（行业第13名）。浙江金汇和国投信托则大幅调整贷款占比，分别从2013年的73.20%（行业第6名）和56.15%（行业第22名）跃升至2014年的83.00%（行业第1名）和75.23%（行业第3名）。值得一提的是，湖南信托已经连续3年保持贷款占比行业前3的位置，这表明其投资策略相对比较稳定。

长期投资占比，行业前3名变化不大，昆仑信托和苏州信托继续保持行业前3的位置。百瑞信托从2013年的22.99%（行业第4名）小幅增长至2014年的24.49%（行业第2名）。西部信托则从2013年的32.25%（行业第2名）小幅下降至2014年的18.74%（行业第5名）。

交易性金融资产占比，行业前3名变化较大，华宸信托和陕西国信分别从2013年的行业前3跌至2014年的第19名和第30名。中海信托在2014年没有披露交易性金融资产占比数据。平安信托、厦门国信和吉林信托则大幅调高交易性金融资产占比，跃升至2014年的行业前3名。

表2－27　各项信托资产规模最大的前3名　　单位：万元

项目＼名次	第1名	第2名	第3名
货币资产	建信信托（29991355）	华润信托（17147511）	中信信托（16353271）
贷款	中信信托（35408762）	兴业信托（23822301）	上海国信（21989264）
长期投资	中融信托（11179385）	中信信托（7718167）	昆仑信托（6048655）
交易性金融资产	华宝信托（14677275）	华润信托（14472696）	外贸信托（14418771）

注：货币资产规模、贷款规模和长期投资规模的前3名与2013年相比，变化不大。其中，上海国信在2014年大幅增加信托贷款资产运用规模，从2013年的9805536万元增加至2014年的21989264万元。华宝信托和外贸信托在2014年大幅增加交易性金融资产规模，分别从2013年的5458510万元和7039568万元大幅增加至2014年的14677275万元和14418771万元。中诚信托和中信信托的交易性金融资产规模则分别从2013年的9376414万元（行业第1名）和7090998万元（行业第3名）跌至2014年的7746763万元（行业第8名）和6882828万元（行业第9名）。

表2－28　各项信托资产比例最稳定的前3名

项目＼名次	第1名	第2名	第3名
货币资产	中原信托（1.32%，0.25）	粤财信托（12.34%，0.32）	中信信托（20.06%，0.34）

续 表

项目＼名次	第1名	第2名	第3名
贷款	中江国信（58.67%，0.04）	山东国信（56.17%，0.06）	百瑞信托（54.75%，0.08）
长期投资	百瑞信托（28.27%，0.19）	中诚信托（17.23%，0.21）	国元信托（18.55%，0.24）
交易性金融资产	华润信托（22.14%，0.22）	中信信托（8.29%，0.23）	平安信托（6.18%，0.29）

注：表中括号内第1个数字是平均值，第2个数字是变异系数。

从2009年以来各年信托资产运用方式构成比例的稳定程度来看，投资策略比较明显的是百瑞信托，其信托资产分布于信托贷款和长期投资的比例之和平均达到83.02%的高比例，而且近5年来非常稳定，几乎没有变化。中信信托的货币资产比例和交易性金融资产比例也相对比较稳定。值得注意的是，贷款比例比较稳定的前三大信托公司均保持了超过半数的贷款比例，而且近5年来维持不变。

2.5.3 盈利能力实现跨越式增长

2.5.3.1 营业收入

根据信托业协会最新数据，截至2015年三季度末，信托业全行业共实现营业收入822.14亿元，同比增加32.54%。2015年信托公司公开披露信息显示，信托行业共实现营业收入936余亿元，平均每家信托公司营业收入为139837万元，比2013年增长16439万元，上升了13.32%。自2004年以来，信托公司的营业收入在2007年的上升幅度最大，上升了21694万元，上升比例为158.76%；在2008年下跌幅度最大，下跌了1163万元，下跌比例为3.32%。

在2007年，单个信托公司的营业收入为较高的259269万元，之后，年度高点在2008年降为200481万元，在2009年则小幅回升为207486万元，2010年继续上升为238640万元。2014年出现了历史最高的营业收入——平安信托创造的568515万元。

2004年以来，各个信托公司的营业收入的最小差异出现在2005年，变异系数为0.78；在2007年，该变异系数上升到最大，为1.42，然后，2011年下降为1.03，2012年为0.86，2013年为0.82，2014年为0.85。这表明，2007年以来信托公司之间的营业收入差异正在逐渐缩小。如表2－29所示。

表2－29　　信托公司营业收入统计分析表

项目＼年份	2010	2011	2012	2013	2014
平均值（万元）	44036	68262	96936	124255	139837
均值增长额度（万元）	13681	23881	28919	23800	16439

续　表

项目 \ 年份	2010	2011	2012	2013	2014
公司数目	64	63	66	68	67
最大值（万元）	238640	374684	447433	547823	562954
最小值（万元）	6082	1626	4161	16620	14609
标准差（万元）	51785	70489	83753	102051	118550
变异系数	1.02	1.03	0.86	0.82	0.85

从营业收入排名来看，营业收入最大的信托公司前5名为平安信托（568515万元）、中信信托（562954万元）、中融信托（540948万元）、华润信托（394561万元）以及重庆国信（343666万元）。与2013年相比，前5名公司的组成有所变动。

同时，可以发现，2009年营业收入达到5亿元以上的公司只有12家，而2010年则增长到16家，2011年增加到27家，2012年达到了47家，2013年达到56家，2014年则达到了57家。

2014年度，从营业收入增幅来看，有5家公司增幅在1倍以上，营业收入增长率前5名的公司为民生信托（181.84%）、安信信托（116.01%）、万向信托（86.87%）、重庆国信（66.09%）以及华能贵诚（56.40%）。

营业收入前10位信托公司如表2－30所示。

表2－30　营业收入前10位信托公司　单位：万元

序号	公司简称	营业收入
1	平安信托	568515
2	中信信托	562954
3	中融信托	540948
4	华润信托	394561
5	重庆国信	343666
6	中诚信托	311820
7	兴业信托	244802
8	上海国信	231885
9	华信信托	229724
10	华能贵诚	226965

2.5.3.2 利润总额

根据信托业协会最新数据，截至 2015 年三季度末，信托全行业利润总额 156.85 亿元，较 2014 年同期水平增长 8.37%。2015 年信托公司公开披露的信息显示，信托行业共实现利润 646.73 亿元，平均每家信托公司利润总额为 96526 万元，比 2013 年上升了 14.09%。自 2004 年以来，信托公司的利润总额在 2007 年的上升幅度最大，上升了 26759 万元，上升比例为 273.66%；在 2008 年下跌幅度最大，下跌了 10392 万元，下跌比例为 28.81%。

单个信托公司的利润总额最高点在 2008 年大幅降为 140906 万元，在 2009 年则小幅回升为 147981 万元，2010 年继续回升为 151189 万元，2011 年则大幅上升到 256055 万元，2012 年达到 360599 万元，2013 年更是高达 418591 万元，2014 年回落至 354984 万元。

2004 年以来，各个信托公司的利润总额差异度的最大取值出现在 2004 年，变异系数为 1.49，2005 年和 2006 年两年变异系数下降之后，2007 年变异系数增长为 1.29，之后逐年下降，在 2011 年达到 0.97，2012 年达到 0.86，2013 年达到 0.84，2014 年取得历史最低值 0.82。这表明，2007 年以来信托公司之间的利润总额差异度在逐渐缩小。

信托公司利润总额统计分析情况如表 2－31 所示。

表 2－31　　信托公司利润总额统计分析表

项目＼年份	2010	2011	2012	2013	2014
平均值（万元）	30892	46889	67931	83745	96526
均值增长额度（万元）	8850	15734	21207	14041	12781
公司数目	64	63	66	68	67
利润总额为负的公司数目	0	0	0	0	0
最大值（万元）	151180	256055	360599	418591	354984
最小值（万元）	1313	841	1658	232	1919
标准差（万元）	36006	45706	58741	70218	78760
变异系数	1.00	0.97	0.86	0.84	0.82

2010 年以来，净利润与利润总额在绝对值上的差距逐年增大，但是，净利润占利润总额的比例保持在 0.77～0.9。到 2010 年该比值达到 0.81，2011 年小幅下降到 0.78，2013 年和 2014 年维持在 0.78。2007 年以来，信托公司之间利润总额的变异系数与净利润的变异系数基本呈逐年下降趋势。而且，两个指标变异系数之间的距

离越来越小，到2010年信托公司利润总额分布的离散程度基本与净利润分布的离散程度相同，分别是1.00和1.01，到了2011年则两个数据都是0.97。如图2－6和图2－7所示。

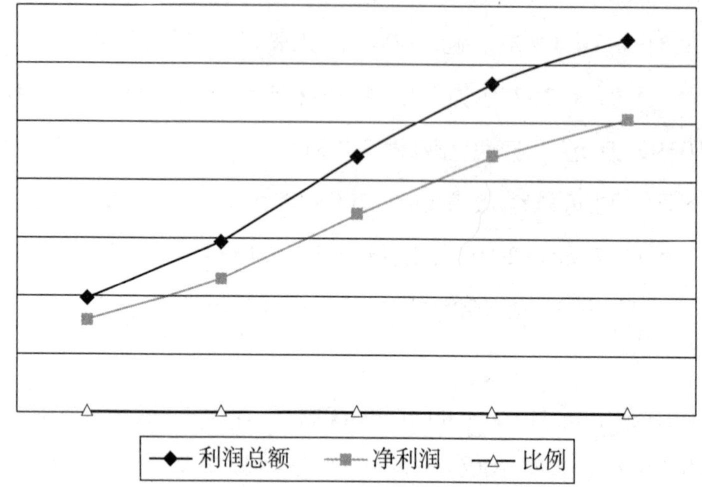

图2－6　信托公司利润总额与净利润总额增长趋势比较

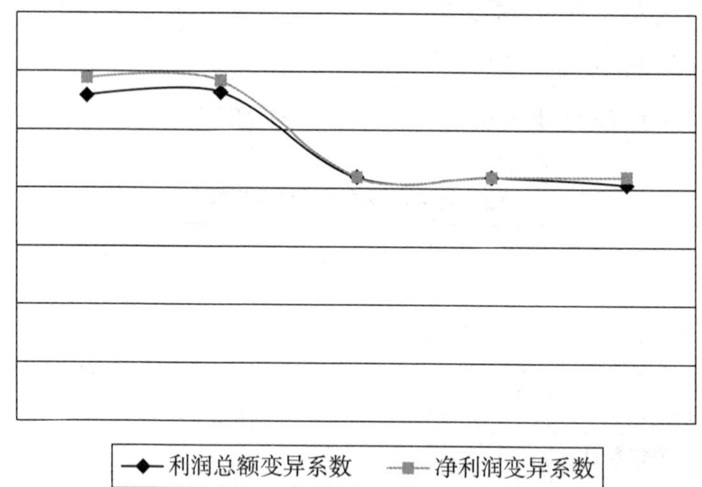

图2－7　信托公司利润总额变异系数与净利润变异系数发展趋势比较

从利润总额排名来看，利润总额最大的信托公司前5名为中信信托（354984万元）、中融信托（319338万元）、重庆国信（298720万元）、中诚信托（272212万元）以及华润信托（266154万元）。

同时，2010年利润总额达到5亿元以上的公司有13家，2011年则增长到20家，2012年达到35家，2013年为42家，2014年增至46家。2010年净利润达到1亿元以上的公司有46家，2011年则增长到54家，2012年达到63家，2013年及 2014 年均为 63 家。净利润在 10 亿元以上的公司数目在 2010 年、2011 年以及 2012 年分别是 4 家、5 家和 7 家，2013 年则达到了 13 家，2014 年升至 14 家。

从利润总额增长率来看，利润总额增幅前 5 名的公司为华宸信托（728.12%）、安信信托（242.91%）、西藏信托（133.70%）、重庆国信（102.41%）以及华能贵诚（53.47%）。另外，在 2014 年，有 16 家公司的营业利润出现下滑。

从 2012 年以来各年利润总额的稳定程度来看，最稳定公司的前 3 名分别是江苏国信（平均值为 80956 万元，变异系数为 0.05）、厦门国信（平均值为 38050 万元，变异系数为 0.05）以及山东国信（平均值为 65753 万元，变异系数为 0.06）。其中，江苏国信与山东国信的利润总额在 2014 年分居行业第 18 位及第 24 位，而厦门国信则在排名的后半段。

另外，利润总额波动程度最大的前 3 家公司分别是甘肃信托（变异系数为 0.70）、方正信托（变异系数为 0.64）以及西藏信托（变异系数为 0.62）。

利润总额前 10 位信托公司如表 2－32 所示。

表 2－32　利润总额前 10 位信托公司　单位：万元

序号	公司简称	利润总额
1	中信信托	354984
2	中融信托	319338
3	重庆国信	298720
4	中诚信托	272212
5	华润信托	266154
6	平安信托	262910
7	华信信托	211613
8	上海国信	189815
9	兴业信托	179843
10	华能贵诚	171167

2.5.4 主动管理和投资类业务递增

2.5.4.1 主动管理业务递增

以 2013 年为分水岭，单一信托占比加速下降，集合信托占比加速增长，当年单一信托、集合信托与管理财产信托的占比分别为 69.64%、24.88% 和

5.49%，到了2015年三季度末上述3类信托占比分别为58.19%、33.84%和7.97%，行业整体通道类业务呈加速递减态势，而主动管理类业务呈加速递增态势。如表2－33和图2－8所示。

表2－33 信托结构来源分布表

项目＼年份	2015年三季度	2014	2013	2012	2011	2010
集合信托（亿元）	777	631	399	277	200	92
单一信托（亿元）	1336	1286	1117	750	483	333
管理财产信托（亿元）	183	138	88	71	25	22
集合信托占比（%）	33.84	30.71	24.88	25.23	28.25	20.58
单一信托占比（%）	58.19	62.58	69.64	68.31	68.22	74.50
管理财产信托占比（%）	7.97	6.72	5.49	6.47	3.53	4.92

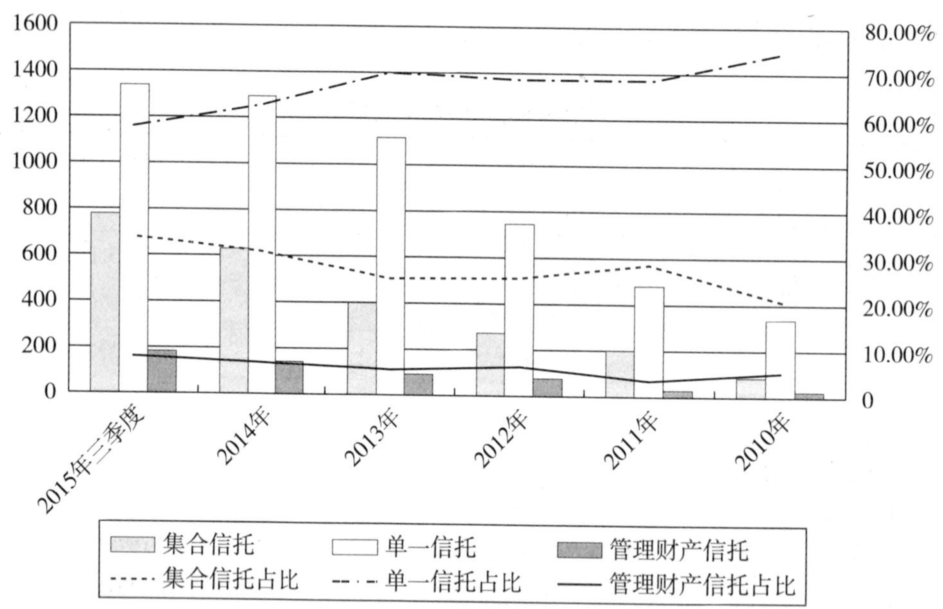

图2－8 各类信托占比情况

2.5.4.2 投资类业务递增

从信托功能来看，2013年以前，融资类业务占有绝对优势。经过2013年融资类业务的剧烈下滑以及投资类和事务管理类业务的快速上升，到2014年度，初步形成融资类、投资类、事务管理类信托“三分天下”的格局，3类业务占比分别为33.65%、33.70%和32.65%。2015年以来融资类业务继续递减，截至2015

年三季度末，融资类、投资类与事务管理类信托占比分别为26.31%、37.63%和36.06%，融资类信托占比下滑至1/4左右。如表2－34和图2－9所示。

表2－34　信托类型结构表

项目＼年份	2015年三季度	2014	2013	2012	2011	2010
融资类信托占比（%）	26.31	33.65	47.76	48.87	51.44	59.01
投资类信托占比（%）	37.63	33.70	32.54	35.84	35.81	23.87
事务管理类信托占比（%）	36.06	32.65	19.70	15.28	12.75	17.11

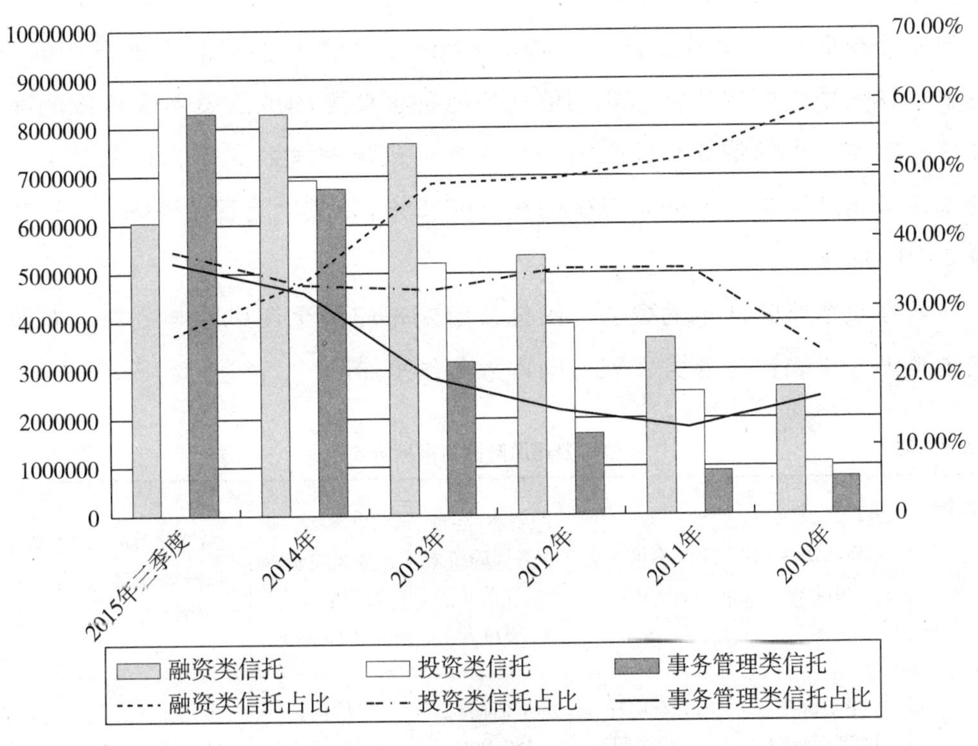

图2－9　信托类型占比情况

2.5.5 风险增大下的整体风险可控

2.5.5.1 净资本

面对不可预期的风险经济环境，风险控制是信托公司价值创造的保障。《信托公司净资本管理办法》第5条规定："信托公司应当根据自身资产结构和业务开展情况，建立动态的净资本管理机制，确保净资本等各项风险控制指标符合规定标准。"第10条规定："信托公司计算净资本时，应当将不同科目中核算的同类资产合并计算，按照资产的属性统一进行风险调整。”净资本管理既有控制“小马拉大车”无意中出现的管理能力与风控能力不相匹配的问题，也有防止个别公司为追逐眼前利益而恶意“违规超载”的现象，同时更有引导信托公司尽快实现从“广种薄收”“以量取胜”片面追求规模的粗放式经营模式向“精耕细作”、提升业务科技含量和产品附加值内涵发展的经营模式升级转型的深层考量和战略意图。

《信托公司净资本管理办法》中明确规定信托公司净资本不得低于人民币2亿元。目前披露净资本值的34家公司中，此项风险控制指标均达标，最低值也在13亿元以上。其中最高的是平安信托1458700亿元，连续两年位列第1位。另规定净资本不得低于各项风险资本之和的100%，净资本不得低于净资产的40%。披露公司这两项指标均达标，表明信托公司各项业务的风险资本有相应的净资本来支撑。其中，华信信托和民生信托净资本是风险资本的3倍，排名第1、2位，净资本占净资产比重最高的是五矿信托（97.8%），其次是民生信托（93.71%）。如表2－35所示。

按照净资本监管政策的要求，信托公司未来应将平衡风险与收益、有效分配净资本资源、正确引导业务发展方向作为工作重点。

表2－35　信托公司风险控制指标排名

指标 排名	净资本前3名（2014年）	净资本前3名（2013年）	净资本/各项业务风险资本之和前3名（2014年）	净资本/各项业务风险资本之和前3名（2013年）	净资本/净资产前3名（2014年）	净资本/净资产前3名（2013年）
第1名	平安信托（14587000000）	平安信托（1293667）	华信信托（489.99%）	华信信托（377.37%）	民生信托（93.97%）	五矿信托（97.8%）
第2名	中诚信托（8315000000）	华润信托（942027）	民生信托（447.04%）	民生信托（346.53%）	五矿信托（93.24%）	民生信托（93.71%）
第3名	上海国信（6233000000）	中融信托（694800）	吉林信托（400.18%）	国联信托（288.32%）	华信信托（93.04%）	华信信托（91.76%）

注：括号内数值单位为万元。

2.5.5.2　资产质量

从整体来看，信托行业自营业务平均不良资产规模为6068万元，较2013年大幅增加 2168 万元，增幅为 55.59%。不良资产总体规模也从 26 亿元增加到 40 亿元，不良资产规模反弹较大。2014 年不良资产规模缩减的公司数目为 13 家，与 2013 年持平，不良资产规模最大值 77652 万元，较 2013 年最大值有所增加，总体而言，2014 年信托自营业务不良资产增加，资产质量下降，经营风险加大。2014 年变异系数为 2.30，公司间差异较大，但较 2013 年有所降低。如表2－36和图 2－10 所示。

表 2－36　　信托公司不良资产规模的统计分析表

项目＼年份	2010	2011	2012	2013	2014
合计（万元）	161283	204747	163199	265181	400477
平均值（万元）	2987	3357	2473	3900	6068
平均值增长幅度（万元）	－196	370	－884	1427	2168
平均值增长率（%）	－6.15	12.39	－26.33	57.70	55.59
公司数目	52	64	66	68	66
不良资产缩减的公司数	20	21	11	13	13
最大值（万元）	37300	103484	70731	64232	77652
最小值（万元）	0	0	0	0	0
标准差（万元）	7074	14087	9679	10208	13940
变异系数	2.37	4.20	3.91	2.62	2.30

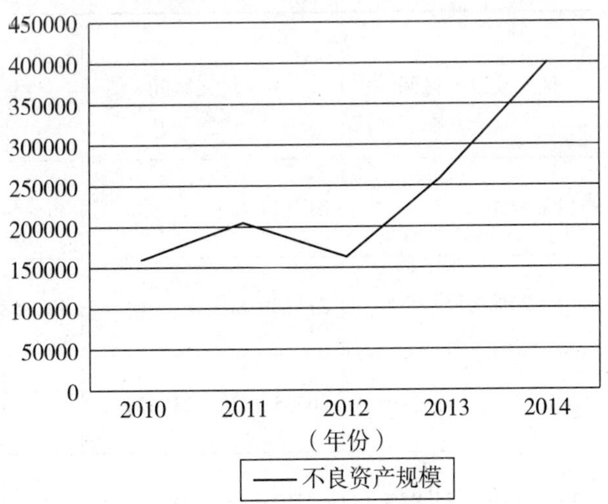

图 2－10　信托公司不良资产规模变动趋势

从不良资产率来看，66 家公司平均不良资产率为 0.12%，较 2013 年小幅增加。不良资产率最大值降至 50.52%，呈逐年下降趋势。14 家公司的不良资产率低于 2013 年度。与不良资产规模类似，不良资产率的公司间差异持续缩小，变异系数低至历史最低水平 2.59。总体来看，2014 年信托公司自营不良资产的规模在上升，所占总资本的比重也较 2013 年有所上升，自营资产质量下降。如表 2－37 所示。

表 2－37　　信托公司不良资产率的统计分析表

项目＼年份	2010	2011	2012	2013	2014
平均值（%）	1.89	2.23	1.3	0.05	0.12
平均值增长率（%）	－0.54	0.34	－0.93	－1.25	0.07
公司数目	54	64	66	68	66
不良资产率缩减的公司数	20	22	7	14	14
最大值（%）	79.51	83.47	80.29	55.82	50.52
最小值（%）	0	0	0	0	0
标准差（%）	11.91	11.35	10.18	7.57	10.36
变异系数	6.29	5.08	7.83	3.46	2.59

从不良资产规模的分布区间来看，亿元以上不良资产公司为 9 家（占全部信托公司数的 13.64%），而 2012 年只有 2 家，2013 年为 7 家，更多公司步入亿元不良资产行列。1/10 的公司产生了全部 3/4 强的不良资产，而且规模都是在亿元以上，资产风险大为增加。信托公司不良资产规模分布情况如表 2－38 所示。

表 2－38　　信托公司不良资产规模分布

项目＼不良资产规模区间	亿元及以上区间	0～亿元区间	0 元	总计
2014 年公司数目（占比）	9（13.64%）	21（31.82%）	36（54.55%）	66
2013 年公司数目（占比）	7（10.29%）	21（30.88%）	40（58.82%）	68
2014 年不良资产规模合计（占比）	313913 万元（78.38%）	86565 万元（21.62%）	0	400478 万元
2013 年不良资产规模合计（占比）	201469 万元（75.97%）	63712 万元（24.03%）	0	265181 万元

从信托公司不良资产规模增幅来看，不良资产规模缩减最大的是平安信托，缩减约2.6亿元，其次是中信信托和中铁信托。不良资产率缩减最多的是新时代（缩减22.81%），其次是江苏国信和中信信托。其中，中信信托连续3年不良资产规模和比率均有较大规模缩减，资产质量稳健提升。如表2－39所示。

表2－39　　信托公司不良资产缩减前5名

指标 排名	不良资产规模缩减前5名（2014年）	不良资产规模缩减前5名（2013年）	不良资产率缩减前5名（2014年）	不良资产率缩减前5名（2013年）
第1名	平安信托（－26398）	中信信托（－6500）	新时代（－22.81%）	中泰信托（－54.77%）
第2名	中信信托（－22732）	山西国信（－3999）	江苏国信（－5.57%）	西部信托（－18.27%）
第3名	中铁信托（－7156）	华润信托（－1734）	中信信托（－4.76%）	华能贵诚（－3.31%）
第4名	安信信托（－6078）	中江国信（－1408）	安信信托（－3.89%）	山西信托（－2.37%）
第5名	金谷信托（－4910）	英大信托（－1063）	华能贵诚（－3.40%）	山东信托（－0.89%）

注：括号内不良资产规模缩减单位为万元。

从不良资产的构成来看，按照银监会要求，我国信托公司资产质量实行五级分类管理，次级、可疑和损失类资产即不良资产直接反映了信托公司资产的质量和安全程度。信托公司正常类资产平均为495多亿元，占全部资产的99.88%，而次级、可疑和损失类不良资产总计60多亿元，占资产总额的0.12%。如表2－40所示。

表2－40　　信托公司资产类别

资产类别 项目	正常	关注	次级	可疑	损失	不良资产合计
合计（万元）	327045943	680153	168298	113537	118642	400477
平均（万元）	4955242	10305	2550	1720	1798	6068
占比（%）	99.88	0.21	0.05	0.03	0.04	0.12

2.6 信托公司经营分析

在过去的10年内，信托业从中国金融改革进程中金融行业边缘革命发起人的角色迅速成长为今天的主流金融业态。根据51家信托公司在中国货币网披露的2015年财报显示，2015年各信托公司保持了平稳发展，经营业绩并没有因外部经营环境的变化出现断崖式下跌。2015年51家信托公司固有资产规模3754.94亿元，平均规模73.63亿元，同比增长24.77%；2015年51家信托公司净资产规模3040.68亿元，平均净资产59.62亿元，同比增长13.94%，如表2－41所示。

表2－41　信托公司固有资产、注册资本及净资产序列表　单位：亿元

排名	信托公司	固有资产	排名	信托公司	注册资本	排名	信托公司	净资产
1	平安信托	291.71	1	重庆信托	128.00	1	平安信托	227.75
2	重庆信托	242.39	2	平安信托	120.00	2	中信信托	179.50
3	中信信托	223.49	3	中信信托	100.00	3	重庆信托	161.19
4	中融信托	188.65	4	中融信托	60.00	4	中诚信托	139.69
5	中诚信托	181.57	5	兴业信托	50.00	5	兴业信托	124.40
6	兴业信托	160.35	6	新华信托	42.00	6	中融信托	118.86
7	华能贵诚	104.52	7	交银信托	37.65	7	江苏信托	86.87
8	中铁信托	94.30	8	华宝信托	37.44	8	建信信托	83.09
9	江苏信托	92.29	9	中铁信托	32.00	9	外贸信托	75.13
10	建信信托	87.38	10	英大信托	30.22	10	华能贵诚	72.78
11	中航信托	85.65	11	百瑞信托	30.00	11	北京信托	69.21
12	北京信托	79.94	12	陆家嘴	30.00	12	上海信托	67.51
13	外贸信托	77.67	13	上海爱建	30.00	13	交银信托	62.82
14	上海信托	75.89	14	华能贵诚	30.00	14	昆仑信托	62.13
15	中建投	70.65	15	昆仑信托	30.00	15	五矿信托	58.26
16	新华信托	69.86	16	江苏信托	26.84	16	新华信托	57.43
17	长安信托	67.45	17	四川信托	25.00	17	华宝信托	57.11
18	交银信托	65.75	18	中海信托	25.00	18	安徽国元	55.90
19	华宝信托	65.51	19	中原信托	25.00	19	百瑞信托	54.41
20	昆仑信托	64.32	20	中诚信托	24.54	20	中航信托	52.01
21	五矿信托	62.35	21	上海信托	24.50	21	中铁信托	50.81
22	百瑞信托	61.81	22	中粮信托	23.00	22	英大信托	50.14

续 表

排名	信托公司	固有资产	排名	信托公司	注册资本	排名	信托公司	净资产
23	安徽国元	58.19	23	北京信托	22.00	23	山东信托	50.09
24	中海信托	54.36	24	华鑫信托	22.00	24	中建投	50.02
25	山东信托	52.98	25	外贸信托	22.00	25	中江信托	49.38
26	中江信托	52.90	26	金谷信托	22.00	26	长安信托	49.12
27	吉林信托	52.41	27	国投泰康	21.91	27	国投泰康	48.27
28	英大信托	51.77	28	安徽国元	20.00	28	四川信托	47.26
29	四川信托	51.20	29	渤海信托	20.00	29	吉林信托	44.39
30	陆家嘴	50.77	30	山东信托	20.00	30	光大兴陇	43.46
31	国投泰康	50.48	31	五矿信托	20.00	31	广东粤财	42.55
32	中原信托	49.80	32	天津信托	17.00	32	中海信托	42.44
33	金谷信托	49.33	33	中航信托	16.86	33	渤海信托	42.34
34	渤海信托	48.48	34	中建投	16.66	34	中原信托	40.54
35	上海爱建	47.54	35	吉林信托	15.97	35	上海爱建	38.21
36	方正东亚	46.57	36	建信信托	15.27	36	方正东亚	38.12
37	光大兴陇	46.46	37	广东粤财	15.00	37	中泰信托	37.82
38	广东粤财	45.48	38	长安信托	13.46	38	天津信托	37.79
39	华鑫信托	44.93	39	万向信托	13.39	39	国联信托	37.61
40	天津信托	44.91	40	国联信托	12.30	40	中粮信托	37.46
41	北方信托	42.66	41	方正东亚	12.00	41	陆家嘴	37.10
42	苏州信托	42.59	42	苏州信托	12.00	42	苏州信托	37.08
43	新时代	40.94	43	新时代	12.00	43	新时代	36.85
44	中泰信托	40.84	44	紫金信托	12.00	44	北方信托	36.42
45	国联信托	40.13	45	中江信托	11.56	45	华鑫信托	34.61
46	中粮信托	39.13	46	光大兴陇	10.18	46	金谷信托	34.06
47	云南信托	22.05	47	北方信托	10.01	47	紫金信托	19.09
48	紫金信托	21.05	48	云南信托	10.00	48	云南信托	18.77
49	万向信托	20.61	49	华宸信托	5.72	49	万向信托	16.37
50	华宸信托	16.46	50	中泰信托	5.17	50	华宸信托	13.63
51	大业信托	16.39	51	大业信托	3.00	51	大业信托	12.81
总计		3754.94	总计		1390.66	总计		3040.68
均值		73.63	均值		27.27	均值		59.62
中位数		52.9	中位数		22	中位数		49.12
标准差		57.46	标准差		25.09	标准差		41.79

注：由于四舍五入，数据存在一定的合理误差。

数据来源：中国货币网，作者闫作远。

2015 年 51 家信托公司共实现营业收入 955.27 亿元，41 家实现了经营收入同比增长，占比 80.39%。营业收入集中度亦有所抬头，收入最高的前 4 家信托公司的市场份额为 30.67%。51 家信托公司共实现利润总额 600.56 亿元，平均利润额 11.78 亿元，如表 2－42 所示。

表 2－42　信托公司营业收入、利润序列表　单位：亿元

排名	信托公司	营业收入	排名	信托公司	利润总额	排名	信托公司	净利润
1	中信信托	101.85	1	重庆信托	45.18	1	重庆信托	40.40
2	平安信托	73.72	2	中信信托	40.28	2	中信信托	31.40
3	中融信托	65.87	3	平安信托	38.77	3	平安信托	31.09
4	重庆信托	51.52	4	中融信托	33.74	4	中融信托	26.05
5	兴业信托	29.65	5	兴业信托	21.42	5	兴业信托	16.26
6	长安信托	29.20	6	华能贵诚	20.13	6	上海信托	15.71
7	华能贵诚	26.77	7	中诚信托	19.04	7	中诚信托	15.40
8	中诚信托	26.48	8	上海信托	19.00	8	华能贵诚	15.08
9	四川信托	26.13	9	建信信托	15.23	9	江苏信托	13.48
10	上海信托	25.43	10	五矿信托	15.13	10	五矿信托	13.21
11	外贸信托	24.61	11	江苏信托	15.11	11	外贸信托	11.99
12	五矿信托	21.75	12	外贸信托	15.03	12	建信信托	11.45
13	建信信托	19.76	13	四川信托	14.85	13	四川信托	11.39
14	中航信托	17.69	14	中航信托	14.29	14	中海信托	11.02
15	中原信托	17.60	15	国投泰康	14.12	15	国投泰康	10.86
16	北京信托	17.50	16	中海信托	13.05	16	中航信托	10.76
17	百瑞信托	17.21	17	长安信托	12.48	17	长安信托	10.32
18	江苏信托	16.58	18	山东信托	12.44	18	北京信托	9.73
19	山东信托	16.26	19	北京信托	12.30	19	山东信托	9.25
20	国投泰康	16.13	20	百瑞信托	12.14	20	昆仑信托	9.05
21	中海信托	15.99	21	昆仑信托	12.08	21	百瑞信托	8.76
22	方正东亚	15.94	22	中原信托	10.97	22	安徽国元	8.66
23	华鑫信托	15.47	23	安徽国元	10.33	23	中原信托	7.74
24	中建投	15.35	24	中建投	9.95	24	方正东亚	7.66
25	昆仑信托	14.77	25	中铁信托	9.63	25	中建投	7.51
26	陆家嘴	13.63	26	方正东亚	9.62	26	中铁信托	7.34

续 表

排名	信托公司	营业收入	排名	信托公司	利润总额	排名	信托公司	净利润
27	华宝信托	13.05	27	交银信托	9.49	27	交银信托	7.12
28	中江信托	13.00	28	英大信托	8.85	28	英大信托	6.76
29	交银信托	12.90	29	广东粤财	8.27	29	广东粤财	6.71
30	安徽国元	12.15	30	华鑫信托	8.06	30	中江信托	5.55
31	北方信托	12.02	31	中江信托	7.55	31	华鑫信托	5.54
32	中铁信托	11.92	32	北方信托	7.19	32	陆家嘴	5.52
33	天津信托	11.48	33	陆家嘴	7.06	33	渤海信托	5.49
34	英大信托	10.99	34	吉林信托	7.02	34	天津信托	5.38
35	渤海信托	10.70	35	苏州信托	7.02	35	北方信托	5.37
36	广东粤财	10.32	36	上海爱建	6.94	36	苏州信托	5.30
37	上海爱建	10.01	37	渤海信托	6.79	37	上海爱建	5.09
38	苏州信托	9.56	38	天津信托	6.51	38	吉林信托	5.07
39	新华信托	9.21	39	紫金信托	4.93	39	中泰信托	4.07
40	吉林信托	9.18	40	中泰信托	4.89	40	国联信托	4.05
41	中泰信托	7.91	41	新时代	4.81	41	紫金信托	3.72
42	新时代	7.10	42	中粮信托	4.37	42	新时代	3.54
43	紫金信托	7.04	43	国联信托	4.28	43	中粮信托	3.48
44	云南信托	6.98	44	云南信托	4.15	44	云南信托	3.10
45	国联信托	6.28	45	华宝信托	3.60	45	华宝信托	2.93
46	光大兴陇	6.19	46	大业信托	3.48	46	大业信托	2.62
47	万向信托	6.08	47	万向信托	3.43	47	光大兴陇	2.54
48	中粮信托	6.01	48	光大兴陇	3.20	48	万向信托	2.52
49	大业信托	5.53	49	金谷信托	1.63	49	金谷信托	1.25
50	金谷信托	4.71	50	新华信托	0.53	50	华宸信托	0.45
51	华宸信托	2.10	51	华宸信托	0.24	51	新华信托	0.35
总计		955.27	总计		600.56	总计		475.09
均值		18.73	均值		11.78	均值		9.32
中位数		13.63	中位数		9.62	中位数		7.34
标准差		18.15	标准差		9.66	标准差		7.99

信托公司经营利润率、净资产收益率指标排名情况如表 2－43 所示。

表 2-43 信托公司经营利润率、净资产收益率指标排名表

排名	信托公司	经营利润率	排名	信托公司	净资产收益率
1	江苏信托	91.16%	1	重庆信托	28.03%
2	重庆信托	87.70%	2	中海信托	27.27%
3	国投泰康信托	87.52%	3	四川信托	26.46%
4	安徽国元信托	85.02%	4	五矿信托	24.70%
5	昆仑信托	81.79%	5	中融信托	24.01%
6	中海信托	81.61%	6	长安信托	22.61%
7	中航信托	80.82%	7	方正东亚信托	22.35%
8	中铁信托	80.75%	8	大业信托	22.31%
9	英大信托	80.56%	9	华能贵诚信托	22.26%
10	广东粤财信托	80.11%	10	中航信托	21.64%
11	建信信托	77.04%	11	中原信托	21.40%
12	山东信托	76.51%	12	上海信托	21.36%
13	吉林信托	76.43%	13	紫金信托	21.01%
14	华能贵诚信托	75.19%	14	国投康泰信托	20.92%
15	上海信托	74.71%	15	山东信托	19.77%
16	交银信托	73.55%	16	百瑞信托	19.13%
17	苏州信托	73.41%	17	云南信托	17.74%
18	中粮信托	72.74%	18	中信信托	17.36%
19	兴业信托	72.23%	19	北京信托	16.90%
20	中诚信托	71.89%	20	广东粤财信托	16.85%
21	百瑞信托	70.50%	21	华鑫信托	16.82%
22	北京信托	70.29%	22	安徽国元信托	16.62%
23	紫金信托	69.98%	23	中建投信托	16.17%
24	五矿信托	69.56%	24	万向信托	16.08%
25	上海爱建信托	69.36%	25	江苏信托	16.00%
26	国联信托	68.11%	26	外贸信托	15.83%
27	新时代信托	67.71%	27	北方信托	15.68%
28	中建投信托	64.83%	28	陆家嘴信托	15.46%
29	渤海信托	63.42%	29	中铁信托	15.45%
30	大业信托	62.79%	30	苏州信托	15.12%
31	中原信托	62.32%	31	昆仑信托	15.02%

续 表

排名	信托公司	经营利润率	排名	信托公司	净资产收益率
32	中泰信托	61.74%	32	天津信托	14.87%
33	外贸信托	61.09%	33	建信信托	14.78%
34	方正东亚信托	60.33%	34	平安信托	14.65%
35	北方信托	59.81%	35	英大信托	14.35%
36	云南信托	59.50%	36	渤海信托	13.88%
37	中江信托	58.11%	37	兴业信托	13.81%
38	四川信托	56.85%	38	上海爱建信托	13.70%
39	天津信托	56.72%	39	交银信托	12.03%
40	万向信托	56.37%	40	中江信托	11.78%
41	平安信托	52.59%	41	国联信托	11.62%
42	华鑫信托	52.08%	42	中诚信托	11.50%
43	陆家嘴信托	51.76%	43	中泰信托	11.26%
44	光大兴陇信托	51.75%	44	吉林信托	11.07%
45	中融信托	51.22%	45	新时代信托	10.10%
46	长安信托	42.73%	46	中粮信托	9.73%
47	中信信托	39.55%	47	光大兴陇信托	8.46%
48	金谷信托	34.65%	48	华宝信托	5.25%
49	华宝信托	27.62%	49	华宸信托	3.95%
50	华宸信托	11.53%	50	金谷信托	3.73%
51	新华信托	5.75%	51	新华信托	0.81%
总计		—	总计		—
均值		62.87%	均值		16.64%
中位数		68.11%	中位数		15.83%
标准差		0.1773	标准差		0.0595

根据信托业协会披露信息，截至2015年三季度末，信托全行业管理的信托资产规模为15.62万亿元（平均每家信托公司2296.92亿元），固有资产规模达到4177.94亿元（平均每家信托公司61.44亿元），实现经营收入822.14亿元，利润总额548.71亿元，平均年化综合报酬率延续了2015年一季度以来的增长趋势，三季度为0.62%。各项指标表明，在宏观经济增速换挡、泛资管行业竞争加剧、利率市场化改革深入、风险防控压力上升等多重因素的叠加下，信托业发展没有出现增长的断崖式下跌，整体经营业绩保持常态增长水平，投资与事务管理功能定位进一

步强化。在外部宏观经济形势存在较大不确定性以及资本市场异常波动的背景下，信托行业在持续动荡中实现螺旋式上升，在冷热交替中不断求索和蜕变。

2.7 信托公司人力资源分析

2.7.1 信托机构从业人员不断增加

2015 年信托公司公开披露的信息显示，2014 年信托行业从业人员的整体规模总数为 16388 人，连续 3 年达到万人规模，并继续增长 16.98%，信托行业人员队伍不断扩大，但扩张速度放缓。平均每家信托公司拥有员工 248 人，具体在披露的 66 家公司中，8 家公司出现人员递减的情况，另有 2 家公司未披露人员信息。2014 年信托行业人员的变异系数继续保持在 1 左右，各公司间差距逐步缩小。如表 2－44 所示。

表 2－44　　信托公司从业人员规模的统计分析表

项目＼年份	2010	2011	2012	2013	2014
总数（人）	7067	9209	11523	14233	16388
平均值（人）	133	149	175	212	248
平均值增长幅度（人）	29	15	26	37	36
平均值增长率（%）	28.40	11.39	17.45	21.14	16.98
公司数目	57	64	66	68	66
从业人员增加的公司数	36	62	58	61	54
最大值（人）	973	1151	1221	1620	1815
最小值（人）	40	32	20	41	51
标准差（人）	156.68	164.16	179.41	221.48	253.7
变异系数	1.18	1.11	1.02	1.04	1.02

从披露的信托公司从业人员年龄来看，已披露的 17 家公司中，平均年龄为 35.07 岁，较 2013 年进一步年轻化 0.13 岁。从业人员最大年龄为 41 岁，最小年龄 31.70 岁，行业内分布几乎不存在差异化，整体呈现年轻化态势。如表 2－45 所示。

表 2－45　　信托公司从业人员年龄的统计分析表

项目＼年份	2010	2011	2012	2013	2014
平均值（岁）	36.58	35.96	35.72	35.20	35.07
平均值增长幅度（岁）	－0.05	－0.62	0.23	－0.52	－0.13

续 表

项目＼年份	2010	2011	2012	2013	2014
平均值增长率（%）	-0.14	-0.02	0.64	-1.45	0.37
公司数目	22	20	24	17	17
最大值（岁）	41	41	41	42	41
最小值（岁）	30	32.31	32.33	31.51	31.70
标准差（岁）	3.01	2.23	2.43	2.65	2.76
变异系数	0.08	0.06	0.07	0.08	0.07

各信托公司中，从业人员的规模分布以1000人以下的中小型信托公司为主，2014年度规模前3位为中融信托、平安信托和四川信托。2014年从业人员增幅前3名为四川信托、中融信托和平安信托，增幅都在百人以上。如表2-46和表2-47所示。

表2-46　信托公司从业人员规模最大的前3名　单位：人

排名＼年度	2014年从业人员规模	2013年从业人员规模	2012年从业人员规模
第1名	中融信托（1815）	中融信托（1620）	中融信托（1221）
第2名	平安信托（1053）	平安信托（906）	平安信托（838）
第3名	四川信托（752）	新华信托（646）	新华信托（578）

表2-47　信托公司从业人员规模增幅最大的前3名　单位：人

排名＼年度	2014年增幅	2013年增幅	2012年增幅
第1名	四川信托（320）	中融信托（399）	新华信托（221）
第2名	中融信托（195）	长安国信（116）	四川信托（105）
第3名	平安信托（147）	华能贵诚（113）	长安信托（99）

在披露从业人员年龄的17家公司中，信托行业平均从业人员年龄为35.07岁。2014年披露信息的公司中，平均年龄最小的是兴业信托（31.70岁），云南国信和工商信托分排2、3位，各年度从业人员年龄变化不大。如表2-48所示。

表 2－48　信托公司从业人员年龄最小的前 3 名　单位：岁

年度 排名	2014	2013	2012
第 1 名	兴业信托（31.70）	兴业信托（31.51）	兴业信托（32.33）
第 2 名	云南国信（31.74）	浙商金汇（32.00）	新华信托（32.34）
第 3 名	工商信托（32.70）	新华信托（32.73）	云南信托（33）

2.7.2 人力资源岗位分析

2015 年信托公司公开披露信息显示，在信托公司人员岗位分布中，高管人员平均人数为 9 人，占 3.56%；自营人员平均为 14 人，占 5.64%；信托业务人员平均 151 人，占 60.80%；其余为其他人员。其中，自营业务人员的变异系数最大，公司间差异较大。高管人数最多的是中融信托（20 人），人数最少的为西藏信托（3 人）；自营人员人数最多的为四川信托（148 人），中融信托人数最少（0 人）；中融信托的信托业务人员达到 1332 人，居行业首位，国联信托最低，为 29 人。如表 2－49 所示。

表 2－49　信托公司从业人员岗位分布的统计分析表

岗位 项目	高管	自营	信托
平均值（人）	9	14	151
占比（%）	3.56	5.64	60.80
公司数目	64	48	50
最大值（人）	20	148	1332
最小值（人）	3	0	29
标准差（人）	3.17	27.73	203.74
变异系数	0.35	6.93	1.35

信托业务人员是信托公司的主力。从信托业务人员的统计分析来看，2014 年信托业务人员的平均人数为 151 人，较 2013 年增加 20 人，但占全部从业人员的比重略有下降。信托人员的行业内分布不均，公司间差异较大。如表2－50 所示。

表 2－50 信托公司信托业务人员的统计分析表

项目＼年份	2010	2011	2012	2013	2014
平均值（人）	87.94	92	105	131	151
占比（%）	49.05	49.68	50.98	61.61	60.80
占比增幅（%）	3.15	0.63	1.3	1.52	－0.81
最大值（人）	764	743	784	1045	1332
最小值（人）	14	6	7	19	29
标准差（人）	150.56	126.46	132.14	162.89	203.74
变异系数	1.71	1.37	1.26	1.24	1.35

2.7.3 人力资源学历分析

信托业博士学历人员的绝对数量持续上升，2014 年平均每家公司 6 人，相比其他层次人员，变异系数较小，各公司间分布差异不大。与博士学历人员情况不同，硕士学历从业人员持续大幅增加，成为各信托公司的主力军，但与 2013 年同期相比，增长幅度放缓。高学历人员（包括硕士和博士两个层次）的平均人数由 2010 年的 47 人激增至 2014 年的 119 人，所占比例也由 35.39% 增加到 48.11%。如表 2－51 所示。

表 2－51 信托公司从业人员学历的统计分析表

项目＼年份		2010	2011	2012	2013	2014
披露公司数目		53	64	66	68	66
博士	平均值（人）	3.09	5	4	5	6
	占比（%）	2.32	3.15	2.46	2.30	2.25
	占比增长幅度（%）	－0.48	0.83	－0.69	－0.16	－0.05
	最大值	8.06	60	19	18	20
	最小值	0	0	0	0	0
	标准差	2.00	7.97	3.83	4.14	4.71
	变异系数	0.86	1.71	0.96	0.83	0.84

续 表

项目	年份	2010	2011	2012	2013	2014
披露公司数目		53	64	66	68	66
硕士	平均值（人）	44	57	74	97	114
	占比（%）	33.07	38.67	42.12	45.56	45.85
	占比增长幅度（%）	-9.52	5.6	3.45	3.44	0.29
	最大值	63	349	508	745	744
	最小值	8	2	3	9	15
	标准差	12.84	60.83	78.67	104.35	110.54
	变异系数	0.39	1.07	1.06	1.08	0.97
本科	平均值（人）	59	69	76.29	93	109
	占比（%）	44.42	46.74	43.70	43.80	43.79
	占比增长幅度（%）	-14.73	2.32	3.04	0.10	-0.01
	最大值	75.00	642	599	757	908
	最小值	16.37	15	9	10	25
	标准差	11.14	87.17	88.21	103	125.80
	变异系数	0.25	1.27	1.16	1.11	1.16
高学历	平均值（人）	47	62	78	102	119
	占比（%）	35.39	41.82	44.59	47.85	48.11
	占比增长幅度（%）	-10.00	6.43	2.77	3.26	0.26
	最大值	65.91	355	514	757	753
	最小值	7.81	3	6	10	16
	标准差	13.88	63.10	80.89	23.42	113.30
	变异系数	0.39	1.02	1.04	0.23	0.95

具体到各信托公司，博士学历人员最多的是平安信托（20人），其次为兴业信托（19人），博士学历人员占比最高的是百瑞信托（6.43%）；硕士学历人员最多的是中融信托（744人），其次是平安信托（467人），硕士占比最高的仍为百瑞信托（66.08%）；综合博士和硕士高学历人员，中融信托人数最多（753人），百瑞信托的比例最高（72.51%）。如表2-52所示。

表 2－52 信托公司人力资源学历分布排名前 3 名

学历 排名	博士规模 （人）	博士占比 （%）	硕士规模 （人）	硕士占比 （%）	高学历规模 （人）	高学历占比 （%）
第 1 名	平安信托 （20）	百瑞信托 （6.43%）	中融信托 （744）	百瑞信托 （66.08%）	中融信托 （753）	百瑞信托 （72.51%）
第 2 名	兴业信托 （19）	吉林信托 （5.25%）	平安信托 （467）	中原信托 （62.89%）	平安信托 （487）	北京国信 （66.51%）
第 3 名	新华信托 （17）	金谷信托 （6.11%）	中信信托 （333）	外贸信托 （62.71%）	中信信托 （349）	外贸信托 （65.54%）

3

集合资金信托产品

3.1 2015 年集合资金信托产品发行概况

统计数据显示，2015 年，全行业新增集合资金信托项目 10021 个，同比增长 5.2%；2015 年，新增集合资金信托规模 13501.6 亿元，同比增长 10.51%。

集合资金信托发行增速放缓，主要原因：一是宏观经济下行压力依然较大，传统融资业务营销受阻；二是信托公司出于风险管控考虑，提升新增项目标准和门槛；三是信托公司转型发展依然进行中，创新业务规模贡献有限。

3.1.1 整体概况

根据信托公司公开披露信息统计，2015 年，68 家信托公司共计发行集合资金信托产品 10021 只，募集信托资金共计 13501.6 亿元，平均每只信托产品的规模为 1.35 亿元，平均期限约为 1.78 年，平均年化预期收益率约为 8.78%。与 2014 年相比，产品数量与募集规模再创新高，增速进一步放缓。

2015 年集合资金信托产品数量同比增长 5.2%，募集规模同比增长 10.51%，单支信托产品的平均规模增长 5.07%，产品平均期限小幅上升，产品平均年化预期收益率较 2014 年小幅下降 0.22%。2015 年，市场资金充裕，尤其是股市大幅滑坡后，信托产品供不应求，促进了信托产品规模以及平均期限的上升；同时，受社会流动性充裕、无风险利率大幅回落以及企业融资需求下降等因素的影响，全年信托产品预期收益率持续下降，尤其是融资方资质相对较高的政信类信托产品，预期收益率下降更为明显。如图 3－1 所示。

从月度数据来看，2015 年集合资金信托产品在发行数量与规模方面波动性较大，呈现“N”字形走势。2015 年上半年，集合资金信托产品发行数量和规模整体呈现较高水平，受到自 6 月下旬的股市大幅下滑等因素冲击，2015 年下半年信托产品发行持续处于较低水平；11 月、12 月，信托产品数量有所回升，募集规模反弹速度较高，重新回升至 1000 亿元水平上，这体现了信托公司集中发行产品冲击业绩的现实需求。如图 3－2 所示。

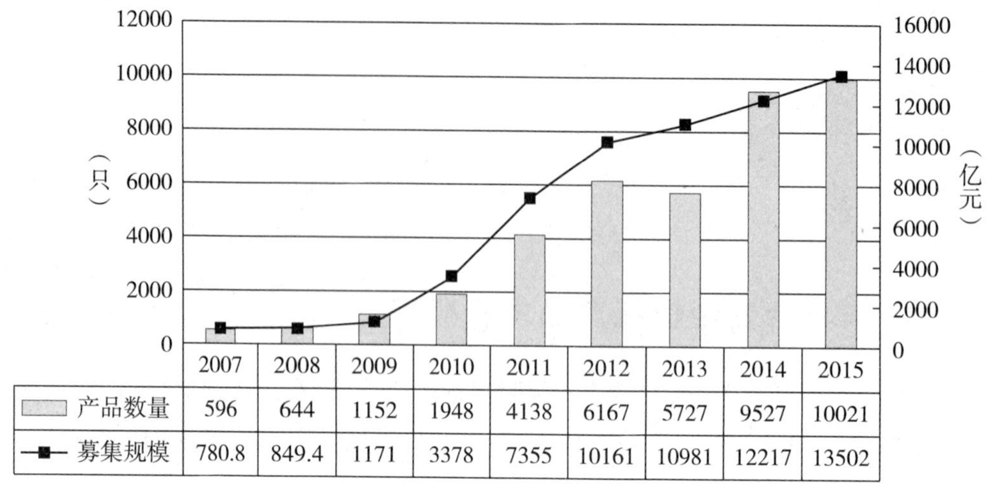

	2007	2008	2009	2010	2011	2012	2013	2014	2015
产品数量	596	644	1152	1948	4138	6167	5727	9527	10021
募集规模	780.8	849.4	1171	3378	7355	10161	10981	12217	13502

图 3－1　2007—2015 年国内集合资金信托产品发行数量及募集规模统计

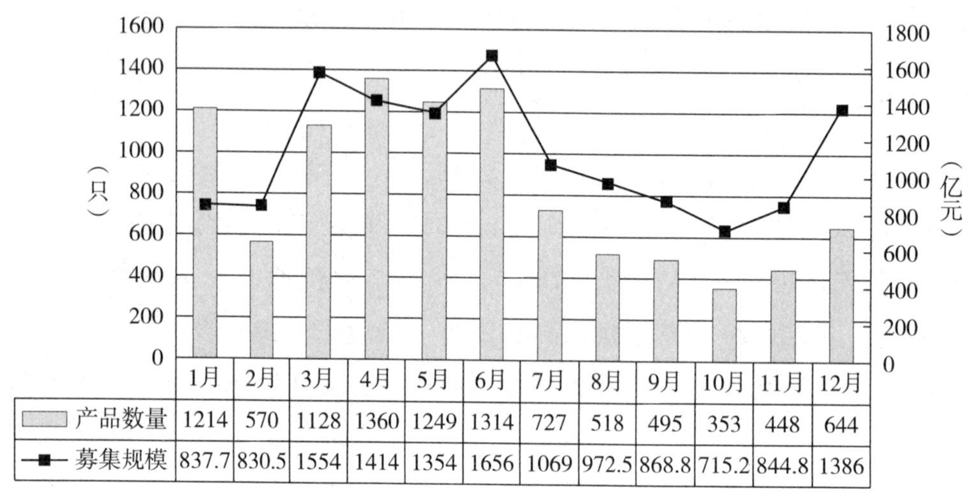

	1月	2月	3月	4月	5月	6月	7月	8月	9月	10月	11月	12月
产品数量	1214	570	1128	1360	1249	1314	727	518	495	353	448	644
募集规模	837.7	830.5	1554	1414	1354	1656	1069	972.5	868.8	715.2	844.8	1386

图 3－2　2015 年集合资金信托产品发行数量及募集规模统计

3.1.2　信托产品的资金运用方式

统计数据显示，2015 年，新增集合资金信托中贷款运用方式信托资金 2341.34 亿元，占比 17.34%；证券投资运用方式信托资金 2942.33 亿元，占比 21.79%；股权投资方式信托资金 712.86 亿元，占比 5.28%；权益投资方式信托资金 3549.05 亿元，占比 26.29%；组合运用方式信托资金 808.72 亿元，占比 5.99%；其他运用方式信托资金 3147.26 亿元，占比 23.31%。如图 3－3 所示。

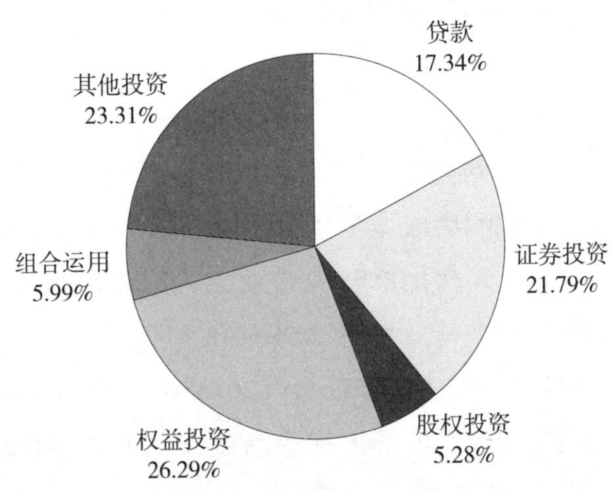

图 3－3 不同资金运用方式的资金募集规模占比

3.1.3 信托产品的资金投向

2015 年，新增集合资金信托中投向基础产业的集合信托资金为 2575.34 亿元，占比 19.07%；投向房地产领域的集合信托资金为 1660.66 亿元，占比 12.30%；投向金融机构领域的集合信托资金为 4573.08 亿元，占比 33.87%；投向工商企业的集合信托资金为 1115.34 亿元，占比 8.26%；投向其他领域的集合信托资金为 3577.13 亿元，占比 26.49%。如图 3－4 所示。

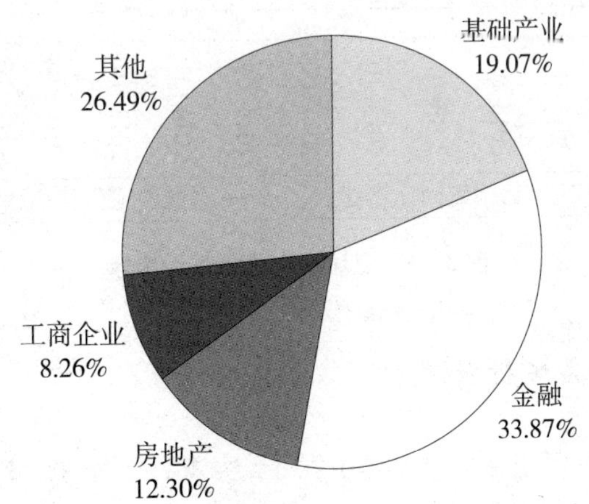

图 3－4 不同资金投向的信托产品资金募集规模占比

3.2 房地产信托产品及业务发展概况

3.2.1 整体概况

2015年，我国房地产市场去库存压力较大，房地产开发投资持续走低，不过在政府调整限购政策、降低购房成本等宽松政策的支持下，房地产销售面积和金额增速双双持续回升，同时，房地产开发企业土地购置面积、到位资金等现行指标也有所改善，显示出房地产行业发展态势向好。

受到政策刺激，市场需求进一步释放，2015年百城住宅价格指数增速实现“V”形反转，环比增速在2014年年末探底后逐步回升，受此带动，百城住宅价格指数在2015年4月达到最低点-4.46%后，逐步回升，2015年12月同比增速达到4.15%，创年内新高。从区域看，受到各地域商品房库存情况以及市场需求等因素影响，一、二、三线城市房地产市场走势呈现分化状态，2015年12月末，一、二、三线城市价格指数同比增速分别为17.2%、0.64%和-1.47%，一线城市房地产市场明显要好于二、三线城市。如图3-5所示。

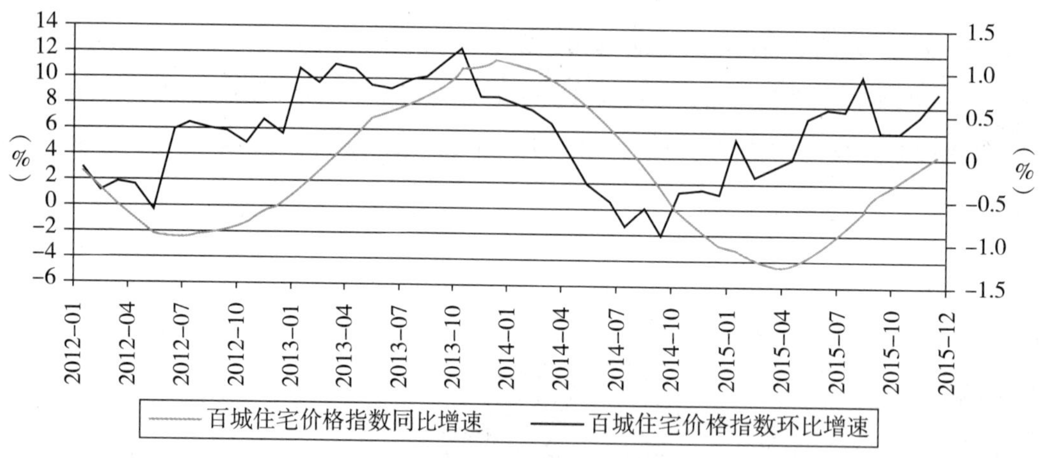

图3-5 百城住宅价格指数增速

3.2.2 房地产信托产品发行情况

数据显示，2015年，信托公司发行房地产信托815个，同比增长-28.76%，募集资金1660.66亿元，同比增长-31.20%，发行产品和募集资金规模均呈现较大回落态势。2015年，虽然整个房地产市场实现量价齐升，但区域、房企间的结构性分化依然较为明显，尤其是三、四线城市的中小房企销售进度不如预期，资金链紧张。目前，信托公司所面临的主要客户房企融资群体虽然资金需求较大，然而未来债务偿还能力并不乐观，这也导致2015年房地产信托增速继续放缓。

同时，也可以看到黄氏装饰城、浙江温州乐清绿城玫瑰园等多个存续房地产项目发生违约，虽然信托公司加强了新增房地产项目准入把控，但大量存续的房地产项目在房地产行业结构调整大周期中面临一定的风险隐患，对房地产信托业务规模较大、客户资质不高的信托公司来说尤其如此。因此，2015年，个别信托公司已基本暂停了主动管理的集合资金类房地产信托项目。

3.2.3 房地产创新产品

3.2.3.1 首支公募REITs成立

2015年7月，第一只国内公募REITs——鹏华前海万科REITs成立，共募集了30.10亿元，基金的封闭期为10年，封闭期满后将改为LOF基金。鹏华前海万科REITs封闭式混合型发起式证券投资基金，是国内首只在封闭期内投资目标公司股权以获取商业物业租金收益为目标的公募基金，通过增资入股万科前海企业公馆公司权益，参与前海金融创新落地和试验。鹏华前海万科REITs封闭式混合型发起式证券投资基金，在合同生效后的10年封闭运作期内，将以不高于基金合同生效日基金总资产50%的比例投资于目标公司（深圳市万科前海公馆建设管理有限公司及其组织形式变更后的实体）股权，以获取商业物业稳定的租金收益机会；鹏华前海万科REITs，还将以不低于50%的基金资产投资于依法发行或上市的股票、债券和货币市场工具等，以获取固定收益类资产和低风险的二级市场权益类资产的投资收益机会。

目前国内试水的REITs都以私募形式发行，对投资者人数、资金起点均有较高门槛要求。鹏华前海万科REITs的推出填补了国内公募REITs基金的市场空白，有利于普通投资者参与分享优质商业地产租金收益机会。

3.2.3.2 土地信托新模式

2015年12月，中建投信托·成都城乡统筹财产权信托设立，成都市融禾现代农业发展有限公司以其合法拥有的当地约3360.1亩农村土地承包经营权作为信托财产，设立信托，委托给中建投信托进行主动管理和经营分配，筛选和指定土地运营商作为运营主体，对土地进行运营。该信托产品采用“全产业链模式”，即实现“前期资金支持+受托人+产业导入”的多层次管理。同时，与以往土地流转信托在土地信托端信托公司对土地运营的管理主要承担的是事务管理职能相比，该信托在运作过程中，中建投信托具有筛选、审查和确定土地正式运营商的权利，并有权对运营商进行日常监督，这与以往只能被动接受政府平台公司对土地运营商的指定相比，公司在信托合作中的话语权得到了很大程度的增强。

2015 年 11 月，陕国投推出了西部地区第一单土地流转信托产品，该土地流转信托的主要模式为陕国投接受杨凌农业高新技术产业示范区五泉镇高家村和揉谷镇新集村520 户农民通过两个村土地银行的委托，发起设立土地流转信托计划，将 423.73 亩土地委托杨凌竹园村果蔬花卉专业合作社进行专业化经营。同时，为竹园村果蔬花卉专业合作社提供 2000 万元贷款作为信托扶持基金，支持竹园村集团发展绿色农业、设施农业和绿色农产品的电商运营平台。该土地流转信托开创了“专业合作社 + 土地银行 + 基地 + 农户”的土地流转新模式。“土地流转 + 专业合作社”的集约经营模式，不但实现了分散土地的规模化、专业化经营，而且有效提升了农业和农户的收益水平，塑造了一种新型的农业生产关系。

3.2.3.3 信托 + 专业基金子公司

伴随房地产行业的周期调整，传统房地产融资业务日益面临风险管理的挑战，如何有效转变房地产信托业务的模式，实现专业化、差异化发展是关键问题。近年来，信托公司加强了房地产基金业务发展力度，通过成立专业子公司等方式，探索房地产信托业务模式的改造。

2015 年，长安信托发行了主动管理 1 号——长安兴业基金投资集合资金信托计划，相比一般的信托计划投向已设立的房地产私募基金，该信托资金用于与深圳长安兴业不动产股权投资管理有限公司共同发起设立武汉长安兴业股权投资基金合伙企业（有限合伙）；合伙企业向目标公司武汉兴业联置业有限公司增资 4500 万元、持股 30%，成为目标公司股东，参与目标公司管理。同时，合伙企业向目标公司发放不超过 30000 万元的银行委托贷款（或股东直接借款），目标公司按时偿付贷款本息。风险控制措施包括：目标公司实际控制人裴笑筝夫妇个人连带责任担保；目标公司原股东股权质押；目标公司土地后置抵押（委托贷款银行政策变化除外）。

深圳长安兴业不动产股权投资管理有限公司为长安信托旗下所属地产基金公司，主要从事不动产股权投资、资产管理等，涵盖了投资发展、工程管理、资产管理以及基金管理等不动产投资与运营管理的全过程专业团队。通过设立专业地产基金公司，有利于实现长安信托的房地产信托业务的专业化运作。

3.2.4 房地产信托发展展望

2016 年，我国政府将加大房地产去库存政策支持力度，在宽松政策的刺激下，房地产行业可能迎来一波小高潮，房地产企业开发投资增速将会略有好转，房价继续上升，不过不同区域间的房地产市场分化问题依然存在，整个社会刚需逐步释放得相对充足，未来改善性需求可能给予行业发展更大的支持。同时，房地产行业未来养老、物流等专业领域房地产开发将成为聚焦重点，围绕存量房产的流动化以及相关服务也具有较大发展潜力。因此，2016 年房地产信托可能跟随行业景气度的回升而有所加快，不过，考虑到房企融资渠道的畅通以及优质项目的竞争，房地产信托发行预计会稳中略有上升。更为令人期望的是，房地产传统业务改造升级将成为部分信托公司的发展重点，通过房地产专业化、全产业链金融、基金化等发展模式，或者聚焦养老地产、房地产并购等重点领域，实现房地产信托业务的创新发展。

3.3 工商企业信托产品

3.3.1 工商企业信托发行情况

央行公布的数据显示，受到市场需求低迷、劳动力成本上升等多种因素制约，我国企业经营压力依然较大，2015 年四季度经营景气指数为 48.4%，创 2001 年以来的新低，较三季度下降 1%，较 2014 年同期下降 6.1%。其中，18.4% 的企业家认为 2015 年四季度企业经营状况“较好”，60% 认为“一般”，21.6% 认为“较差”。

企业经营景气情况如图 3－6 所示。

统计数据显示，2015 年，新增工商企业类集合资金信托 760 个，同比增长－23.62%，募集资金规模 1115.35 亿元，同比增长－14.2%，发行规模和募集规模双双呈现较大下滑。2015 年，工商企业信托产品增速继续放缓，这既可能与当前企业景气度下降，优质项目减少有关；也可能与工商企业投融资需求降低，对信托融资需求降低有关；还与资本市场融资渠道畅通后，信托融资较高的融资成本已不再具有比较优势，工商企业融资渠道偏好发生变化有关。

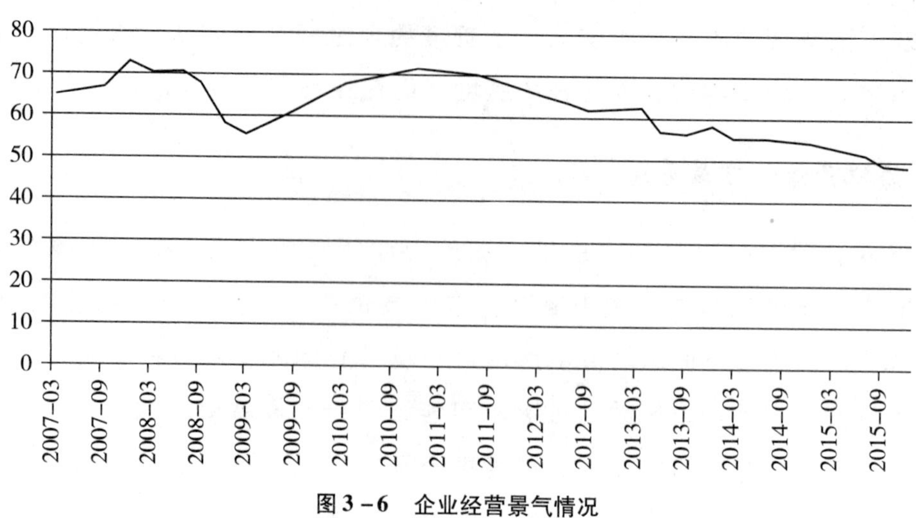

图3-6　企业经营景气情况

3.3.2　主要创新产品与案例

3.3.2.1　行业专业化信托产品

2015年3月，中粮信托·肉牛指数投资1号集合资金信托计划设立。信托规模为2000万元人民币，信托期限为1年。投资管理人为通辽余粮畜业开发有限公司。该款产品委托余粮畜业进行肉牛指数投资，余粮畜业将委托投资资金用于肉牛收购和育肥，余粮畜业无条件包销出栏肉牛，包销总价与肉牛指数回报率挂钩。

所谓“肉牛指数”，是指农业部每周公布的全国牛肉每千克平均价格的同期算术平均值；而“肉牛指数回报率”，则指肉牛指数投资的回报率，与肉牛指数挂钩。该产品将肉牛指数回报率分为两档，A为信托成立日至信托成立满6个月之日前5个工作日期间的肉牛指数对应的肉牛指数回报率；B为信托成立满6个月之日至信托终止日前5个工作日期间的肉牛指数对应的肉牛指数回报率。

投资者预期年收益在7.5%～10.5%浮动，每6个月分配1次，投资人预期收益率与肉牛指数回报率挂钩，肉牛指数回报率为8.0%～11.0%，投资人预期收益率为对应的肉牛指数回报率减去0.5%的相关费用。

中粮信托积极探索覆盖生物性资产的信托产品，此前推出过生猪养殖和肉鸡养殖投资信托。农产品价格指数与投资收益挂钩，投资者与企业共担部分价格风险的模式，可以大规模复制推广于其他农产品行业，尤其是缺少期货市场的农产品。未来，还可尝试引入消费信托或消费众筹，为企业开拓终端渠道。

3.3.2.2 消费信托改版升级

继北京信托、中信信托推出消费信托后，各家信托公司纷纷加快研发进程，进一步扩大消费信托消费领域范围，而且在信托交易结构设置上也更具创新性和开放性，使得消费信托呈现出更多花样。

西藏信托－BMW 系列信托产品是西藏信托与万宝行（中国）融资租赁有限公司（以下简称“万宝行”）合作设立的。投资人认购一款金额为 150 万元的 3 年期信托产品，可以免费获得一台市场价 39.8 万元的宝马 X1 20i line 轿车。该信托产品 3 年期满后，除了拿回自己的 150 万元本金，投资人有两个选择：一是继续使用车辆；二是由万宝行（中国）融资租赁公司以 15 万元回购车辆。若客户暂无上牌指标，西藏信托和万宝行将另行提供融资租赁方案为客户解决车辆上牌问题。该租赁方案中客户需支付车辆购置税、每月1500 元租金和每年1 万元（预估）车险。3 年内，若客户摇到上牌指标即可选择提前终止融资租赁合同；若 3 年到期仍未摇到上牌指标可以续租。该信托方案的优势有二：一是在信托资金保本的基础上免费获得 1 台宝马 X1 20i line，或者使用 3 年后由万宝行回购获得 15 万元收益；二是为暂无上牌指标的客户解决了车辆上牌问题。如果选择“自行购车”，那么投资者 150 万元资金中要扣除 39.8 万元的购车款，剩余资金投资理财（假设年收益 9%），则 3 年后信托本金为 110.2 万元（150 万元中扣除了汽车的购置款），信托收益为 29.754 万元，计算下来，净收益为－10.046 万元。

2015 年 7 月，中航信托与洋河股份联合举行了“中航信托·洋河股份梦之蓝封坛酒消费信托计划”签约发布仪式。该信托计划由中航信托发起，消费品供应商为洋河酒厂。该产品单位面值 33 万元，期限 18 个月，募集资金用以向苏酒贸易采购其合法持有的不超过 50 坛 2015 版 68 度梦之蓝封坛酒的使用权。该产品兑付将以“实物消费＋现金收益”的方式实现，其中，“消费”部分就是获得一坛市价约 46 万元的 50L 封坛酒及对应的免费窖藏、分装、配送、个性化定制等增值服务；“现金收益”部分则为预期最高每年 6% 的收益，约 2.97 万元。除此之外，因为挂钩白酒，洋河酒厂还承诺封坛酒每年有预计不低于 10% 的提价。白酒类消费信托与此前的白酒信托有一定的相似之处，但相比而言，白酒消费信托的“实物＋现金收益”更侧重“消费功能”，货币回报只占较小比例。而此前的白酒信托，大部分产品模式为投资者可自由选择现金和实物行权两种方式。

3.3.2.3 产融结合不断深化

在传统融资业务面临越来越多风险和挑战的时候，如何改造传统业务成为信托公司面临的首要问题，2015 年更多信托公司参与设立产业基金，实现更加专业化、差异化发展，实现了某些领域的深入挖掘和产业链发展。中融信托与北大医疗产业集团、安信信托与东方园林、中信建投与江山控股、万向信托与磐安县政府、兴业信托与西安高新控股等案例开启了信托公司与实体产业合作发展的新格局。

2015 年 2 月，山东信托设立山东信托—并购基金 1 号集合资金信托计划，总规模不超过 8000 万元，首期约 4000 万元，期限为 3 +2 年，到期根据受益人大会决议可继续延长期限。该信托计划与河南太龙药业股份有限公司、郑州众生实业集团有限公司（太龙药业控股股东）共同成立太龙健康产业投资有限公司（以下简称“太龙健康”），由该公司作为劣后级有限合伙人或普通合伙人与其他投资者共同成立有限合伙企业（即并购基金），并由并购基金开展对外投资业务。基金模式为对外收购优质医疗制药领域项目，并通过项目退出实现基金收益。基金所投资项目全部退出后，基金实现清算。退出方式主要为太龙药业定向增发置换资产、项目公司自身 IPO 以及被太龙健康公司回购和股权转让等。执行合伙人负责合伙企业的日常经营管理事务，与劣后级有限合伙人太龙健康公司共同负责投资项目筛选、立项、组织实施、投资后监督管理及投资项目退出等工作。

该信托计划无固定年化收益率。并购基金向太龙健康公司分配收益后，由太龙健康公司向本信托计划分配，具体分配原则：扣除其他信托费用及固定年化 2% 的固定信托报酬后，信托计划收益率年化 10% 及以下，全部向受益人分配；对年化 10% ~20% 的部分，80% 向受益人分配；对年化 20% ~50% 的部分，70% 向受益人分配；对年化 50% 以上的部分，50% 向受益人分配。太龙健康公司成立满 3 年时，开放一次股权回购机会，对于希望退出公司的股东，太龙健康公司或其股东众生实业将按照年化收益 8%（扣除信托费用后，收益率约为 6% 左右）进行回购或股份受让，对于上述退出方式，山东信托拥有优先选择权（通过受益人大会确定）。太龙健康公司成立满 5 年后，再开放一次股权回购机会，对于希望退出公司的股东，太龙健康公司或公司股东众生实业将按照年化收益 8%（扣除信托费用后，收益率约 6% 左右）进行回购或股份受让，对于上述退出方式，山东信托拥有优先选择权（通过受益人大会确定）。如上述两次开放日前太龙健康公司已向有退出意向的股东分配收益，则已分配的收益相应核减回购价款。

2015 年 3 月，山东信托设立山东信托—太龙金茂健康产业并购基金集合资金信托计划，信托规模一期不超过 1.2 亿元。信托期限 3 +1 年，信托计划设计为半开放式，即只对申购开放，开放时间根据资金需求情况确定。信托计划成立满3年时，信托计划到期，如并购基金所投资的项目于该时点尚未完全实现收益，则召开受益人大会，决定信托计划是否延期1年。不同意延期的，太龙健康产业投资有限公司按照年化8.5%的预期收益提供流动性安排。信托资金运用管理方式本信托计划（作为优先级LP）将与太龙健康产业投资有限公司（劣后级LP）、江苏金茂创业投资管理有限公司（GP）共同成立太龙金茂健康产业并购基金（有限合伙）（暂定名，以下简称“并购基金”），基金投资领域为医疗医药产业，并通过上市公司收购、IPO、股权转让、新三板挂牌等方式退出。预期收益率固定加浮动收益制，按并购基金未来预期综合估值计算，投资者年化综合收益率预期为8.5%～30%。

山东信托健康产业并购基金交易结构如图3－7所示。

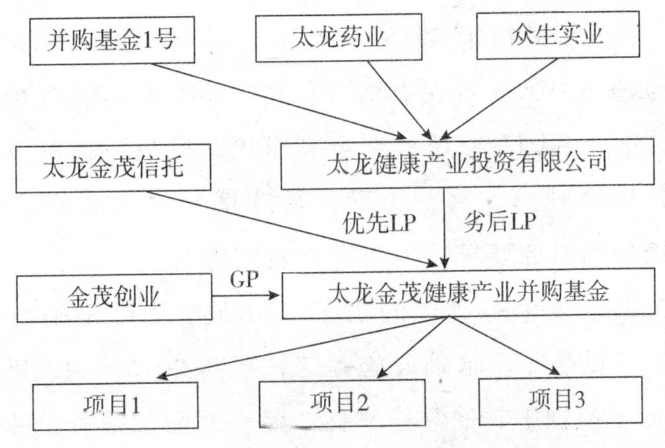

图3－7 山东信托健康产业并购基金交易结构

3.3.3 工商企业信托发展展望

2016年，宏观经济下行压力依然较大，实体经济经营绩效依旧承压，政府将更加注重降低企业融资成本。在此情况下，工商企业信托发展依然面临优质资产获取以及市场竞争的压力，未来整体发行节奏依然较为缓慢。然而，伴随产业过剩、产能整合、国企改革、新兴战略产业等国家重点改革和扶持发展的产业，有望成为工商企业信托发展的风口，这就需要信托公司更加专注于某几个行业的发展，实践并购信托、产业链金融服务信托、不良资产收购信托等聚焦行业发展的主题类型投资模式。而在具体资金运用方面，则更加注重债权、股权等的组合运用，以为投资者创造更大的收益空间。

3.4 基础设施类信托产品

3.4.1 基础设施类信托产品发行

在经济下行周期，基建投资依然是对冲房地产投资、制造业投资增速下降的最好抓手。然而，地方债务问题依然成为基建投资资金来源的最大问题。为此，2014年9月财政部出台了《关于加强地方政府性债务管理的意见》，旨在规范地方政府融资机制，强调剥离融资平台政府融资职能，将基建融资进一步收窄至发债、PPP等范畴。2015年，在财政部主导下，地方政府通过发债置换了3.2万亿元，并将用3年时间置换完地方债务，这进一步收窄了信托融资等高融资成本渠道的生存空间。

统计数据显示，2015年，全行业新增基础设施类集合资金信托1542个，同比增长-0.84%，募资资金规模2575.34亿元，同比增长8.44%，是房地产、工商企业等传统业务领域中唯一实现小幅增长的产品类型，成为2015年信托资产重点配置领域。一方面，我国基础建设资金需求仍较旺盛，目前发行债券等融资方式尚不能完全弥补资金缺口；另一方面，基建项目具有政府信用背景，风险较小，能够满足信托公司风控要求，也深得投资者青睐。

由于受到地方政府发债等渠道的挤压，2015年基础设施类信托产品，一方面，发行利率受到严重挤压，基础设施类信托项目2015年12月末的预期收益率为8.40%，下行速度要快于其他信托产品；另一方面，融资主体信用质量也有一定下滑，更多集中于区县级平台或者西南部等个别融资缺口较高的地区。同时，受到地方政府债务置换影响，已经有部分基础设施类信托被置换了出来。

3.4.2 基础设施类信托产品创新

3.4.2.1 PPP信托相继推出

2015年，我国大举推动PPP建设，信托公司也积极参与PPP项目，加快政信类项目转型，中建投信托、中国十九冶集团及昆明市人民政府共同合作昆明滇池西岸生态湿地PPP项目；江苏信托、紫金信托成为江苏PPP发展基金管理人；中航信托、交银信托参与成立四川省PPP项目投资基金。

2015年，中信信托中标2016年唐山世界园艺博览会基础设施及配套项目。这是国内采用政府和社会资本合作（PPP）模式建设和举办的最高级别专业性国际博览会，特许经营期15年，其中会展期6个月（2016年4月至10月），总投资额约33.63亿元，以中信信托为平台引入社会资本6.08亿元。具体为，中信信托作为委托人募集资金，成立唐山世园会PPP项目投资集合资金信托计划，并与唐山市政府出资机构共同设立项目公司，信托方面持股60%，而唐山市政府方面持股40%。如图3－8所示。

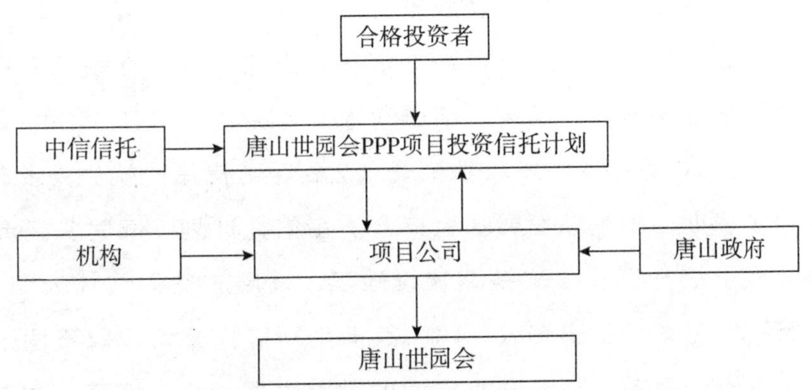

图3－8　中信信托唐山世界园艺博览会基础设施及配套项目结构

该项目公司持有唐山2016世园会园区资产及特许经营权，并将进一步引进外部机构资金，完成建设并实现收益按股权分配后即用以作为信托计划投资人收益。该信托计划预期社会资本投资回报率为8%。

世园会PPP项目是带有公益性质的准经营性项目，因此政府会支付一定的财政补贴来弥补可行性缺口，以实现社会资本的合理回报，这符合PPP相关政策的操作模式。未来唐山市拟以“园艺博览会项目”为切入点，借助中信集团的综合资源，后续与中信信托就唐山市供水、供热、垃圾处理等PPP项目开展一系列深度合作。

3.4.2.2　铁路基金信托横空出世

2015年9月，为支持国家铁路建设，鼓励信托公司开展铁路发展基金专项信托业务创新，银监会下发了《关于信托公司开展铁路发展基金专项信托业务有关事项的通知》（以下简称《通知》）。根据《通知》，铁路专项信托是指信托公司担任受托人，信托资金专项用于投资铁路发展基金的信托计划。银监会鼓励信托公司按照市场化原则设立开发专项信托产品投资铁路发展基金，实现铁路发展基金投资主题多元化，拓宽铁路建设资金来源，具体规模、期限、收益率等要素由信托公司与铁路发展基金协商并合理确定。信托公司开展铁路专项信托业务，遵循“规则不变、个案处理、分类对接”的总体原则，按照监管评级结果实行分类对接。经营稳健、风控能力较强的信托公司可以设立铁路专项信托，委托人最低委托金额不低人民币1万元，参与人数不受限制。其他类别信托公司设立铁路专项信托，应严格遵守《信托公司集合资金信托计划管理办法》等有关规定。信托公司开展铁路专项信托业务，应当遵循卖者尽责、买者自负的原则，应当遵守审慎经营规则，就产品营销、投后管理、风险管理等事项制定完善的业务管理制度，有效防范和控制风险。信托公司应当恪尽职守，履行诚实信用、有效管理的义务，按照清算支付信托利益，不得逾期清算。信托公司设立铁路专项信托，应逐笔向监管部门事前报告，并承诺严格遵守本文规定。

实际上，早在2014年铁路发展基金成立之初，建信信托就作为发起人参与其中，之后发行了多期中国铁路发展基金集合资金信托计划，同时其还参与了安徽铁路等项目，属于信托行业参与铁路建设较早、发展较快的信托公司；2015年，中粮信托中标广铁基金项目出资人，同时其他个别信托公司也以不同形式参与铁路投融资领域业务。目前，除了国家层面的铁路发展基金，江西、广东、安徽等地区都成立了地方性的铁路投资基金，未来铁路投融资相关领域的发展前景看好，铁路专项信托已经为信托公司更广泛参与国家铁路建设打开了空间，信托公司参与新业务领域的热情也较为高涨，期待早日实现发展转型，但是合作模式、风险管控、资金营销等问题还需要在今后的探索中逐步解决。

3.4.3 基础设施类信托产品发展展望

2016年是“十三五”开局之年，2015年大量审批的基建工程将陆续开工，资金层面依然需求较大，不过2016年可能会有3万亿元左右的地方政府债务置换，同时基于基础设施项目建设的PPP、项目收益债券、项目收益票据以及各类专项债券将大力推广，这在很大程度上将降低地方政府融资成本，缓解地方债务危机，疏通基建投融资机制。因此，2016年在宏观经济形势不确定性的背景下，基础设施类项目依然是信用质量较高的领域之一，不过受到地方债务管理以及债券融资的冲击，基础设施类信托项目资产稀缺性可能进一步下沉，信托公司可能需要通过下沉地方融资平台客户、压缩盈利空间等方式获取基础设施类信托资源。总体来看，随着地方政府债务管理的深化，信托公司需要适应这种转变，在参与基础设施投融资方面加快转型，否则难以实现信政合作的可持续发展。

3.5 证券投资信托

3.5.1 证券市场状况

3.5.1.1 股票市场方面

股票市场方面，2015 年 12 月 31 日，沪指收于 3539.18 点，全年增长 9.41%，在全球股市涨幅中排名前 3 位。从结果看，2015 年中国股市是非常圆满的，但从过程看可谓跌宕起伏、潮起潮落。2015 年上半年，股市持续高涨，最高曾一度达到 5178.9 点，创 2008 年以来的新高，监管部门清理场外配资、伞形行动等的举措，引发市场恐慌，基于高杠杆资金的股市在短时间内大幅回调，接连击穿 4000 点、3000 点，8 月 26 日达到本轮调整的最低点 2850.71 点，之后随着政府通过中国证券金融股份有限公司救市、限制投机、鼓励增持等措施效果的显现，股市保持稳定，11 月末 IPO 重新开闸，整个股市重新进入稳定状态。

3.5.1.2 债务市场方面

债券市场方面，2015 年，受到股市持续下滑，投资者风险偏好下降；货币政策相对宽松，市场流动性相对充裕；政府积极促进债券市场开放、发展等有利因素支撑，我国债券持续呈现牛市行情。截至 2015 年 12 月 31 日，2015 年中债总净价指数为 119.68，上涨 3.97%。从净价指数涨跌幅来看，利率债整体表现优于信用债。中债国债总净价指数上涨 4.31%，金融债总净价指数上涨 3.70%，信用债涨幅落后于平均水平，上涨 2.69%。2015 年债券收益率整体显著下行，短端收益率较长端下行幅度大。10 年期国债收益率下行 70.37BP，1 年期国债收益率下行 73.68BP，15 年期下行幅度最小，为 58.39BP。国开债下行幅度较国债大，10 年期国开债收益率下行 84.7BP，1 年期收益率下行 129.78BP，7 年期下行 89.44BP。2015 年利率债收益率数据充分体现了在国家货币宽松大环境下市场利率下行带动债券收益率下行的显著特点。由于对短端资金利率变动更敏感，短端品种收益率波动大于长端。信用债方面，受到资产荒、无风险收益率下行等因素的带动，信用债利率也呈现较大幅度下降，而且短端收益率下行幅度大于长端下行幅度。具体来看，AA + 级产业债 1 年期、7 年期、10 年期收益率分别下降了 157.83BP、103.62BP 和 85.46BP，下降幅度要大于利率债的水平。

3.5.1.3 新三板市场方面

新三板市场方面，2006 年新三板设立，2012 年进行扩容，2013 年实现新三板市场制度变革，2014 年引入做市商制度，新三板政策推动力度不断增大，尤其是随着2014 年下半年股市的牛气冲天，新三板市场更是快速发展，实现了市场发展的质变。2015 年年末，新三板市场挂牌企业 5129 家，总股本 2960 亿股，全年成交金额达到 1910.62 亿元，新三板市场已成为中国的纳斯达克，俨然资本市场投资的洼地。

3.5.2 证券投资信托产品发行情况

统计数据显示，2015 年，全行业发行证券投资集合资金信托 4231 个，同比增长 57.93%，募集资金 2942.33 亿元，同比增长 160.31%，发行数量和发行规模大幅上涨，证券投资是信托资金重点配置领域。整体看，2015 年，证券投资信托产品依然保持较快增长，而且在传统业务市场竞争更加激烈、监管更加严格之后，发展空间已有较大收窄，证券市场成为又一重要转型方向和领域，目前信托公司中的外贸信托、云南信托、华润信托一直将证券投资作为重点业务，同时，部分信托公司也将证券投资作为重要转型方向，以求发展。2015 年下半年股市低迷，尤其是伞形信托清理政策，进一步限制了证券投资类信托业务的发展空间，这也进一步反映在证券投资信托发行规模和数量的大幅萎缩上。

证券投资信托发行数量及规模统计情况如图 3－9 所示。

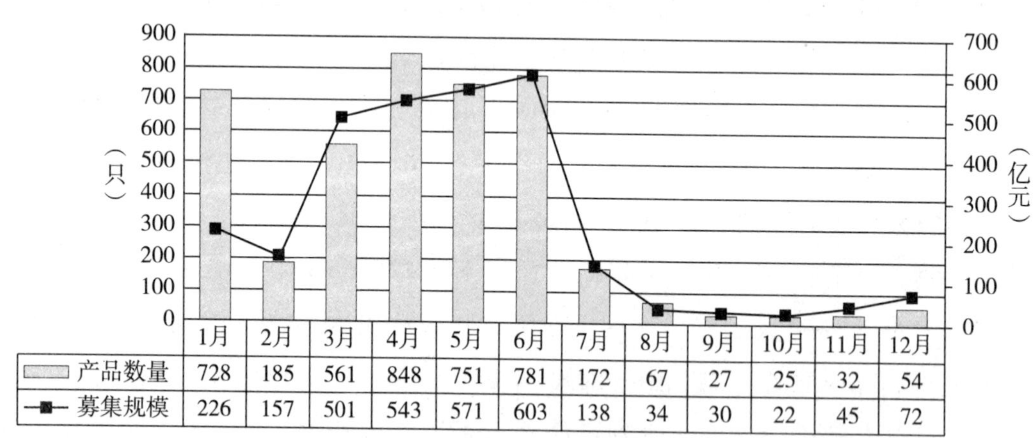

	1月	2月	3月	4月	5月	6月	7月	8月	9月	10月	11月	12月
产品数量	728	185	561	848	751	781	172	67	27	25	32	54
募集规模	226	157	501	543	571	603	138	34	30	22	45	72

图 3－9 证券投资信托发行数量及规模统计

3.5.2.1 股票投资信托方面

股票投资信托方面，2015 年信托公司证券投资的大起大落主要与股票投资信托波动有关，2015 年上半年的股市大涨以及 2015 年下半年的股市低迷，使得 2015 年股票投资信托经历了过山车一般的行情。目前，股票投资信托发行节奏依然较为缓慢，在未落实好证监会对于伞形信托、结构化信托的监管要求之前，可能难以恢复到之前的发展水平。不过，未来定向增发、QDII、员工持股信托等新投资方向仍有较大的发展潜力。

2015 年证券投资信托监管政策如表 3－1 所示。

表 3－1　　2015 年证券投资信托监管政策回顾

日期	证券投资信托监管政策事件
2015 年 1 月	部分地方证监局叫停伞形信托，部分银行降低伞形信托杠杆比率
2015 年 2 月 16 日	证监会下发文件，禁止证券公司通过代销伞形信托、P2P 平台、自主开发相关融资服务系统等形式为客户与他人、客户与客户之间的融资融券活动提供任何便利和服务
2015 年 4 月 17 日	证监会要求不得以任何形式开展场外股票配资、伞形信托等
2015 年 6 月 12 日	证监会下发《证券公司外部接入信息系统评估认证规范》，禁止券商为场外配资提供接口服务
2015 年 6 月 16 日	北京银监局等部分地方监管部门针对伞形信托进行调研
2015 年 7 月 12 日	证监会下发《关于清理整顿违法从事证券业务活动的意见》，督促证券公司规范信息系统外部接入行为，并于 2015 年 7 月底前后完成对证券公司自查情况的核实工作
2015 年 7 月 28 日	银监会针对信托公司股票型证券投资信托进行调研
2015 年 8 月 7 日	证券业协会和基金业协会近期组织证券公司、基金管理公司分别召开维护证券市场稳定座谈会，加强结构化偏股型资管产品管理，降低杠杆风险，不得为场外配资、伞形信托提供资金和便利
2015 年 9 月 1 日	证监会要求加快清理违法违规的配资账户，并划定时间表
2015 年 9 月 2 日	各大券商要求信托公司限期妥善处置特定产品的相关账户和资产，对于逾期不处理的账户则采取“限制资金转入”及“限制买入”等措施，中融信托、外贸信托、云南信托等纷纷向各自券商发送沟通函
2015 年 9 月 16 日	银监会召集部分信托公司针对伞形信托召开紧急会议
2015 年 9 月 17 日	证监会发布《关于继续做好清理整顿违法从事证券业务活动的通知》，明确了信托产品账户清理范围，要求不能“一刀切”

3.5.2.2　债券投资信托方面

债券投资信托方面，债券投资信托发展一直相对稳健，2013 年 4 月，监管部门整顿债券市场，信托产品无法再开立新的账户，2014 年 12 月末，银行间账户再度开放，信托公司正于此时赶上了债市的一波牛市。不过，相比股票投资信托，债券市场投资信托普及度不高，仅有华润信托等少数信托公司规模较大。然而，随着2015年债券市场牛市的持续延续，以及股市投资受阻，2015年下半年债券市场投资信托产品明显增多。

3.5.2.3 新三板投资信托方面

新三板投资信托方面，自2015年2月中信信托设立首只新三板投资信托产品，目前信托行业共有16家信托公司成立了46只新三板投资信托产品，包括定增、特定主题投资、组合投资等。从具体运作模式看，主要有两种。一种是独立运作模式。此模式下信托公司或者其子公司独立承担产品管理人角色，不需要引入其他投资顾问，此种模式适用于具有较强的新三板投研经验的信托公司，目前国内信托公司都缺乏新三板投资研究经验，所以已发行产品并没有采用这种模式的。相反，公募基金、券商、私募基金公司新三板资管产品多采用此种模式。未来，信托公司要想在新三板市场形成核心竞争力以及实现更加主动的产品管理，那就需要向此种模式迈进。另一种是与投资顾问的合作模式。此模式下，信托公司作为产品受托人，同时引入投资顾问，共同开发管理新三板产品，此种模式较适合新三板投资能力不强而又想较快切入该项业务的信托公司，目前已发行的新三板信托产品基本都采用此种模式。此种模式对于投资顾问的选择非常重要，一般而言，券商、私募基金公司、部分公募基金公司都可以成为合格的投资顾问，券商作为挂牌企业承销商和做市商，拥有最丰富的挂牌企业资源；私募基金公司较强的投研能力以及PE业务背景，适合新三板投资；部分公募基金在新三板市场投研方面也具有一定优势。因而，信托公司在选择投资顾问时需要充分考虑投资顾问新三板投资经验、相关产品管理经验、研发团队水平等。同时，为了有效促进投资顾问尽职，可以采用投资顾问跟投、投资顾问认购劣后级以及与投资顾问共同出资成立合伙人企业等形式，加以约束。

3.5.3 证券投资信托发展展望

2016年，国内宏观经济政策依然宽松，政府将大力扶持直接融资渠道，注册制等一系列重要资本市场制度有望落地，这也将激发资本市场活力，同时资本市场加速对外开放，在全球资本市场动荡的背景下，中国资本市场的较高的投资回报也将吸引更多的增量资金。总体而言，A股市场可能继续延续慢牛增长态势，持续大起大落态势概率低；债券市场牛市行情也有望延续，不过可能市场会伴随信用风险事件的增多以及无风险利率下行空间收窄等不利因素；新三板市场将会依然延续良好发展态势，越来越多的企业、券商、投资机构、银行、媒体等正涌入这个新兴的市场，在国家力推双创的良好契机下新三板将会成为力推中国经济转型、升级的引擎。整体而言，2016 年，证券投资信托可能成为信托资金的重点配置领域，而且可能在证券投资品种、管理专业化等方面有更加长足的进步。

3.6 信托创新业务

3.6.1 信托公司深入挖掘家族信托细分市场

随着子女成年以及家庭财富安排需求的上升，财富传承逐步成为更加重要的财富目标。《2015 年中国私人财富报告》显示，约 26% 的受访者已为子女购买保险，约 21% 的受访者已为子女购置房产，约 13% 的受访者已经通过家庭工作室的服务设立了家族信托。尚未做出安排的高净值人士中，也有很多对家庭工作室等财富传承服务表现出了浓厚的兴趣。总之，随着家族财富传承市场需求的不断显现，与此相关的信托、保险等金融服务市场空间较大。近年来，平安信托、外贸信托、中航信托等信托公司已开始积极布局家族信托，2015 年，信托公司也在积极加强家族信托服务设计，努力在差异化服务、细分市场重点进行市场营销。

3.6.1.1 抢占中低端市场

一般家族信托都对服务门槛设置了较高要求，这主要是出于家族信托定制化属性以及盈利的需求。然而，针对部分中产阶级人群的家族信托仍存在市场空白，为此信托公司也在加强此类顾客的营销和拓展。2015 年年末，中航信托联手专业财富管理公司即新财道财富管理公司，联袂推出极具创新结构的家族财富管理信托产品，引起了业内外的广泛关注；长安信托除 3000 万元以上高净值客户可以进行个性化定制家族信托之外，把注重财富传承的“长”字系列和注重财富隔离的“安”字系列产品最低门槛降至 300 万元，该家族信托产品属于半定制化产品，七成为已定内容，三成为可供选择的内容，预留了一定的客户自主空间。2015 年 4 月 23 日，中融信托在京发布了标准化家族信托产品——中融信托・承裔泽业标准化家族信托产品。据悉，该款产品可以满足客户资产保护、子女教育、婚姻保障、退休赡养、财富传承、全权委托六大需求。该产品由中融信托家族办公室设计、发布、运营，同时聘请长期从事家族信托、税务、婚姻继承等领域理论与实践的台湾专家团队提供咨询服务，旨在为更多的中国家庭提供专业的家族信托服务。该产品起点为 1000 万元人民币，核心目标资产包括资金及金融资产，除此之外，中融信托家族办公室可提供股权、房地产等一揽子资产信托方案；信托期限10年起；收益分配、权利义务、资产管理模式、操作流程、服务流程等都具有类型化的特点。

3.6.1.2　加强与其他财富传承工具的组合应用

保险、遗嘱、信托都是财富传承的有效手段，既可以单独使用，也可以组合使用。2015年，信托+保险的财富传承业务模式正在兴起。保险金信托本质上是委托人（投保人）设立的以保险金请求权作为信托财产的家族信托，并指定其子女或其他关系人作为信托受益人，达到财富管理和传承的目的。作为典型的财产权信托，保险金家族信托是较为经典的回归信托本源的信托业务，同时也是家族信托业务领域的一大创新，既开创了信托与保险公司合作的新模式，也为信托业务转型发展提供了新方向。山东信托、中信信托等信托公司均加快了保险金信托的产品营销和市场开发力度。

2015年12月，中信信托与信诚人寿发布了国内首个生存金信托服务，并被命名为"传家·致祥"。它在身故保险金信托的基础上，进一步完善了生存保险金信托的服务和功能。该项服务可接受保险产品给付的生存金直接进入信托，在资产获得保全与持续增值的同时，通过信托合同约定信托受益人可以在何时及何种情况下获得信托资产。与原来相比，保单的投保人可亲自利用自己创造的财富来实现家族成员的和睦相处，积极进取，家族繁盛。具体而言，在投保信诚人寿指定产品后，保险金将按照约定进入信托账户，在积累增值的同时，也将按照投保人的意愿进行给付。例如，投保人可按照自己的意愿，在子女入学、创业、结婚等人生重要阶段，通过给付生存金信托，用自己创造的财富鼓励和培养子女在不同人生阶段都获得幸福，更可防止子女对财富使用控制不当而造成挥霍，防止因投保人自身健康或事业发生问题时孩子无法得到应有的照护。该产品的另一个特点就是门槛较低，与之前的家族信托千万元门槛相比，本产品只需要百万元或者数十万元的保费就可以获得高额人身保障，并获得家族信托服务，大大降低了专项财富管理的门槛，并享受到家族信托在财富管理与传承方面的功能。

3.6.2　银信合作首款养老信托

目前，我国65岁以上人口占比已超过10%，已加速进入老龄化社会。然而，因为我国社会养老保障体系不健全，所以对养老金融服务的需求不断显现。近年来，北京信托等相继推出了基于养老概念的消费信托，然而真正的养老理财金融服务仍相对稀缺。

2015 年 12 月，外贸信托与兴业信托联合推出了国内首款养老信托产品——安愉信托产品，填补了我国养老金融方面的空白。这是依托兴业银行近年来打造的“安愉人生”养老金融服务体系，推出的一款针对高净值人群的养老金融产品。该产品起点金额600 万元，借鉴“家族信托”设计架构，委托人一次性交付信托财产，成立后封闭3 年，3 年后按照委托人意愿，以类似年金的方式每年定额向指定受益人分配信托利益，财产权利全部归于指定受益人。该产品独特之处在于不仅满足了养老资金保障其养老生活的安排，还兼顾家庭财产传承，兼具双重性，其架构具备财产专属性和安排灵活性的优势，借鉴“家族信托”设计模式开发金融养老信托产品，完全契合私人银行客户“养老”与“传承”的养老保障双重需求，先满足养老，后实现传承，实现财产通盘规划。这种信托机制安排能够妥善解决家庭财富在养老和传承之间的合理分配，以法律方式执行家庭道义与财产公平分配。

安愉信托从投入、运行、支付到清算，全流程均以货币资金形式完成，对客户而言，养老支付也十分便利；对银行而言，其擅长的就是资金运作与管理，立足于货币性质的安愉信托正是用银行擅长的方式为客户养老提供保障，通过中低风险配置获取长期稳定收益，同时运用信托机制，充分确保受益人的利益。安愉信托将委托专业的投资团队以市场化的方式进行资产管理，通过低风险配置，促进财产的稳定增值，同时在一定程度上还能解决委托人因年岁较大没有足够精力进行财富管理的问题。安愉信托的日常养老利益分配和剩余信托利益分配都能按照委托人的意愿灵活设计，从而帮助委托人进行养老生活和财产传承一体化的财富规划。

3.6.3 互联网信托试水频频

为鼓励金融创新，促进互联网金融健康发展，中国人民银行等十部门下发《关于促进互联网金融健康发展的指导意见》，特别指出“信托公司、消费金融公司通过互联网开展业务的，要严格遵循监管规定，加强风险管理，确保交易合法合规，并保守客户信息”。然而，对于如何开展互联网信托，信托公司除了建设微信、APP、互联网营销平台等形式外，其他互联网信托进展仍不明显。目前，中融信托、平安信托、中信信托等在互联网信托方面进展较快。

中融信托成立深圳中融融易通互联网金融服务有限公司（以下简称“中融金

服”），注册资本1亿元，2015年6月正式上线。该平台的定位是对接高净值客户的流动性需求和大众对低风险投资品的需求，它既为信托投资者提供了融资服务，解决了其中短期的资金需求，又为普通大众提供了较低风险、较高收益的互联网金融产品。

该平台主推产品为金融增信项目产品，已发行至第10期。中融信托旗下信托受益人有融资需求，可以向中融金服申请受益权质押融资，该平台将其设计为金融增信产品，在线上进行发售。风险控制措施为对借款人资料进行全面审核，降低信用违约风险；评估借款人所持有的信托计划运作情况及资产价值，借款人持有的金融产品到期可获得的本金及收益金额大于借款应还款本息总额。当前，信托受益权没有公开统一转让平台，流动性较低，该产品实质上解决了信托受益权的流动性问题，中融金服提供该项信托受益权质押融资服务，实质是为中融信托自己的客户提供流动性支持，使其在信托财富市场竞争中占据先机。然而，这可能与信托法规所要求的合格投资者要求有所相悖。目前，中融金服只接受中融信托发行的信托产品投资者的融资需求，并且在信托受益权的增信环节与中融信托密切合作，成立相关财产权信托，从而保证平台投资人的权益。

3.6.4 收益互换员工持股信托

员工持股是企业员工通过各种方式获得本企业股份，从而以劳动者和所有者双重身份参与企业经营管理，分享企业剩余索取权的一种制度安排。员工持股已在法国、德国、日本、印度等全世界各个国家得到普遍重视和推广，实证研究表明，员工持股有利于优化企业股权结构，提高产出和经营业绩，增强风险抵御能力，同时也有利于提升员工福利，留住人才。2014年6月，证监会下发了《关于上市公司实施员工持股计划试点的指导意见》，指出“上市公司可以自行管理本公司的员工持股计划，也可以将本公司员工持股计划委托给下列具有资产管理资质的机构管理：①信托公司；②保险资产管理公司；③证券公司；④基金管理公司；⑤其他符合条件的资产管理机构”。这意味着我国利用委托—代理形式推进上市公司员工持股计划。2015年，山东信托、华宝信托、交银信托、陆家嘴信托、国民信托相继参与了上市公司员工持股计划，其中，国民信托参与了首只收益互换员工持股信托。

根据《合力泰科技股份有限公司2015年员工持股计划（草案）》，合力泰员工持股计划的参与对象为公司员工，将委托国民信托作为受托人，并将全额认购由其设立的“国民信托·合力泰1～X号收益互换交易单一资金信托”份额，信托资金总额不超过32000万元，资金来源为员工的合法薪酬以及通过法律、行政法规允许的其他方式取得的资金。

国民信托代表“国民信托·合力泰1～X号收益互换交易单一资金信托”拟与有收益互换资格的证券公司签订股票收益互换协议，约定由证券公司提供融资资金不超过48000万元，共计不超过80000万元，开展以合力泰为标的证券的股票收益互换交易，证券公司根据信托受托人的指令买卖标的股票。股票收益互换交易中，证券公司是不超过48000万元人民币固定收益的收取方和标的股票浮动收益的支付方；国民信托·合力泰1～X号收益互换交易单一资金信托是标的股票浮动收益的收取方和国民信托·合力泰1～X号收益互换交易单一资金信托融资不超过48000万元的固定收益的支付方。该收益互换所挂钩的唯一标的是合力泰在股票二级市场上处于公开交易中的股票，并由合力泰控股股东对证券公司的融资本金及利息提供连带担保责任。国民信托·合力泰1～X号收益互换交易单一资金信托获得股票的交易方式包括但不限于通过二级市场、大宗交易等方式购买、受让实际控制人股份以及法律法规许可的其他方式。

信托期限预计不超过36个月，自合力泰股东大会审议通过本员工持股计划之日起算。经出席持有人会议的持有人所持50%以上（不含50%）份额同意并提交公司董事会审议通过，该员工持股计划的存续期可以延长，亦可提前终止。

3.6.5 2016年信托产品转型趋势和展望

近年，面临行业转型发展，信托公司业务创新取得了较大进展，如家族信托、土地流转信托、消费信托、员工持股信托等，不断提升了信托制度在我国发展的深度和高度。未来，这些创新业务将在我国国情下接受市场考验和固化，这其中可能有些创新信托因为无法实现有效的经营模式和盈利模式而最终被淘汰，而有些可能就会持续大规模推广。2016年，信托业务创新将更加深入和活跃，适应当前金融发展需求的国企改革、养老、资本市场运作等方面的业务创新潜力将会进一步显现，同时，家族信托、PPP等创新业务也会有进一步的深化，市场也会进一步巩固。各个信托公司将根据自身比较优势有选择性地参与创新信托业务实践，助力转型发展。

4

2015年泛资本管理市场：变局与大局

信托公司作为专业的资产管理机构，是最先按照资产管理行业基本法《信托法》的规范和要求来进行资产管理的业务主体。但2015年随着各项法律法规的推进，各金融监管部门对于不同金融机构资产管理业务的牌照管理制度逐渐放松，新的机构、产品与业务模式持续增加。因此，现阶段，国内资管市场中能够从事资产管理业务的主体主要有商业银行、信托公司、证券公司、基金公司、保险公司等持牌金融机构和第三方理财机构及风起云涌的P2P网贷公司等。特别是2015年以来，伴随着中国利率水平的持续走低，资产管理难度加大，信托业在业务领域所面临的竞争越发激烈，泛资产管理时代已经全面来临。

4.1 2015年泛资管市场：多元化+个性化

4.1.1 银行理财：分化加剧

中国银监会颁布的《商业银行理财业务监督管理办法（征求意见稿）》，将商业银行的理财业务定义为，商业银行本着为客户利益服务的原则，以客户需求为导向，以客户资产保值增值为目标，为客户提供的资产管理等专业服务活动。因此，商业银行资产管理业务即银行理财业务。2015年商业银行理财业务呈现出如下特点。

4.1.1.1 理财产品发行规模与收益率双双下降

受2015年上半年股市“牛市”行情，以及大额存单等新产品，存款准备金平均法等新政策的综合影响，2015年商业银行理财市场呈现出规模与收益“双降”现象。截至2015年8月，149家商业银行新发行的理财产品总数共4958款，筹集到资金2.7亿元人民币，产品数量和资金规模环比2015年7月分别下降了17.9%和19.6%。银行理财业务在2015年总体呈现疲软状态，银行理财产品发行数量和筹集规模持续呈现负增长状态，资金规模和产品数量同比下降31.4%和22.6%。由于2015年市场利率持续走低，商业银行理财产品的平均收益率出现下滑，2015 年第一季度，商业银行理财的平均年化收益率仅为 5.15%，到 2015 年第三季度，人民币理财产品平均预期收益率进一步跌至 4.62%，创下近 3 年来的最大跌幅。

4.1.1.2　理财产品发行能力与收益水平分化明显

就发行能力而言，2015 年城市商业银行发行的个人理财产品一家独大，其所发行的理财产品占到商业银行全部新发行理财产品的 37%；股份制商业银行位居第 2，其所发行的理财产品所占比重为 26%；国有控股商业银行位列第 3，发行比重为 20%；农村金融机构位列第 4，发行比重为 15%；外资银行所占比重微乎其微，仅占总体的 2%。就收益水平而言，截至 2015 年第三季度，全国性商业银行中，交通银行、平安银行及华夏银行，分别以 19.95%、18.17% 和 17.41% 的收益能力得分位居收益能力前 3 名；而区域性银行中，东莞银行以 15.89% 的收益能力值位居区域商业银行首位。

4.1.1.3　理财产品发行比重差异巨大

在 2015 年，商业银行所发行的全部理财产品中，人民币理财产品仍然占绝对主体地位。截至 2015 年上半年，我国商业银行共发行人民币理财产品 30358 款，占全部数量的 97.75%；而外币理财产品共计发行 698 款，仅占全部新发行理财产品数量的 2.25%。在全部理财产品中，按照市场投向划分，组合类投资理财产品和债券与货币市场类理财产品共计占据 95.05% 的市场份额；按照收益类型划分，非保本浮动收益类人民币理财产品共计发行 23126 款，占比为 67%，占据主要市场份额。

4.1.2　信托资管：地位下降

伴随整个中国经济社会的大变革以及金融体制的大转换，在泛资管背景下，各个领域资管机构市场竞争态势都将发生较为明显的迁移和转变，在这场资产与资金争夺正面遭遇战中，制度约束不再是主要门槛，关键在于资产配置的能力和生存发展核心竞争力的直接较量。告别了快速发展的“黄金十年”后，2015 年信托资管呈现出如下特点。

4.1.2.1　信托资管份额下降

截至 2015 年三季度末，包括银行理财、保险、信托、公募基金、基金子公司及专户、证券公司、期货公司、私募基金、P2P 在内的泛资管行业总额达到了 80 万亿元，较 2014 年年末增长近 32%，2016 年突破 100 万亿元是大概率事件，有望达到 110 万亿元，这显示出我国居民财富管理需求正在加快释放，行业发展正处于快速增长阶段。然而，受清理场外配资、股市波动所引发的证券投资信托提前清算和监管趋严及风险控制等因素的影响，从泛资管市场份额看，信托资管的市场地位有所下降。信托资管由2014年年末的23.3%下降至2015年三季度末的19.7%，市场份额下降较为明显，而且还有继续下降的趋势，而证券、基金公司及子公司则呈现持续上升的态势，已由17.4%上升至21.3%。这与当前乃至未来较长时期内资本市场大发展有很大关系，也与基金子公司类信托模式的快速扩张有很大关联。

4.1.2.2　信托资管增长速度下滑

与此同时，信托资管的增长速度下滑且风险不断上升。中国信托业协会数据显示，截至2015年三季度末，信托全行业管理的信托资产规模为15.62万亿元，同比增长20.62%，环比下降1.58%。值得一提的是，这是信托资产自2010年一季度以来首次出现环比负增长。从信托资产季度环比增速来看，2015年前3季度的环比增速分别为一季度3.08%，二季度10.13%，三季度-1.58%。

4.1.2.3　信托资管风险不断上升

2015年三季度中国GDP同比增幅为6.9%，创下自2009年以来的最低增速，这是信托行业身处的大背景。在实体经济融资需求下降、经营景气度持续下滑、优质资产比较难以寻求、银行等金融机构的竞争和风险控制要求趋严的影响下，2015年三季度信托产品发行量没有出现显著提升。数据显示，2015年三季度末信托行业风险项目有506个，规模达1083亿元，比2014年同期增长31.51%，较二季度末环比增长4.74%。

4.1.3　券商资管：创新探索

我国《关于规范证券公司受托投资管理业务的通知》（以下简称《通知》）第一次从法律的角度界定了券商资产管理业务。《通知》第1条规定：受托投资管理业务（即证券公司资产管理业务），是指证券公司作为受托投资管理人，依据有关法律、法规和投资委托人（以下简称“委托人”）的投资意愿，与委托人签订受托投资管理合同，把委托人委托的资产在证券市场上从事股票、债券等金融工具的组合投资，以实现委托资产收益最优化的行为。2015年证券公司资管业务抓住了泛资管时代的机遇，呈现出如下特征。

4.1.3.1　证券公司资产管理总规模大幅度上升，但产品发行“冲高回落”

继2014年券商资管业务整体增速放缓后，2015年由于A股市场的牛市行情演绎，券商资管迎来大丰收，证券公司发行资产管理产品的规模及数量大幅上升。据中国基金业协会统计，截至2015年9月30日，证券公司资产管理总规模已经达到10.97万亿元，累计增长37.99%，远远超过2014年全年7.95万亿元的规模。在资管规模扩张之际，新发产品数量也在提速。除了2015年新年假期的2月外，2015年上半年，证券公司资产管理计划发行数量一路上升，总共成立新产品2583只，月均发行量达430只，总发行规模为2438亿份。

但是根据中国证券业协会统计显示，2015年7月资产管理产品发行数量锐减至162只，发行份额为547.83亿份，8月份券商杠杆比例环比下降，平均杠杆倍数为3.46倍，较6月高点降近一成。到了9月，随着融资融券规模巨幅回落、股票自营停滞，券商手头突然多出了数以万亿计的流动性。这些主要是由融资类业务规模下降及股指下行带来的金融资产缩水所致。因此，在股市震荡的情形下，券商难以独善其身。根据choice数据库统计，截至2015年6月30日，共有463只券商集合理财产品的赎回率超过50%，其中44只的赎回率高达99%，面临被清盘的危险。

虽然券商资管产品发行“冲高回落”，会受大盘波动的影响，但是根据证监会2015年10月9日通报证券期货经营机构信息技术专项检查情况来看，目前证券期货经营机构信息技术系统总体安全、运行稳定，同时，综合券商资管“全市场、全资产、全产品”的资产配置体系，券商资管较基金、信托、银行等在未来发展上具有很大优势。

4.1.3.2　定向资管业务一家独大，但增速放缓

证券公司根据从事的客户资产管理业务分为3类：一是为单一客户办理定向资产管理业务；二是为多个客户办理集合资产管理业务；三是为客户办理特定目的的专项资产管理业务。如表4－1所示。

表4－1　券商资产管理业务比较

业务种类	定向资管	集合资管	专项资管
监管制度	备案制	备案制	审批制
开展方式	与单一客户签订资产管理合同，以客户的名义开设账户进行投资管理	集合多个客户的资产，由券商进行管理	以专项计划为载体募集资金，投资于确定的基础资产
产品规模	—	不低于3000万元人民币，上限50亿元人民币	—
客户数量	1	2～200	不限
客户类型	个人、法人	个人、法人	机构投资者

续 表

业务种类	定向资管	集合资管	专项资管
投资范围	由证券公司与客户通过合同约定，不得违反法律法规	股票、债券、股指期货等证券期货交易所交易的投资品种；央行票据、短期融资等银行间市场交易的投资品种；证券投资基金、证券公司专项资产管理计划等金融监管部门批准或备案发行的金融产品等	可以预测的、稳定的现金流的股权、债券、收益权等
份额转让	不可转让	可转让	可转让

在 3 类证券资管业务中，定向资管业务在证券公司资产管理业务中扮演着尤为重要的角色。截至 2015 年 9 月 30 日，定向资管计划发行产品数量 13764 只，资产规模高达 94904. 85 亿元，占总规模的 86. 50%，而集合计划发行产品数量为 3076 只，资产规模为 13641. 47 亿元，占总量的 12. 40%，专项资管计划发行产品数量 110 只，资产规模为 1122. 63 亿元，仅占总量的 1. 10%，由此可见，定向资管计划一家独大，如图 4 – 1 所示。

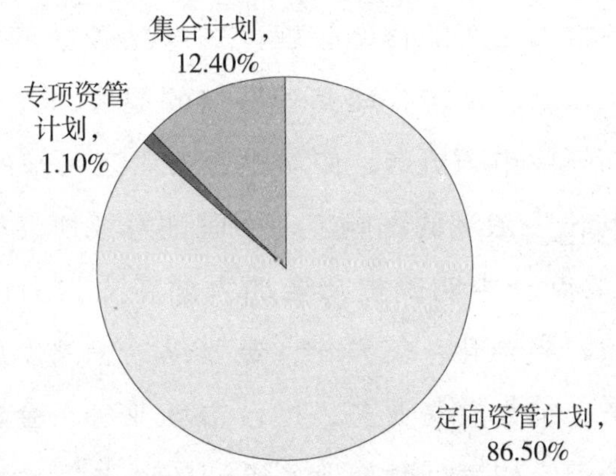

图 4 – 1 证券公司资管产品规模比（截至 2015 年 9 月 30 日）

而在定向资管业务里贡献最大的则是银证合作的定向资管通道业务。对券商而言，通道业务技术含量低，能够收取一笔通道费，并能提高券商的资管规模，从而导致券商资管的同质化竞争加剧。由于竞争加剧，2015 年定向资管计划虽然一家独大，但是增速放缓。根据中国证券业协会，截至 2015 年 9 月 30 日，定向资产管理规模为 94905 亿元，较 2014 年增加 22363 亿元，增长幅度为 30. 8%，较 2014 年定向资管规模增长幅度 50. 05%，减少了近 20%，如图 4 – 2 所示。

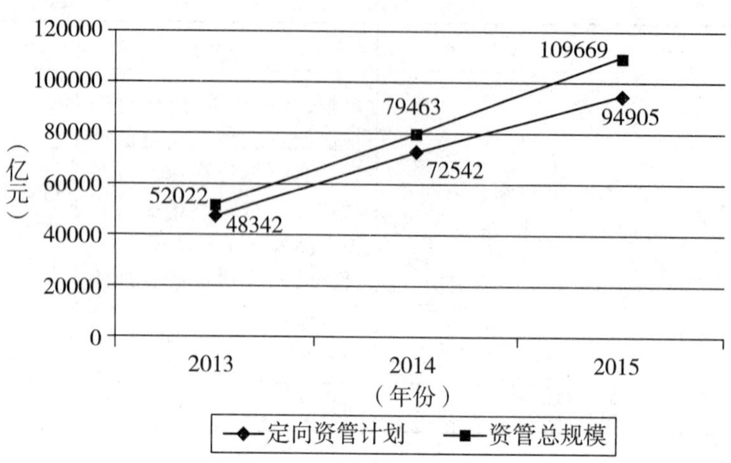

图4－2 证券公司定向资管与总规模增长对比

4.1.3.3 证券公司资产管理业务持续创新探索

券商在2015年面临着大资管统一监管趋势下竞争加剧和以定向资产管理计划为主的通道业务即将关闭的双重压力，2015年在全方位布局和差异化竞争的道路上做出不断的尝试，在去通道和创新谋求转型的道路上取得了一些成果。例如，针对2015年股市大幅度震荡的风险，券商资管主要通过定向资产管理计划和集合资产管理计划两种方式推出相关的资产管理计划产品并进行产品创新，一方面响应监管局为了稳定市场，鼓励上市公司高管增持的倡导，另一方面为上市公司提供员工持股计划，从而抓住市场机遇，应对由股市震荡带来的挑战。

同时，在“互联网化”浪潮的影响下，中国证券业协会在向券商下发的《证券业协会2015年工作要点》中明确提及要加大创新支持力度，推进行业创新发展，鼓励证券公司按照“特色化、差异化、专业化”思路发展，支持证券公司开展私募业务、跨界业务、销售交易业务、柜台市场业务、金融衍生品业务、互联网证券业务、非上市公司股权质押融资业务等创新试点。另外，2015年券商创新大会正是基于“互联网＋”的大背景，以“互联网与证券行业创新”为主题进行深入的探讨，在2015年实践中具体表现为随着移动互联的高速发展和互联网金融创新的深入，券商逐步推出非现场开户、APP信息推送等新型业务。总而言之，证券公司资产管理业务在2015年创新探索持续进行。

4.1.4 公募基金：集中爆发

公募基金是受政府主管部门监管的，向不特定投资者公开发行受益凭证的证券投资基金，这些基金在法律的严格监管下有着信息披露、利润分配、运行限制等行业规范。公募基金资产管理是指公募基金公司，将面向广大公众所收集的资产投资于资本市场的实际过程。2015 年公募基金资产管理集中爆发，呈现出如下特征。

4.1.4.1 公募基金资产管理规模整体上升

截至 2015 年 10 月，公募基金的管理规模已由 2014 年的 45353.61 亿元增长到 71000 亿元，增长了 56.5%，但是在 2015 年上半年总体上升的趋势下还是在 6 月至 8 月出现了小幅下滑的现象。这主要还是受我国股市的影响。2015 年 1 月至 6 月，我国基础市场行情良好，沪深两市双双收涨。上证综指收于 4277.22 点，涨 1042.54 点，涨幅为 32.23%；深证成指收于 14337.97 点，涨 3323.34 点，涨幅为 30.17%；沪深 300 指数收于 4473.00 点，涨 939.29 点，涨幅为 26.58%；创业板指数收于 2858.61 点，涨 1386.84 点，涨幅为 94.23%。小盘股强于大盘股。在我国股市大幅上涨的影响下，资金大幅净流入股票市场，公募基金规模大幅增加。而进入 6 月，沪深两市双双收跌，直到 9 月股市都一直处于震荡期，导致公募基金管理规模出现了下滑现象，但是公募基金管理规模还是在小幅波动中呈现出上升趋势。2015 年公募基金管理规模的走势如图 4－3 所示。

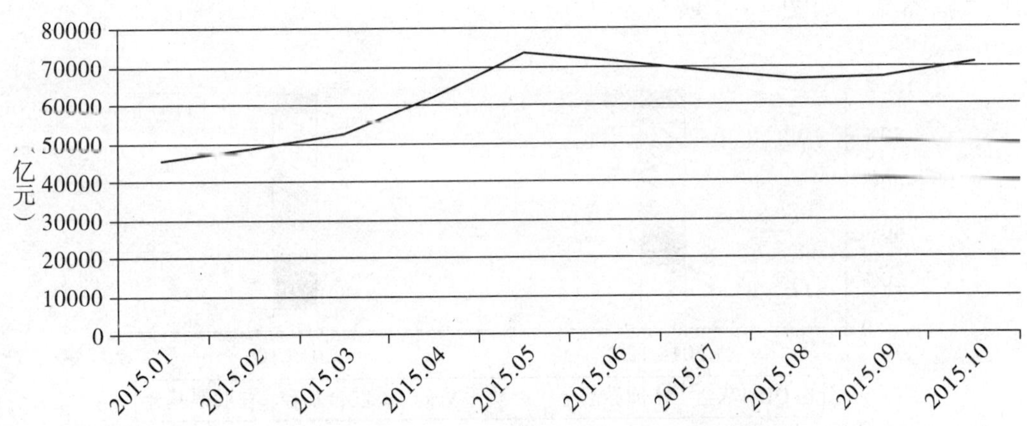

图 4－3 2015 年 1 月至 10 月公募基金资产管理规模变化

公募基金资产管理规模增加的主要拉动力量是货币基金，截至 2015 年 10 月，货币基金合计净值规模达 37293.79 亿元，占公募基金净值规模的 52.5%，与 2014 年的 20862.43 亿元相比增加了 16431.36 亿元。由于基础市场震荡，以货币基金为代表的现金管理产品受到资金青睐。从类别上看，货币基金成为基金份额增量的主力军，货币基金份额在公募基金总份额中占据了大半份额。具体份额比如图4－4所示。

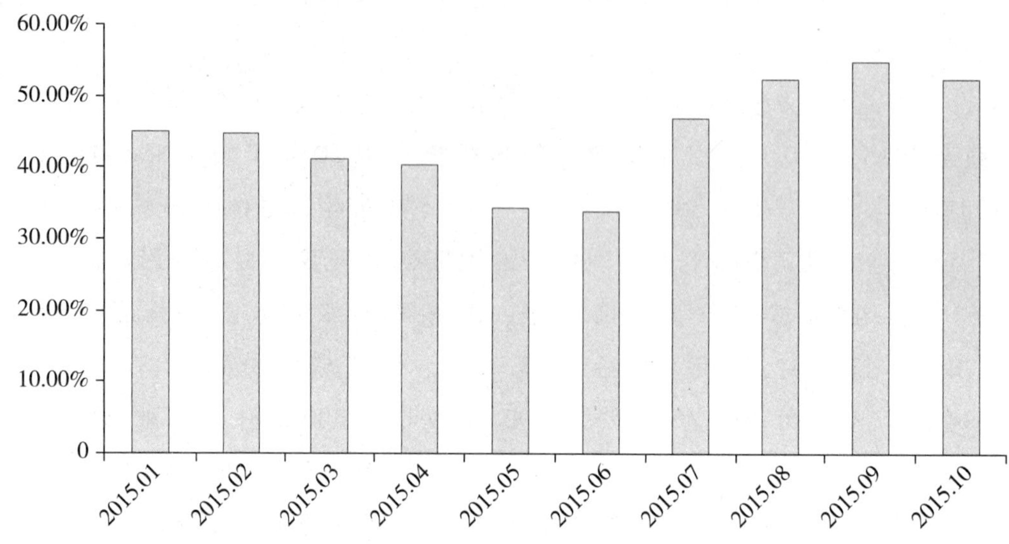

图4－4　货币基金市场份额分布

4.1.4.2　公募基金产品结构日益多元化

公募基金经过多年的发展，产品结构变得更加多元化。截至2015年10月，与2014年相比，货币型基金与混合型基金产品占比均有所提升，股票型基金产品占比大幅缩减，如图4－5所示。

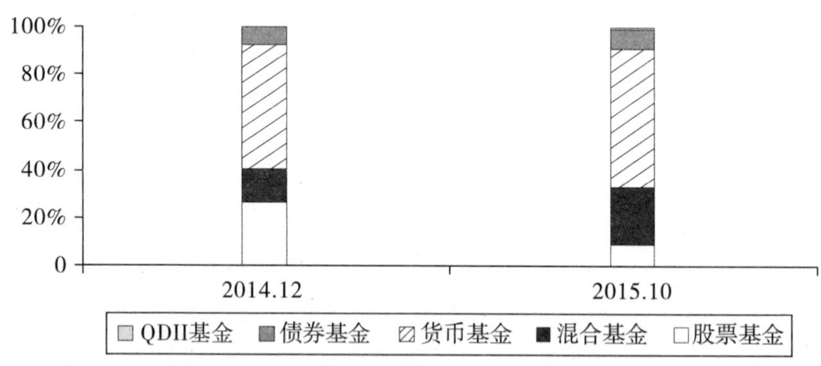

图4－5　各类基金市场份额占比变化

这还是由于基础市场巨震，造成不同类型的基金经历了一次罕见的资金流动和规模变迁，以货币基金为代表的现金管理产品受到巨额申购，而偏股基金则遭遇巨额赎回。随着股市获利空间的减少，人们往往转投更加稳健的货币型基金，投资者纷纷涌入低风险基金而逃离高风险基金的特征十分显著。公募基金行业经过多年的发展，已经形成了多种基金产品共同发展的局面，这大大降低了公募基金市场的风险。

4.1.4.3　公募基金收益率总体增加

截至2015年10月，除QDII型基金外，其余各类型基金均取得正收益。股票型、混合型、指数型、债券型平均净值收益率分别为44.32%、40.87%、23.11%、7.51%；QDII型基金平均净值收益率为-2.35%。如图4-6所示。

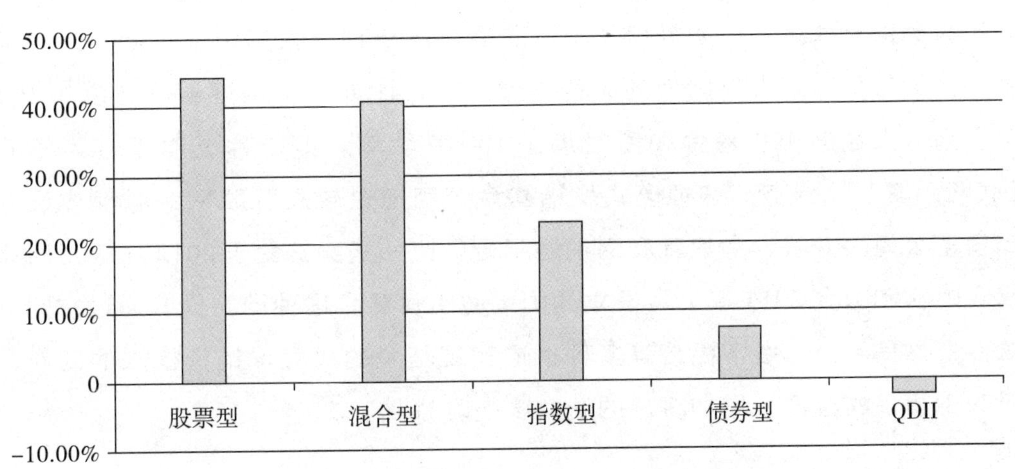

图4-6　2015年10月公募基金收益率分布

4.1.4.4　行业集中度进一步提高

根据中国证券基金业协会公布的2015年第三季度基金管理机构公募基金规模排名，我们发现有12家基金管理公司的公募基金规模超过了2000亿元，其中，天弘基金以6446亿元的规模继续排名第一，华夏基金、工银瑞信、易方达等公司分别位列第2位、第3位、第4位。通过比较，天弘基金、易方达基金、富国基金的公募基金规模均有所下降，华宝兴业基金和华夏基金三季度公募规模环比上一季度逆势增长逾1400亿元。这两家都是实力相对较强的固定收益产品或货币类产品，更容易吸纳权益类资产中流出来的客户资金。基金行业集中度大幅跃升，行业分化加剧，小型基金公司生存前景黯淡。截至2015年9月底，100家公募机构总管理规模为6.72万亿元，平均每家基金管理规模为672亿元。三季度末规模最大的20家基金公司合计管理规模达4.87万亿元，占公募总规模的72.5%。换句话说，基金行业超过七成规模被前1/5的公司占据，行业集中度空前提高。

4.1.4.5 “互联网+”影响广泛

随着互联网金融的迅速发展，互联网技术也深刻影响着公募基金公司的发展。2015年，已经有许多基金公司根据互联网的影响做出了战略上的相关调整。基金公司主要通过两种模式来应对互联网金融的冲击。第一种是发展以产品为核心的“互联网+基金”业务。这种模式主要开发以互联网为基础的基金产品，研发出的产品主要有3类，第一类是以“互联网+”概念股为主要投资方向的主动投资的偏股型基金，比如汇添富移动互联网主题基金；第二类是与“互联网+”相关的被动指数基金，比如景顺长城中证TMT150ETF、富国中证移动互联网指数基金等；第三类是以大数据为基础的基金产品，比如广发中证百度百发策略100基金、南方大数据100基金和博时淘金100基金等。第二种是以平台为核心的“互联网+基金”业务。这种模式是指基金公司通过成立互联网金融部或设立基金销售子公司的方式，搭建互联网销售平台，比如嘉实基金于2012年3月所设立的嘉实财富和国金2014年1月设立的国金通用财富。这种销售模式通过官网、手机软件、微信平台、线下柜台等多种渠道实现基金的买卖，销售模式的创新，有利于吸引更多的客户，增加客户的认知度与黏性。

4.1.5 保险资管：渐入佳境

保险资管，是保险资产管理公司接受委托管理保险资金，目标是使保险资金保值、增值。保险资产管理公司由保险公司或联合保险公司的控股股东发起成立，受委托之后，保险资产管理公司可以管理运用其股东的保险资金或股东控制的保险公司的资金，也可以管理运用自有资金。但保险资金运用不得突破《保险法》的规定，限于银行存款、买卖政府债券、金融债券和国务院规定的其他形式。而且，资产管理公司不得承诺受托管理的资金不受损失或保证最低收益，不得利用受托保险资金为委托人以外的第三人牟取利益，也不得操纵不同来源资金进行交易。2015年保险资管业务呈现出以下特点。

4.1.5.1 投资运用额不断增加

在泛资管领域中，唯有保险资管子行业具有期限长、成本低、规模巨大的资金供应，这是保险资管机构来源于保险母公司的先天优势。随着新国十条的发布以及保监会修改八部规章、监管层不断简政放权、市场化进程的加速，保险资管行业面临着前所未有的机遇，投资运用额不断增加。截至2015年10月，保险资金运用金额为10.6万亿元，占保险总资产的89.6%，如图4－7所示。

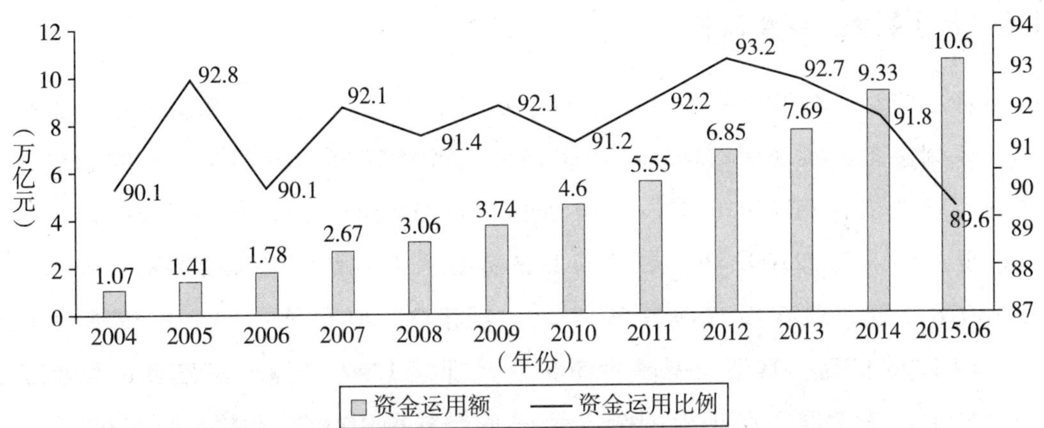

图4-7 保险资金运用额及运用比例

4.1.5.2 投资结构不断调整

从资金投向来看，由于资金来源自身的特点以及投资渠道的限制，银行存款和固定收益类产品仍是保险资金的主要配置资产，截至2015年10月，保险资管类银行存款投资为24189.10亿元，占比22.81%；虽然银行存款比重仍较大，但相比2014年银行存款25310.73亿元，占比27.12%，比例在不断减小。

而且，随着保险资金投资渠道的不断拓宽、投资范围的不断扩大以及投资比例上限的不断提高，保险资金高收益资产的配置比例得以明显提高，保险投资的收益率获得显著提升。截至2015年10月，保险资管业资金运用余额106061.64亿元，较2015年年初增长13.66%。资金投入比例的优化配置显而易见，如图4-8所示。

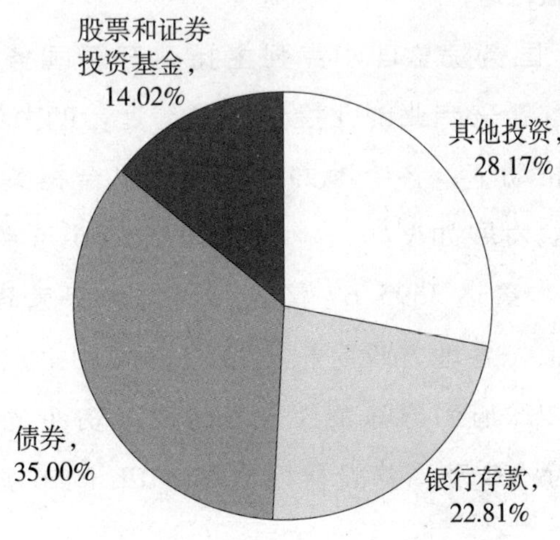

图4-8 2015年1~10月保险资金运用情况

4.1.6 私募基金：结构调整

私募是相对于公募而言的，是指向小规模数量合格投资者募集资金，进行股权等一系列投资，实现保值增值的投资行为。截至2015年6月末，已完成登记的私募基金管理机构有13918家，管理私募基金有15612只，管理规模3.78万亿元，行业从业人员221092人。在已备案私募基金中，私募证券投资基金8970只，规模13078亿元；股权投资基金5018只，规模21120亿元；创业投资基金1059只，规模2296亿元；其他类型基金565只，规模1347亿元。在已登记私募基金管理机构中，按管理资产规模划分，管理资产规模100亿元以上的有62家，50亿~100亿元的有78家，20亿~50亿元的有221家，20亿元以下的有13557家。

2015年私募基金的发展呈现出如下特征。

4.1.6.1 投资规模缩减

2015年中国股权投资市场总募集资金规模较2014年有所下跌，据清科集团旗下私募通统计，2015年上半年，新募集的私募股权投资基金PE共计395只，募资总额263.50亿美元。从募资额角度来看，在2015年度上半年共募集的395只基金中，成长基金募资比例仍最高，共募集122.36亿美元，占总募资额的46.4%；从募集资金币种来看，人民币基金仍为主要募资币种，外币基金平均募集规模仍领先于人民币基金，2015年上半年达到1.14亿美元；从投资行业角度来看，互联网行业仍稳居吸金最多行业之首，投资数量112起，总投资额29.21亿美元，占比17.8%。

4.1.6.2 政府引导基金发展迅速

2015年1月14日，国务院总理李克强主持召开了国务院常务会议，决定设立总规模400亿元的国家新兴产业创业投资引导基金，助力创业创新和产业升级。在国家各项政策的积极推动下，各个地方政府陆续出台相关政策并成立了专项基金，我国的政府引导基金发展如火如荼。截至2015年6月底，国内共成立304只政府引导基金，管理资本量达3595.67亿元，平均单只管理规模为11.83亿元。在政府引导基金的设立上，各地方政府根据投资方向和重点，设立天使基金、股权基金、产业基金等。以政府引导基金为代表的财政资金的参与，在一定程度上改善了私募风险投资基金VC及私募股权投资基金PE的市场资本来源问题。

4.1.6.3 投资领域转换

在投资领域，创投市场投资热度不减，而房地产行业投资幅度大幅缩减。

2015 年上半年，中国创投市场共发生投资 1103 起，较 2014 年同期的 866 起上升 27.4%，环比上升 4.9%；其中，披露金额的 983 起投资交易共计涉及金额 82.45 亿美元，较 2014 年同期的 69.93 亿美元增长 17.9%，在披露案例的全部投资交易中，平均投资规模达 838.79 万美元。与 VC 投资形成鲜明对比的是房地产投资，2015 年一季度，房地产投资仅发生 2 起，涉及金额 1.03 亿美元，占市场总投资额的 1.8%。其中，一笔房地产市场投资领域为物业管理，较以往以房地产开发经营为主导的投资大相径庭。2014 年度，房地产投资投资额达到 73.30 亿美元，占 2014 年度投资额的 13.3%，而 2015 年上半年这一比例仅为 0.6%。

4.1.7 基金子公司：加速转型

基金子公司是指依照《公司法》设立，由基金管理公司控股，经营特定客户资产管理、基金销售以及中国证监会许可的其他业务的有限责任公司。其中，经营特定客户资产管理业务特指投资于未通过证券交易所转让的股权、债权及其他财产权利以及中国证监会认可的其他资产。2015 年基金子公司主动求变，加速转型。

4.1.7.1 行业规模不断扩大

根据中国基金业协会的数据显示，截至 2015 年 6 月底，成立不过两年半左右的基金子公司，其管理的资产规模已经飙升至 6 万亿元左右。而且，有 20 家基金子公司的专户业务规模超过千亿元人民币，如表 4－2 所示。

表 4－2　　基金子公司专户规模前 20 名一览表

排名	机构名称	专户业务规模（亿元）
1	民生加银资产管理有限公司	6240
2	招商财富资产管理有限公司	5055
3	深圳平安大华汇通财富管理有限公司	4195
4	深圳市融通资本财富管理有限公司	3152
5	中信信诚资产管理有限公司	2772
6	北京天地方中资产管理有限公司	2246
7	工银瑞信投资管理有限公司	2245
8	兴业财富资产管理有限公司	2148

续　表

排名	机构名称	专户业务规模（亿元）
9	交银施罗德资产管理有限公司	2130
10	上海浦银安盛资产管理有限公司	1788
11	工银瑞信基金管理有限公司	2121
12	北京千石创富资本管理有限公司	1902
13	博时资本管理有限公司	1572
14	建信资本管理有限责任公司	1550
15	南方资本管理有限公司	1519
16	嘉实资本管理有限公司	1324
17	鹏华资产管理（深圳）有限公司	1221
18	上银瑞金资本管理有限公司	1152
19	上海兴瀚资产管理有限公司	1148
20	万家共赢资产管理有限公司	1129

在20家基金子公司中，银行系基金子公司占到9家，在开展专户业务时占据优势。例如，位列2015年上半年子公司专户规模三甲的就分别是民生加银资产管理有限公司、招商财富资产管理有限公司、深圳平安大华汇通财富管理有限公司，它们的规模分别达到6240亿元、5055亿元和4195亿元。另外，工银瑞信投资管理有限公司、交银施罗德资产管理有限公司和兴业财富资产管理有限公司，3家银行系基金子公司，专户规模也均在2000亿元以上。

4.1.7.2　业务加速转型

借力“通道”业务，基金子公司的资产管理规模实现飞速发展。但是2015年以来“刚性兑付”的屡屡打破，令基金子公司的“通道”业务遭受严峻考验。在此背景下，许多基金子公司加快转型步伐，寻找新的投资机会。如2015年8月，嘉实基金子公司嘉实资本与上海城市地产控股有限公司联合成立的深圳城市嘉实投资管理有限公司，从交易对手摩根士丹利和上海国盛集团手中获得了上海世界贸易大厦100%股权。而嘉实资本发行的专户产品——“融瑞城市世贸系列专项资管”，就是用于向PE投资最终用于收购项目公司股权、运营及收购标的的装修改造等。这也是公募基金在房地产私募股权基金领域的首次尝试。

鹏华基金也跳出传统的债券基金框架，于2015年发行了首只公募REITs——

鹏华前海万科 REITs。由于突破了传统的固定收益领域，鹏华前海万科 REITs 募集规模达 29.99 亿元。鹏华前海万科 REITs 在 10 年存续期内采用封闭式运作方式，基金成立后，场内份额可在深交所上市交易，给持有人提供流动性便利。

4.1.7.3 资产证券化成为新宠

对基金子公司而言，在“一对多”通道业务被叫停、监管收紧、子公司项目尤其是房地产项目产品兑付高峰来袭的大背景下，资产证券化业务不仅相对安全，而且是绝对的蓝海市场，日益成为新宠。如 2015 年 3 月 5 日，南方基金子公司南方资本管理有限公司的资产支持证券“南方骐元—远东宏信（天津）1 号资产支持专项计划”取得深交所挂牌无异议函。这一资产证券化项目是国内首单真实出售的资产支持证券。据了解，“南方骐元—远东宏信（天津）1 号资产支持专项计划”实际收到的优先级资产支持证券的认购款为 5.03 亿元，次优级资产支持证券的认购款为 9435 万元，次级资产支持证券的认购款为 3145 万元。无独有偶，基金子公司中规模最大的民生加银资管也开始布局 P2P 领域，与广州市国资平台广州基金联手投资打造民贷天下。业内人士分析，民生加银子公司此举背后的真实意图是借用资产证券化这一工具盘活 P2P 巨量优质资产。而 P2P 资产规模将成为基金子公司巨大的新增盈利增长空间。

4.1.8 期货资管：急速扩张

2014 年 12 月 15 日，中国期货业协会发布《期货公司资产管理业务管理规则（实行）》（以下简称《管理规则》），明确规定“期货公司及子公司从事资产管理业务包括为单一客户办理资产管理业务和为特定多个客户办理资产管理业务”。自从《管理规则》实施以来，期货公司资产管理业务进入快速发展时期。例如，根据 2013 年期货公司经营数据，已经有 110 家期货公司达到新的准入门槛。而截至 2015 年 5 月 5 日，这 110 家期货公司中仅剩下 1 家期货公司尚未通过资管业务资格登记。

2015 年 4 月 16 日，中国期货业协会发布《关于做好期货公司及其资管产品进入银行间债券市场备案工作的通知》，期货公司及其资产管理产品目前可进入银行间债券市场。这进一步拓宽了期货公司自由资金和资产管理产品的投资渠道。截至 2015 年 6 月 30 日，中国全市场公布业绩信息的期货类资管产品共计 146 只，而且普遍表现出非常稳定的收益水平。尤其难得的是，在 2015 年 6 月股指回撤 30% 的背景下，期货类资管平均收益水平接近持平。这说明在系统性风险发生的极端情况下，期货类资管产品仍然保持了稳健的收益以及较好的流动性。

4.2 2015年泛资管市场政策解读

2015年资产管理市场政策的总体基调是在规范监管的基础上推进创新，不断加强法规的完善性，保护投资者的合法权益，提升监管的透明度，将资产管理行业的发展与国家宏观经济发展战略紧密结合，进一步消除牌照红利，提升行业的投资能力。

4.2.1 银行：加强消费者保护

随着我国经济的快速发展和居民财富的不断积累和增长，居民生活与金融服务的关系日趋紧密，金融消费也日益成为我国国民经济中消费的重要组成部分。为维护好金融体系的安全与稳定，2015年11月13日，国务院办公厅颁布了《关于加强金融消费者权益保护工作的指导意见》（以下简称《指导意见》）。该《指导意见》，从健全金融消费者权益保护机制等10个方面规范金融机构行为，从完善金融消费者权益保护法律法规和规章制度等4个方面完善了监督管理机制，从提升金融消费者权益保护水平等6个方面建立健全保障机制。《指导意见》作为金融消费者权益保护领域的纲领性文件，进一步充实、完善了金融监管工作的目标内容，阐明了金融消费者权益保护的重要内涵，强调要加强合作，形成保护合力。

为贯彻《指导意见》精神，切实提高金融消费服务质效，中国银行业协会印发了《商业银行销售银行理财产品与代销理财产品的规范标准和销售流程》的行业规则。该行业规则主要从定义、异同点、基本规范与基本流程4个方面对商业银行理财行为进行了约束，从而进一步保护了消费者的合法权益，其具体内容如表4－3所示。

表4－3　商业银行销售银行理财产品与代销理财产品内容对比表

	商业银行销售银行理财产品	商业银行代销理财产品
定义	销售银行理财产品是指商业银行将本行开发设计的理财产品向个人客户和机构客户（以下统称客户）宣传推介、销售、办理申购、赎回等的行为	代销理财产品是指商业银行利用本行渠道，向客户销售或推介非本行开发设计的理财产品

续 表

	商业银行销售银行理财产品	商业银行代销理财产品
相同点	履行“卖者有责、买者自负”原则	
	履行信息披露和风险提示义务	
	承担履职不到位引发的声誉风险	
不同点	法律关系不同	
	执行的业务规范不同	
	业务流程不同	
基本规范	《商业银行理财产品销售管理办法》（银监会令2011年第5号）；《中国银监会办公厅关于2013年商业银行理财业务监管工作的意见》（银监办发〔2013〕70号）；《商业银行理财客户风险评估问卷基本模板》及《银行理财产品宣传示范文本》（银协发〔2014〕9号）；《理财产品客户权益须知》	《中国银监会关于进一步加强商业银行代理保险业务合规销售与风险管理的通知》（银监发〔2010〕90号）；《商业银行代理保险业务监管指引》（保监发〔2011〕10号）；《保险销售从业人员监管办法》（保监会令2013年第2号）；《关于进一步规范商业银行代理保险业务销售行为的通知》（保监发〔2014〕3号）；《证券投资基金销售管理办法》（证监会令第20号）；《证券投资基金销售适用性指导意见》（证监基金字〔2007〕278号）；《证券投资基金销售管理办法》（证监会令第91号）；《信托公司集合资金信托计划管理办法》（银监会令2009年第1号）；《关于银行业金融机构代销业务风险排查的通知》（银监办发〔2012〕335号）；《中国银监会办公厅关于信托公司风险监管的指导意见》（银监办发〔2014〕99号）；“集合资金信托计划”代理资金收付及代为推介协议；证券集合资产管理计划推广与服务协议；特定客户专项资产管理计划代理销售与服务协议；特定多客户资产管理计划代理销售与服务协议
基本流程	售前：充分信息提示	职责分工：财务、渠道、风控部门分工明确
	售时：客户利益至上	业务管理：建立准委会，实行主任负责制
	售后：差异化服务	销售管理：符合法规、充分了解、通力合作
	客户投诉处理：妥善处理	

4.2.2 保险：规范资金运用

2015年，监管部门推出各项保险新政，继续遵循“开放前端，管住后端”的改革思路，进一步规范保险资金运用，如表4-4所示。

表 4 – 4　　2015 年保险行业新政一览表

时间	政策	内容和影响
2015 年 2 月	保监会审议通过“偿二代”主干技术标准功 17 项监管规则	中国第二代偿付能力监管系统制度体系主干技术标准共 17 项监管规则经保监会主席办公会审议通过，将于近期正式发布，保险行业自 2015 年起进入“偿二代”的实施准备期
2015 年 3 月	《2015 年政府工作报告》推出巨灾保险	巨灾保险制度能够有效减轻政府和财政负担，充分发挥保险在促进防灾减灾、有效分散灾害风险、有力提供在购损失补偿等方面的功能和作用
2015 年 3 月	《2015 年政府工作报告》推出个人税收递延型商业养老保险	有助于建立基本养老保险 + 职业年金 + 社会养老保险制度，促进中国形成政府、企业、个人共同承担的多层养老体系，以应对未来养老金不足、通胀、老龄化等潜在风险
2015 年 7 月	《中国保监会关于提高保险资金投资蓝筹股票监管监督比例有关事项的通知》	放宽了保险资金投资蓝筹股票监管比例，将投资单一蓝筹股票的比例上限由占第二季度末总资产的 5% 调整为 10%；投资权益类资产达到 30% 比例上限的，可进一步增持蓝筹股票，增持后权益类资产余额不高于第二季度末总资产的 40%
2015 年 9 月	中国保监会发布《关于设立保险私募基金有关事项的通知》	对保险资金设立私募基金实行注册制度，提高了市场效率，还有利于进一步发挥保险资金长期投资的独特优势，有利于拓展保险资金高效对接实体经济的方式和路径，加大对战略新兴产业、创业企业、中小微企业和民生领域的支持力度；有利于促进全行业创新资产管理体制机制，提升保险资产管理的核心竞争能力；有利于形成更适合保险资金特点的投资工具，优化资产配置，提高投资收益
2015 年 12 月	保监会修改八部规章	为贯彻落实国务院行政审批制度改革和注册资本登记制度改革要求，维护保险监管法律制度体系的协调统一，保监会对《保险公司设立境外保险类机构管理办法》等八部规章进行了修改，以适应简政放权、放管结合和转变政府职能的需要，进一步释放保险市场活力

从表 4 – 4 中可以看出，在保险资金的运用方面，保监会进一步开放了限制，取消了一些不适应市场发展要求的比例限制，提高了保险资金运用的市场化程度。保监会对八部规章的修改，简化了保险行业行政审批事项，调整了后续监管措施，建立了健全风险防范机制，维护了保险市场的安全稳健运行；对《保险公估机构监管规定》进行修改，取消了注册资本最低限额，明确了注册资本认缴制，释放了保险市场的活力；以“偿二代”为风险导向，充分提升了保险行业的

风险管理能力；健全养老保险制度，有利于提高保险行业在社会服务和民生改革方面的作用，增加了保险业的社会效益贡献。

4.2.3 信托：重构监管体系

面对当前信托业发展所遇到的障碍和约束，监管层决定“出重拳”进行调整。2015 年，一系列配套监管政策相继出台或进入征求意见阶段，此次调整思路是促进信托业回归本源——“受人之托，代人理财”，具体围绕“强监管”“促转型”两大路径展开。

第一，银监会下发《监管架构改革》通知，专设“信托监管部”，将对信托的监管从非银行金融机构中独立出来，体现了顶层设计对信托业监管力度的重视。

第二，具体监管措施的执行。对机构监管而言，先后下发《信托公司条例》《行业评级指引》等，使得监管治理体系更加具体透明；期间，信托业保障基金正式进入实施阶段。更具体的是，对信托产品（伞形信托）的监管，证监会曾多次强调券商两融业务不得以任何形式开展场外股票配资、伞形信托等活动。

第三，央行等十部委联合发布《关于促进互联网金融健康发展的指导意见》，首次提出“互联网信托”概念，这为信托转型指出了一条新道路。2015 年具体出台的相关政策如表 4－5 所示。

表 4－5　2015 年信托监管政策主要内容及影响

时间	政策	主要内容	对信托业的影响
2015 年 1 月	银监会下发《依法监管、为民监管、风险监管银监会实行监管架构改革》通知	《通知》提到：撤销 2 个部门，设立城市商业银行监管部，专司对城市商业银行、城市信用社和民营银行的监管职责；设立信托监督管理部，专司对信托业金融机构的监管职责	将对信托的监管从非银行金融机构中独立出来，是对信托监管专业化和规范化的体现，部门之间的职责界定变得更清晰，监管力度以及监管效率有很大程度的提高，对信托业发展也将产生很大的推动作用
2015 年 1 月	银监会出台《商业银行委托贷款管理办法（征求意见稿）》	规定银行授信资金、筹集他人资金等 5 类资金，不得进行委托贷款，且委托人不得为金融资产管理公司和具有贷款业务资格的机构，银行也不得为委托贷款承担信用风险	该政策的出台主要是为了清理非标资产，规范监管套利行为。新规执行后，银行、券商、基金子公司或遭遇重创，但利好信托

续 表

时间	政策	主要内容	对信托业的影响
2015 年 3 月	信托业协会发文提示信托产品正确的“打开方式”	投资者在投资信托产品之前，应综合衡量自身财务状况、风险偏好、风险承受能力等指标，不盲从、不追逐“热门”产品。信托公司应切实履行“卖者尽责”义务，坚持把合适的产品卖给适合的对象，投资者要仔细阅读认购风险申明书，遵循“买者自负”原则，自行承担风险损失	协会此次主要是针对信托公司名称、信托产品名称被冒用，信托产品被违规代销等问题进行发文的，旨在提醒信托公司应履行好“卖者尽责”义务，投资者应遵循“买者自负”的原则
2015 年 3 月	银监会向各家信托公司下发《关于做好信托业保障基金筹集和管理等有关具体事项的通知》	《通知》要求各家信托公司于 2015 年 4 月 1 日前按 2014 年净资产余额的 1% 认购保障基金，以信托公司自有资金进行认购。2015 年 4 月 1 日后新设立的信托计划将按照规模向信托公司或融资方征收	标志着信托业保障基金正式进入实施阶段，信托行业进入后保障金时代。然而，保障基金的征收给信托公司业绩带来一定影响，如占用净资产等，信托公司将失去优势，业务结构也会发生变化
2015 年 4 月	银监会下发《信托公司行政许可事项实施办法（征求意见稿）》	明确信托公司再融资，包括 IPO、挂牌新三板及借壳上市的条件。此外，对银监部门的审批流程做出了细致说明，明确表达出简政放权意图，并且外资将被允许控股信托公司	体现了银监会监管政策的进一步透明化，同时，整个行业也着手构架信托公司信息管理平台，从而促进行业经营监管的透明性和开放性，加强与媒体、普通民众的互动，深化了解，打破信托公司规模大体量、品牌很小众的尴尬局面
2015 年 4 月	银监会代表国务院向各家信托公司下发《信托公司条例（征求意见稿）》	规定信托公司注册资本最低限额为 10 亿元人民币或等值的可自由兑换货币；根据业务发展需要，信托公司可以申请设立全资专业子公司；根据财务状况、内部控制和风险管理水平等标准分为成长类、发展类、创新类 3 类，按分类经营原则开展业务等	它是以《信托公司管理办法》为基础，依据“八大机制”与“八大责任”，借鉴国外信托业法，对信托监管最新成果进行的一次整合和升华，形成了新时期信托行业治理体系。然而，它并没有解决信托业发展的制度供给不足、顶层设计不清晰等根本问题，也只能作为缓兵之计
2015 年 4 月	证监会强调券商两融业务不得以任何形式开展场外股票配资、伞形信托等活动	证监会主席助理张育军对两融业务提出了 7 项要求，其中包括加强两融业务风险管理，及时调整初始保证金比例、标的证券范围；不得开展场外配资、伞形信托等活动	鉴于对杠杆投资以及混乱的场外配资的担忧，证监会先后禁止伞形信托以及不允许券商以任何形式开展伞形信托业务，目前伞形信托基本处于原有账户的运作，新伞已停止开户，对于伞形信托业务量较高的信托公司有较大影响

续 表

时间	政策	主要内容	对信托业的影响
2015 年 5 月	信托业协会首推《信托公司行业评级指引（试行）》（以下简称《指引》）	《指引》涵盖资本实力指标、风险管理能力指标、增值能力指标、社会责任指标，简称“短剑”（CRIS）体系，并将信托公司划分为 A（85［含］~100 分）、B（70［含］~85 分）、C（70 分以下）3 级	《指引》旨在全面评价信托公司经营管理情况，引领行业规范健康发展，提升信托业整体实力，同时评级体系本身以及评价指标合理性还有待在实际运行中进一步检验
2015 年 7 月	中国人民银行等十部委发布《关于促进互联网金融健康发展的指导意见》（以下简称《指导意见》）	《指导意见》提出，支持证券、基金、信托、消费金融、期货机构与互联网企业开展合作，拓宽金融产品销售渠道，创新财富管理模式。并且，信托公司通过互联网开展业务的，要严格遵循监管规定，加强风险管理，确保交易合法合规，并保护客户信息。互联网信托业务由银监会负责监管	《指导意见》中首提“互联网信托”概念，并明确互联网信托为互联网金融的主要业态之一。互联网金融的快速发展为正处于转型关键时期的信托业提供了一个新的转型方向，信托公司可以借此机遇，充分利用互联网思维开拓新的发展模式
2015 年 9 月	证监会叫停场外配资、伞形信托	2015 年 9 月 17 日，证监会意见明确了信托产品账户清理的范围：一是在证券投资信托委托人份额账户下设子账户、分账户、虚拟账户的信托产品账户；二是伞形信托不同的子伞委托人（或其关联方）分别实施投资决策，共用同一信托产品证券账户的信托产品账户；三是优先级委托人享受固定收益，劣后级委托人以投资顾问等形式直接执行投资指令的股票市场场外配资	此轮证券投资信托整顿主要仍是对于伞形信托以及涉及场外配资的结构化信托，这并不是对证券投资信托本身的否定，而是对一种可能不太合理的业务模式的警示，基于路径依赖和多年累积所发展起来的成熟业务规则，纵然会有很多不舍，然而跌倒了不能就躺下了，还需要爬起来继续前行
2015 年 9 月	银监会下发的关于鼓励信托公司开展铁路专项信托业务的指导文件	指导文件针对铁路专项信托业务的开展资格、模式等提出了要求，值得注意的是，铁路专项信托完全突破了目前集合信托运作的监管限制，该业务委托人最低委托资金为 1 万元，且不限制参与人数	此举既有利于促进基础设施建设，实现稳定经济增长的目标，又有利于拓展信托业业务发展空间，探索信托制度在促进国民经济社会发展方面的各类尝试。当然，铁路专项信托在合作模式、风险管控、资金营销等方面的问题还需要在今后的探索中逐步解决，这些问题如果不能有效解决，那么该业务发展可能难以形成气候

续 表

时间	政策	主要内容	对信托业的影响
2015 年 12 月	2015 年 12 月 16 日，由中国信托业协会组织制定的《信托公司行业评级指引（试行）》正式发布	该行业评级按照信托公司资本实力、风险管理能力、增值能力、社会责任 4 个方面评判，评级结果根据各项评价内容的量化指标得分情况综合确定，将信托公司分为 A、B、C 3 级	这是协会首次推出对信托公司经营管理情况进行全面综合评价的具体办法，也是协会进一步加强行业自律管理的重大举措。该评级体系实际上并未对信托公司业务有限制性规定，而是起到行业自律的作用，指标以及评级最终还是鼓励信托公司做大做强，从监管的角度增强信托公司的风险防御能力

资料来源：用益信托工作室。

4.2.4 券商：加强自律管理

2015 年 2 月 4 日中国证券投资基金业协会发布了关于就《证券期货经营机构资产管理业务八条底线释义（2015 版）》征求意见的通知（中基协字〔2015〕31 号），进一步明确和细化了八条底线监管内容，加强对证券期货经营机构资产管理业务的自律管理，券商资管业务不得出现如下行为。

4.2.4.1 存在非公平交易、利益输送、利用非公开信息交易等损害投资者利益的行为

交易价格严重偏离市场公允价格损害投资者利益；以利益输送为目的，与特定对象进行不正当交易；资产管理业务与自营业务混合操作；进行不必要的频繁交易；利用非公开信息，指令他人或自行通过控制账户先于资产管理计划买卖同一标的。

4.2.4.2 向投资者违规承诺本金不受损失或者承诺最低收益

资管合同及销售材料中存在包含保本保收益内涵的表述，如零风险、收益有保障、本金无忧等；通过与投资人签订抽屉协议或承诺函等文件，直接或间接承诺保本保收益；销售人员或管理人口头承诺保本保收益。

4.2.4.3 不适当地宣传、销售产品，误导欺诈投资者

委托不具备相应资质或未按照规定进行备案的机构代理销售资产管理计划；利用互联网以及微信、微博等社交媒体向不特定对象进行宣传；未充分揭示投资风险，夸大投资收益；向投资者宣传的资产管理计划投向与实际投向不符；未充分披露资产管理计划交易结构、当事各方权利义务条款、收益分配内容、投资顾问合作信息（如有）；假借其他金融机构名义吸引投资者购买资产管理计划；采

取抽奖、回扣、赠送实物等方式诱导投资者购买资产管理计划。

4.2.4.4　开展资金池业务

资产管理计划与投资标的未能明确对应；多个资产管理计划对应多个投资标的，且未进行合理估值；资产管理计划未单独建账、独立核算；未按合同约定披露净值。

4.2.4.5　利用资产管理计划进行商业贿赂

以资产管理计划资产向个人或不具备相关专业能力或未提供实质服务的机构支付费用；以输送利益为目的，将资产管理计划份额销售给特定投资者，其承担的风险和收益不对等；以资产管理计划资产向相关服务机构支付不合理的费用。

4.2.4.6　分级资产管理计划的杠杆倍数超过10倍，劣后级投资者数量少于3人

权益类资产管理计划初始杠杆倍数大于5倍，存续期间杠杆倍数大于10倍；固定收益类资产管理计划和非标类资产管理计划初始和存续期间杠杆倍数大于10倍；存续期间，被动原因导致杠杆倍数超限，未在2个工作日内履行报告义务，且未按合同约定调整至限制以内；混淆产品类型导致杠杆倍数超限；通过嵌套投资其他金融产品风险级份额，导致总体杠杆倍数大于10倍；认购劣后级份额投资者数量少于3人。

4.2.4.7　投资于高污染、高能耗等国家禁止投资的行业

投资标的属于国家禁止的投资行业；通过穿透核查，管理人明知资产管理计划最终投向为国家禁止投资行业。

4.2.4.8　对业务人员、管理团队实施当期激励

项目奖金发放机制与项目实际完成进度不匹配；项目结束前已发放奖金比例超过项目奖金总额的80%。

4.2.5　基金：稳步推进开放

2015年5月22日，中国证监会与香港证监会就开展内地与香港基金互认工作正式签署《中国证券监督管理委员会与香港证券及期货事务监察委员会关于内地与香港基金互认安排的监管合作备忘录》（以下简称《备忘录》），同时发布《香港互认基金管理暂行规定》（以下简称《暂行规定》），自2015年7月1日起施行。《备忘录》是在两地监管机构经过长期多轮的沟通、讨论、磋商与研究的基础上审慎制定的，主要内容包括两地基金互认的基本概念、框架安排、主要原则及适用范围、信息交换与监管合作等总体安排，并在附录部分对互认基金设定

了一些具体要求，包括互认基金的资格条件和种类，管理人、托管人、代理人，投资、运作、销售、信息披露、持有人权益保护等方面所需遵守的一些共同标准。根据《备忘录》，符合条件的内地与香港公募基金通过两地监管机构简易的认可或许可程序后，即可分别向中国香港和内地市场的公众投资者进行销售。

与此同时，为便于香港互认基金后续准入工作的实施，中国证监会制定了《暂行规定》，主要内容：一是明确了香港互认基金进入内地的资格条件及注册要求；二是明确了香港互认基金的投资运作及信息披露所需遵守的原则，以及对信息披露渠道、信息披露文件、运作事宜的特殊要求；三是明确了香港互认基金在内地销售的基本原则，以及对宣传推介材料、销售服务协议、数据交换、基金评价的特殊要求；四是鉴于境外基金管理人不能直接在境内开展业务，明确了香港互认基金在内地的代理机构的资格条件、职责范围以及代理协议的主要内容；五是明确了对香港互认基金的监督管理安排，两地监管机构监管合作的原则以及对代理人的监管。

4.2.6 期货：积极探索创新

2015 年 6 月，中国证监会正式发布了《境外交易者和境外经纪机构从事境内特定品种期货交易管理暂行办法》（以下简称《暂行办法》），自 2015 年 8 月 1 日起施行。同时，根据《暂行办法》第 2 条第 4 款“本办法所称境内特定品种由中国证券监督管理委员会确定并公布”的规定，证监会确定原油期货为我国境内特定品种。《暂行办法》共 35 条，具体包括 4 方面的主要内容：一是扩大我国期货市场参与主体，允许境外交易者和境外经纪机构从事境内特定品种期货交易；二是为境外交易者和境外经纪机构提供了多种参与模式；三是规范境内特定品种期货交易涉及的主要业务环节，包括开户、运营、结算、保证金收取及存管要求、大户报告、强行平仓、违约处理、纠纷调解处理等；四是规定了对境外交易者、境外经纪机构从事境内特定品种期货交易及相关业务活动的违法违规查处和跨境执法等监督管理职责。

4.3 泛资管市场背景下信托业市场环境分析

2015 年，信托行业市场管理的资产规模再创新高，但兑付压力凸显，传统的通道业务受到诸多限制，粗放的发展模式受到更多的掣肘。在此背景下，信托业市场不断创新。因此，2015 年，对信托业市场而言，是机遇与挑战并存的一年。

4.3.1　信托业发展的市场机遇

4.3.1.1　海外市场前景广阔

境内企业和居民汹涌的海外投资和资产配置需求，对于信托公司逐步完善跨境金融服务体系，在资本“走出去”的大潮中成长为具有全球资产配置能力的金融服务机构，提供了历史性机遇。

第一，“走出去”企业的资金需求，推动信托公司提供更多海外融资服务。根据《中国企业国际化报告》统计，截至2014年年末，我国境内企业投资的境外企业约为2.5万家，其中民营企业占比接近五成，投资领域从自然资源行业扩展到零售、交通、服务和金融业，投资区域遍布全球184个国家地区，投向美国等发达国家地区的比例持续上升，投资方式由以新建投资为主转向兼有并购和参股。从主体所有制结构、投资领域、区域和方式的变迁，显示海外投资企业的金融需求在不断朝着多元化方向发展。这些国际化的海外投资企业虽然可以利用投资所在地金融机构的服务，但基于交流理解的便利以及国内外经营的互动需求，对国内机构的综合海外服务也有很大需求，这为国内信托公司提供了可为空间。信托公司可以围绕企业产业类型和生命周期等特征，设计创业股权基金、融资租赁信托、企业贷款信托、并购信托基金以及资产处置信托等产品，为企业量身定制金融服务。信托公司还可以基于产业投研和风险控制经验，针对投资地区制度和市场的分析，为企业提供包括债务发行、夹层融资和上市融资等一揽子综合金融解决方案。

第二，居民财富的海外配置需求，促使信托公司开发更丰富的跨境产品。我国居民的海外资产配置在初期主要由普通居民外币存款和高净值客户投资房屋和固定收益品种构成。随着居民财富的进一步增长、经济活动深度与广度的增加和对外部信息了解的更为便利，居民海外配置的主体类型、风险偏好、存续期间、地域分布等特征将进一步多元化。特别是随着国内金融理财市场无风险收益率的持续下降，人民币汇率波动区间的加大，居民海外理财需要的规模和种类都将进一步增长。信托公司应顺应需求，提供丰富的产品。在信托产品种类方面，在境外债券投资产品和股票投资产品的基础上，增加基金型产品、私募股权类产品、避险型产品等，以适应不同客户的风险偏好。在服务方式上，信托可以产品为基础，结合投资移民、境外医疗保健、购置产业、子女教育、财富传承等需求，提供综合化一站式信托服务。

4.3.1.2 政策机遇明显

2015 年，央行采取了“双降”政策。政策的制定为信托业的转型提供了政策空间与红利。

第一，利率的市场化对信托产品收益率形成“熨平”效应，可有效改变信托产品预期收益率长期居高不下的困境。长期以来，信托产品收益率一直在理财市场上一枝独秀，远高于银行、保险、证券公司等金融机构的理财产品收益率，“低风险、高收益”有悖规律的产品定位一直是信托业难以化解的“痛”。而近期在央行“双降”影响下，社会融资成本普遍下降，一些优质项目也选择更低成本的融资渠道。这两方面因素无疑为信托公司调低产品预期收益率，“熨平”资金成本、释放投资压力、化解兑付风险提供了机会。而目前信托产品的实际收益率走势也印证了这一点。据不完全统计，2015 年 9 月信托产品预期年化平均收益率为 8.48%，较 8 月（8.78%）有所下降。基础产业类产品收益率为 9.20%，较 8 月（10.09%）环比下降 8.8%。其余大类信托产品收益率均呈下降趋势，其中金融市场类产品收益率降幅最大，9 月收益率为 7.51%，较 8 月（10.18%）降幅达 26%；房地产类产品收益率为 8.94%，环比下降 13.96%；工商企业类产品收益率为 9.44%，环比下降 6.25%。

第二，推动信托公司加速转型，加大投资类产品的比重。信托业从在我国产生之日起，就经历着不断的转型和改革。从融资类信托向投资类信托转型是近阶段信托业适应我国经济结构转型的重要内容，是信托业的一次战略性转型。央行连续“双降”最终必然导致信托贷款类业务逐渐淡出市场，信托公司必然要加快向投资类信托业务转型。根据中国信托业协会数据，投资类信托占比 2014 年第四季度末为 33.70%，2015 年第一季度末上升到 35.52%，第二季度末达到 39.33%。2015 年第一季度以来，曾经融资、投资、事务管理“三分天下”的资产配置正在向以投资类信托为主导的格局转变。另外，在“双降”大背景下，对投资者来讲，单靠固定收益类投资或将无法为其实现财富增值的目的，在做好资产保值的情况下，配置部分资金做权益类的财富增值投资。比如，在目前全民创业的大背景下，必将涌现出一大批优质公司，信托公司可以通过开展私募股权投资业务建立私募投资信托基金、企业并购基金等，其前景十分广阔。

第三，促进信托公司不断拓展市场，开展 QDII 等创新业务。在央行“双降”和全球利率保持低位的大背景下，信托公司可以通过开展 QDII 等业务，将注意力放在亚洲以外的房地产市场上。从理论上讲，零风险固定收益产品的收益率为零甚至负值，无法为信托公司带来收益和现金流，但是信托产品惯例却是有预期收益承诺的，为平衡现金流，争取较高的投资回报，信托公司愿意承受适度风险是必然的事情。具有适度风险又能提供较高固定回报的资产则首推房地产。

4.3.1.3 互联网金融提供了发展空间

互联网金融的普遍开展，为信托业的业务创新提供了空间。第一种可能是消费信托。信托公司人员比较精干，如果去做消费产品或者服务的零售可能性几乎为零，而互联网技术则实现了消费信托从房产、汽车等大宗商品向一般商品和服务的转变。而消费信托最大的启示意义在于，消费信托中一项核心功能是对预付款的管理，而预付款的管理本质跟支付的功能是一致的，同时又兼具了理财功能，所以理论上讲消费信托=支付宝+余额宝，而这种模式拓宽了信托资金的来源，同时也极大地拓展了信托作为一种法律工具的运用范围，当前百度与中信信托的消费信托模式正是基于这种考虑。第二种可能是公益信托。公益信托作为信托工具的基本功能，在过去几年中一直处于停滞状态，原因有政策层面的，也有技术层面的。技术层面的原因主要表现为信托公司缺乏长效的公益资金募集渠道，而公益信托没有私募属性等三座大山的限制，为其互联网化操作提供了可能。例如，中建投信托与中欧国际工商学院等机构合作发起的公益性助学贷款信托项目即采用了互联网募集的方式。公益信托嫁接互联网在未来或有更大的想象空间。这对未来提供信托公司的社会影响力以及公众形象大有裨益。

4.3.2 信托业发展面临的市场挑战

从国际信托业市场发展的纵向比较看，近年国际信托业市场发展相对平稳。从信托资产规模/GDP的市场发展深度指标来看，日本和美国当前该指标约为2，中国台湾接近1，大陆该指标仅为0.32。因此，较之日、美成熟信托业市场发展情况，我国信托业市场在2015年面临了如下挑战。

4.3.2.1 资产竞争压力巨大

实体经济经营景气度持续下滑，投融资需求也有下降趋势，信托业投向较为集中的房地产、一般工商业企业都呈现疲态，风险明显升高，而相对较为安全的地方融资平台融资业务又因为地方政府债务治理以及低成本发债被堵截，加之资本市场伞形信托清理，实际上信托资产配置的约束也越来越大。整个社会都在面临资产荒，在央行有意引导以及大量过剩资金的追逐下，信托业面临的形势正从资金荒向资产荒转换，而且这种趋势将会持续相当长的时间。类信托制度不断普及的当下，信托业所面临的现实和潜在竞争对手越来越多，相比较而言，银行在优良资产的获取以及丰富的金融功能方面具有优势，证券公司以及基金公司具有资本市场资产配置的专业能力，各类互联网金融具有渠道、数据、客户优势，从这方面看，信托业本身因专营信托制度而具有的优势越来越不明显，而且未来中国经济发展进入新阶段后，直接融资市场更为发达，融资渠道更为广泛，信托业需要经历由实业投融资向资本市场专业投资的转变，这种挑战是非常大的。

4.3.2.2 风险管理问题凸出

1. 违约风险频发

2015 年三季度，信托业风险项目同比和环比均出现上升，信托业不良率为 0.69%。数据显示，2015 年第三季度末，信托业风险项目为 506 个，规模达 1083 亿元，风险项目较 2015 年第二季度末增加 56 个。东方资产管理公司发布的《2015：中国金融不良资产市场调查报告》指出，信托产品风险主要集中在 3 个领域：一是大宗商品价格持续走低，一些资源型行业如煤矿等出现行业性不景气，有些矿业信托项目出现兑付困难；二是房地产行业不景气，一些房地产信托项目也出现问题；三是股权类特别是二级市场股权投资类信托项目，以及为股市场外配资的信托资金，因为股市大幅震荡，也容易出现问题。多位信托公司人士表示，信托风险暴露升势尚未见顶，未来信托违约风险继续上升将是大概率事件。

2. 风险管理精细化程度不足

虽然信托公司风险管理制度和流程已较为完善，但信托公司风险管理工具仍较为简单，多为尽职调查，以定性分析为主，缺乏信用风险的评级体系，缺乏市场风险的度量工具，这使得信托公司风险管理较为粗糙，由于风险计量不到位，这也使得对风险认识不深入，可能造成风险管理的偏差和失误。

3. 风险管理的信息系统建设不足

信托公司风险管理信息系统建设也较为落后，缺乏相关风险管理数据的累积，缺乏相关风险度量系统，这使得风险管理落实以及效率不高；缺乏信托项目的有效整合数据系统，这不利于业务分析和行业趋势跟踪以及相关经营报告制作；缺乏宏观、行业以及客户信息集合系统，无法形成有效的信托项目评价和预警体系，进而无法支持信托项目风险管理的有序开展。

4. 信托项目过程风险管理不足

信托公司明显将风险管理关口前移，但是这也放松了对信托项目的过程管理，加之信托项目团队有限的人力和精力，使得信托项目过程管理不足，表现为定期回访信托交易对手频率不足，进而无法及时了解融资方发生的变化，遗漏了信托项目早期显现的风险信号。缺乏信托项目预警信息，没有完整的交易对手信息、行业信息以及宏观信息等系统数据库，进而无法做到有效地跟踪信托项目，也无法提早获得预警信号，极早介入可能存在较大风险的项目，延误信托风险处置时机。

5. 信托项目风险处置专业不足

实际上，随着信托资产总规模的不断攀升，信托项目风险也会逐步显现，这就需要增强信托公司风险处置能力和水平。然而，现在信托公司缺乏专业化的风险处置部门或者团队，在风险出现后，临时组建内部团队，不利于提高信托风险处置效率，可能延误最佳风险处置时机。

4.3.2.3 海外业务开展面临重重挑战

1. 海外投资经验不足

20 世纪 80 年代，信托公司曾有境外发行“武士债券”等海外融资服务的经验。但近年信托公司海外业务主要以 QDII 为主，其投资范围集中在股票、债券等标准化的二级市场产品。信托公司 QDII 业务实行资格准入和额度限定制度，全行业仅有 10 余家获得资格，常态化开展业务的公司更少。因此，信托公司对境外市场中一级市场投资、私募基金、结构化产品相对缺乏投资经验，对于产业公司的 FDI 投资和并购活动更较少参与。

2. 监管限制较为严苛

信托公司 QDII 的投资规则是 2007 年制定的。该规则对信托 QDII 产品标的范围、标准、组合要求进行了严格的限制，导致产品弹性较小，滞后于市场发展，很难满足客户的多样化需求。除此之外，信托公司无论是运用自有资金在海外设立公司或进行金融产品投资，还是利用信托资金开展境外股权或其他产品投资，都缺乏法规和监管指导的支持。

3. 海外业务人才储备不足

信托海外投资业务需要通晓各类投资标的相关法律规则、产业特征和金融市场的复合型人才，这样才能满足企业海外投融资和客户资产配置的需求。信托公司之前主要立足于国内发展，对海外投资所需要的尽职调查、产品创设、合规风控与客户服务等方面的人才储备以及相应的培训体系明显准备不足。

4. 海外市场波动影响其业务开展

2008 年国际金融危机加剧了全球经济的不稳定性，“黑天鹅” 事件层出不穷。希腊债务危机、巴西金融风暴等事件余波难平，以石油和黄金为代表的商品价格剧烈动荡，主要货币汇率变动频繁而超常。地缘政治的局势紧张、宗教冲突、民族分裂运动等事件性危机也危及贸易和资本的安全。信托行业无论是产业投资并购还是金融产品的设计开发，都面临着前所未有的不确定性。

5. 各国政策法律及监管体系存在差异

尽管各国市场交易规则不断向国际化演进，但区域性政策法律以及监管规则仍存在较大差异，因政党更迭或议案修订导致的投资所在地投资政策法律的变化，更会令信托业务的海外投资面临风险。

4.3.2.4 创新领域盈利空间不足

2015 年，由于固定收益信托的兑付风险，各家信托公司均深切感受到固定收益信托的兑付压力及管理压力。事务管理型信托由于没有资金兑付压力，而成为信托公司的转型发展的方向之一。事务管理型信托的转型方向主要包括家族财富信托、土地流转信托、消费信托、公益信托等，而这也成为监管层的鼓励方向。但在国内现有法律制度下，信托在避税、破产隔离等方面的价值尚难确定。消费信托和土地流转信托等业务，信托公司收费水平较低。这些因素都会导致信托公司在这些领域难以实现较为理想的盈利。

4.4 2016 年泛资管市场：“十三五” 背景下发展趋势判断

2015 年 10 月 29 日，中国共产党第十八届中央委员会第五次全体会议通过了《中共中央关于制定国民经济和社会发展第十三个五年规划的建议》（以下简称《建议》)。《建议》的通过为未来 5 年中国的全面发展做出了纲领性指导。就未来中国的资产管理市场而言，认识新常态、适应新常态、引领新常态是发展的大逻辑，市场逻辑变了，资产管理业务的发展趋势自然也将随之转变。“十三五” 背景下，我国泛资管市场将呈现如下趋势。

4.4.1 市场规模将出现井喷式增长

截至 2015 年第一季度末，泛资管行业的规模为 65.17 万亿元。其中，银行理财规模为 16.07 万亿元，信托规模为 14.41 万亿元，保险公司资产管理规模为 10.87 万亿元，基金公司及其子公司、券商、期货公司、私募基金管理资产总规模为23.82万亿元。2015年第一季度末，资产管理行业管理规模较2015年年初增加了5.47万亿元，超过了2015年第一季度商业银行对公、对私存款2.98万亿元的规模。伴随着中国经济转型与发展动力的变化，以及人口结构变化所带来的社会财富再配置的需求，未来中国泛资产市场规模将进入快速增长通道。根据彭博的数据，2012年美国银行业资产管理规模达到12.7万亿美元，与美国商业银行13.1万亿美元的自身规模大致相当。面对金融脱媒和利率市场化的压力，商业银行必须依靠投资银行、资产管理和财富管理等市场业务去应对，从传统的银行转身为财富管理者和直接融资体系的重要参与者。因此，基于以上分析，完全可以预计未来5年中国泛资产管理市场规模将达到100万亿元。

4.4.2 国际化水准将显著增强

根据英国《银行家》杂志排名，截至2015年，在全球排名前50的银行中，有11家是中资银行；在全球排名前10的银行中，有4家是中资银行。而目前，中国商业银行理财资产余额占银行业总资产不到10%，但反观国际市场，美国银行业2012年年末资产管理业务总规模已经占美国商业银行总资产的97%。从许多国际大型商业银行近些年的数据来看，表外资产管理业务规模快速增长，有些甚至已经超过或接近表内资产总规模，如汇丰、摩根大通和美国银行表外资产管理规模分别占其资产总规模的34%、66%、39%，瑞银集团更是高达173%。相比之下，中国银行业的理财业务规模占总资产的比例还不到10%，这一巨大的差距隐含着巨大的市场空间和无限的发展潜力。相信未来伴随着人民币的国际化，以及中国企业海外并购的逐步兴起，中国居民的海外投资需求会日益旺盛。未来10年是高净值客户数目和规模增长的“黄金10年”，高净值客户财富管理的需求将呈几何级增长的态势。因此，中国的资产管理业务，将改变目前单一在岸资产管理，为境内客户提供资产管理服务的单一模式，逐步向离在岸协同资产管理转化，将在岸资产管理的服务能力逐步向离岸客户延伸，从而实现全球化配置和全球化服务，其国际化水准将显著增强。

4.4.3 融入实体经济步伐将会加快

在泛资产管理市场背景下，资产管理机构与实体经济的联系日益增强。以商业银行资产管理业务为例，截至2015年第一季度末，国内16.07万亿元的银行资管投资中，有超过70%的资金投向了实体经济。银行资产管理业务通过投资于债券、债权、股权类资产助力降低社会融资成本、支持实体经济的发展，并且在国有企业混合所有制改革、地方政府融资模式改革以及“一带一路”战略中发挥了积极作用。未来随着泛资管市场的进一步发展，资产管理机构利用资产管理业务获得中长期稳定资金，把投资融入不同生命周期及不同类型企业的各层次活动中，将资产管理行业宏观层面的资产配置与微观层面的企业融资工具创新相结合，使得资产管理的投资与实体经济的联系更加密切，从而在获得良好汇报的同时更好地支持了实体经济的持续发展。

4.4.4 “互联网+”效果将愈发显现

在新一轮科技革命和产业变革中，互联网与各行业的融合发展已经成为大趋势，这必将对社会经济发展产生深刻影响。当前互联网与金融业的融合正在日益加深，成为新一轮金融行业创新发展的方向和业务竞争的制高点。就资产管理市场而言，一方面，在互联网发展与信息技术革命的背景下，云计算、大数据、移动互联网等技术得到大力发展，这使得资产管理市场的管理技术出现变革，未来资产管理技术将会更加智能化、差异化与移动化。另一方面，互联网的应用增加了资产管理机构在投资中直接接触的便利性，资产管理的边界会更加模糊，因此资产管理业务在产品创新上将会呈现出更多具备互联网基因和特点的理财产品；在产品销售上将通过互联网渠道进一步发挥银银合作、银基合作、银证合作优势互补的作用；在产品推广上将以更加开阔的眼界、更加跨界的思路、更多新型的载体来改进资产管理业务服务模式，资产管理机构将通过互联网建设成综合性的金融服务平台。

4.4.5 资管市场股权结构将更加合理

资产管理行业是轻资产行业，因此人力资本将是未来中国泛资管市场整体竞争力提升的重要保障，智力资本优势将成为资产管理市场可持续发展的关键环节。但是不合理的股权结构，会导致行业人员波动明显。以公募基金为例，根据Wind资讯数据显示，截至2015年11月10日，78家基金公司离职基金经理人数达到282位，而2013年、2014年全年分别有167位和123位基金经理离职，创基金业年离职人数的历史新高。在现任基金经理中，任职年限在1年以内的共计488位，占比达41.6%，这些数据也表明公募基金圈对人才的渴望程度较高。据Wind数据显示，截至2015年11月16日，在全市场1173位基金经理中，任职年限低于2年的基金经理人数共706位，占比60.19%。这显示出公募基金行业正在起用大批新人，各任职年限人数及占总体基金经理的比例详见表4-6。与此同时，截至2015年4月15日，在中国证券投资基金协会登记备案的私募基金从业人员已达到16.3万人，相对于公募基金而言，其从业人员数量稳步增加。因此，未来中国资产管理市场的体制将会发生很大变化，更加合理的股权治理结构将会出现。

表4-6　　截至2015年11月16日基金经理年限分布统计

任职年限	1年以内	1~2年	2~3年	3~4年	4年以上
人数（人）	488	218	141	99	227
占比（%）	41.60	18.58	12.02	8.44	19.35

资料来源：Wind。

4.4.6 风险防控将成为永恒主题

当前经济步入新常态，增速回落是经济进入新常态的重要特征，虽然经济风险总体可控，但对以高杠杆和泡沫化为主要特征的各类风险仍要引起高度警惕，风险防控将成为永恒主题。在风险防控中，除了要继续发挥资产管理机构在信用风险管理方面的优势外，更需注重市场风险管理体系建设，要做好限额管理，在大类配置中控制投资总量，同时要有一定的逆周期思维，比如在资本市场上涨期间，可以采用更加严格的优先/次级比例，坚持优中选优。此外，我们也要加强投资者教育工作，这需要监管机构、金融机构、媒体舆论及社会各界的共同努力，打破刚性兑付预期，降低长期和全局风险。

5

2015年信托法律法规评述

5.1　2015 年之前的信托法律法规综述

5.1.1　“一法三规”体系基本形成

2001 年是中国信托法制划时代的一年。在这一年，《信托法》颁行，确立了其民事信托、营业信托和公益信托的共同基本法的地位，也确立了其资产管理行业基本法的地位。该法虽失之粗略，但也明确地确立了信托法基本原理，例如，信托财产的独立性及信托破产隔离功能、受托人的忠实义务、注意义务[①]和信息披露义务、受托人对受益人的有限责任、受益人的最终风险承担者的法律地位等基本规则得以确立，成为之后一系列信托相关法律法规的基础。

2001—2002 年，《信托投资公司管理办法》和《信托投资公司集合资金信托计划管理暂行办法》（“旧两规”）相继由中国人民银行颁布施行，之后在 2007 年，《信托公司管理办法》和《信托资公司集合资金信托计划管理办法》（“新两规”）由银监会重新修订颁布。这两个“办法”的法律层级虽然较低，但部分起到了“信托业法”的功能，信托法律体系和监管框架也随之逐步建立及完善，信托业开始走上规范化发展的轨道。特别是“新两规”的颁行，使得信托功能定位更清晰，信托主业更加突出。这些规范起到了引导信托行业发挥信托制度优势，立足本源业务，提高自主管理能力的作用。

2010 年，银监会颁布了《信托公司净资本管理办法》，旨在引导信托公司从事主动管理业务，逐渐转向提升业务技术含量的内涵式的发展模式。至此，所谓的“一法三规”信托法律框架初步形成。

《信托法》为“形式意义上的信托法”，确立了信托领域适用的基础性的、根本性的规则。但是值得注意的是，信托法理不仅仅适用于信托公司所从事的业

① 《信托法》条文使用的是“诚实、信用”和“谨慎、有效”这样的术语。

务。《证券投资基金法》和《企业年金基金管理办法》中都明确规定是根据《信托法》制定的，因此都可以被理解为《信托法》的特别法（规），在这些特别法没有规定的情况下，应适用作为一般法的《信托法》之规定。而且，在更广泛的意义上，基金公司、资产管理公司、保险公司甚至商业银行等机构在从事资产管理业务的时候，虽然在监管上应按照分业监管的模式由其各自监管部门对其业务进行监管，但是在出现纠纷的时候，均应适用《信托法》以及《信托法》所确定的原理。由此，与信托行为相关的一系列法律规范构成“实质意义上的信托法”。但是，在分业经营、分业监管的现实面前，在资产管理行业和民众中普及和深化信托法理仍然任重而道远。

5.1.2 信托公司监管法律法规体系逐渐完善

银监会颁布了一系列关于信托公司的监督管理法规。除了上述《信托公司管理办法》和《信托公司净资本管理办法》之外，立法部门在2003年通过了《中华人民共和国银行业监督管理法》（2006年10月31日修正），该法为银行业监督管理的基本法律。另外，监管部门还具体制定了《信托公司治理指引》《信托投资公司信息披露管理暂行办法》《信托公司监管评级与分类监管指引》《金融机构高级管理人员任职资格管理办法》《非银行金融机构行政许可事项实施办法》（2015年已修订，不再调整信托公司）《关于进一步加强信托投资公司内部控制管理有关问题的通知》《关于支持信托公司创新发展有关问题的通知》《金融许可证管理办法》《中国银监会关于印发信托公司净资本计算标准有关事项的通知》（银监发〔2011〕11号，2011－1－27）、银监会与财政部共同起草了《信托业保障基金管理办法》（银监发〔2014〕50号），《信托公司行政许可事项实施办法》（中国银监会令〔2015〕5号，2015－6－5）等规则。这些法律法规确立了我国信托业机构的法律属性、内部治理结构、经营体制、经营范围和经营规则，并确立了信托业的监管机构及其监管权限、监管职责、监管内容和监管手段。

除了对信托公司的综合监管规范之外，为了对特定的信托业务加以规范，我国还在各具体信托业务领域制定了专门的规范。例如，对证券投资基金，我国制定了《证券投资基金法》（2003年），并在2012年年底进行了大幅度修改（2015年的修改删除了原第17条）；对于企业年金，人力资源与社会保障部制定了《企业年金试行办法》和《企业年金基金管理办法》等规定；而中国银监会针对信托公司具体的信托业务，发布了《信托公司集合资金信托计划管理办法》《信托公司受托境外理财业务管理办法》《信托公司私人股权投资信托业务操作指引》《信托公司证券投资信托业务操作指引》《银行与信托公司业务合作指引》《信贷资产证券化试点管理办法》《保险资金间接投资基础设施项目试点管理办法》《信托公司参与股指期货交易业务指引》《关于加强结构化信托业务监管的通知》《关于加强信托公司房地产、证券业务监管有关问题的通知》等一系列的规章和规范性文件。另外，在2014年，银监会下发《关于信托公司风险监管的指导意见》（银监办发〔2014〕99号）（下称"99号文"），对信托公司的风险防控、转型方向和监管机制3个主要方面做了规定，"99号文"是2014年乃至今后一段时期信托公司监管思路的总纲。2015年银监会颁行的《信托公司行政许可事项实施办法》（中国银监会令〔2015〕5号）又对信托公司从事需要行政许可的特殊业务进行了重新规范，这些法律法规和文件为监管信托公司的业务开展提供了较为全面的规范基础。

但是，我国信托业的法律规范存在以下基本问题。

第一，顶层设计欠缺。因没有统一的信托业法，《信托公司管理办法》和《信托公司集合资金信托计划管理办法》又仅仅适用于信托公司，很多资产管理行业有意或者无意回避适用信托法理，导致《信托法》和信托法原理被虚置，不利于资产管理的安全、投资者利益的保护和资产管理行业规范发展；而且，在资产管理行业的业务高度同质化的今天，由于无法用统一的机构和规范对广义的信托行业的业务进行监管，导致规范之间的协调性、整体性较差，无法达到监管目标。

第二，配套制度不完善。《信托法》最重要的配套制度，如信托登记和信托税收制度尚未建立，由此严重制约了信托业的规范发展和信托业务的开展。由于这些配套制度不属于包括银监会在内的监管机构的职责，监管机构只能推动和协调相关部门制定规则。配套制度的缺位成了严重制约信托业发展的瓶颈。

第三，重监管，轻责任。所谓"轻责任"，是指缺乏信托公司的民事责任规则。从《信托法》到监管法律法规，规范的都是信托公司的行为，重视的是对信托公司的处罚，对于信托公司的不规范经营行为给投资者或者交易对手造成的损害如何救济，规则并不清晰。

5.1.3　信托公司特色信托业务的规则体系逐渐充实

5.1.3.1　银信合作业务

信托公司与银行之间的业务合作始于信托回归本业之后的2002年。银信合作主要包括以下几个方面：第一，银信理财合作；第二，信托公司委托银行进行信托资金代理收付协议业务；第三，信托公司委托银行代为推介信托计划业务；第四，银行和信托公司开展信贷资产证券化合作业务；第五，银行和信托公司合作的其他业务。

目前，我国商业银行依据监管部门的规定，普遍开展了理财业务，其理财产品的形式既包括“一对一”的单一理财产品，又包括“一对多”的集合理财产品即理财计划。为了拓宽银行理财资金的运用渠道，商业银行与信托公司携手开发了“银信理财合作业务”，整合银行的客户资源和资金优势以及信托公司能够跨越货币市场、资本市场和实业投资市场进行信托资产配置的制度优势，实现了银行“理财业务”与信托公司“信托业务”的成功对接，并在实践中获得蓬勃发展，银信理财合作业务已经成为信托公司的主要业务品种。

与此同时，银信合作业务的快速发展也带来了一些问题，主要是信托公司的主动管理能力得不到体现，信托公司成为商业银行理财业务的“通道”和“工具”，甚至出现了借此规避监管的情形。2008 年以来，银监会先后下发了《银行和信托公司业务合作指引》（银监发〔2008〕83 号）、《关于进一步规范银信合作有关事项的通知》（银监发〔2009〕111 号）、《关于规范银信理财合作业务有关事项的通知》（银监发〔2010〕72 号）、《关于进一步规范银信理财合作业务的通知》《关于规范商业银行理财业务投资运作有关问题的通知》（银监发〔2013〕8 号）（以下简称“8 号文”）等多项监管规定，对银信合作业务进行指导和规范，维护相关当事人的合法权益，引导信托公司向自主管理方向发展。

关于银信合作业务中存在的法律关系的性质，在上述监管法律法规中并没有做出清晰界定，这会导致出现纠纷的时候适用法律方面的混乱。我国《商业银行法》第 43 条明确禁止商业银行经营信托业务，所以在监管上和操作上，主流观点认为商业银行的理财业务采取的委托—代理法律关系。但是，如果把商业银行理财业务的法律关系定位为委托—代理关系，则客户有直接针对信托公司请求的权利，而单个银行理财客户一般不具有《信托法》所要求的合格投资者资格，无法成为集合资金计划的委托人。而且，即使认同这种观点也需要注意，从银行和客户端的关系来看，因为理财产品客户是理财风险的最终承担者（理财产品也不允许做出保本承诺），所以客户和银行的关系绝对不是一般的合同关系。从保护投资者的立场出发，让银行承担信托受托人的忠实义务、谨慎义务、披露义务等是合理的。而且，从法律原理上看，委托—代理关系在本质上属于广义上的信赖关系或者信托关系（Fiduciary Relationship），在理财产品设计上，其财产独立性和破产隔离功能等方面和信托也并无不同。因此，应正本清源，确立银信理财关系为一种“泛信托关系”，银信合作业务整体的框架为一种TOT结构。

《商业银行法》的相关规定是建立在金融业分业经营的法律政策的基础之上的，随着资产管理行业业务结构的逐渐趋同，其他的资产管理行业都应逐渐归宗信托法理，银信理财的银行—客户端刻意回避信托法理也只能算是权宜之计。

如之前所述，我国监管法律法规中并没有就银行理财产品的法律属性做出清晰界定。从法律上看，商业银行和理财客户之间的关系并非委托—代理关系，而是信托关系。

第一，虽然在监管和操作上，主流观点认为商业银行的理财业务采取的是委托—代理法律关系，但是，如果把商业银行理财业务的法律关系定位为委托—代理关系，则银行理财产品的客户就有直接针对信托公司等投资对象管理者请求的权利；而且，如果银行的理财产品投向集合资金信托项目，则单个银行理财的客户不一定具有《信托法》所要求的合格投资者资格，无法成为集合资金计划的委托人。

第二，商业银行控制着理财产品的设立、管理和投向，理财客户无从控制理财产品的结构，更无一般委托—代理关系中所存在的指示权。因此，无法构成委托—代理关系。

第三，从商业银行和客户端的关系来看，因为理财产品客户是理财风险的最终承担者（理财产品中的多数也不允许做出保本承诺），所以客户和商业银行的关系绝对不是一般的债权债务关系。

1. 关于“投资非标产品必须一一对应”

2013年“8号文”的核心是要求理财产品均需与其所投资资产（标的物）相对应，做到每个理财产品单独管理、建账和核算。单独管理指对每个理财产品进行独立的投资管理；单独建账指为每个理财产品建立投资明细账，确保投资资产逐项清晰明确；单独核算指对每个理财产品单独进行会计账务处理，确保每个理财产品都有资产负债表、利润表、现金流量表等财务报表。按照该要求，坚持资金来源一一对应，反映每一项理财产品的真实情况。同时，理财产品投资非标债权资产类业务的对应要求更加严格。根据2013年“8号文”的规定，对于2013年“8号文”印发前已投资的达不到“一一对应”要求的非标债权资产，商业银行应比照自营贷款，按照《商业银行资本管理办法（试行）》要求，于2013年年底前完成风险加权资产计量和资本计提。该要求不仅有助于监管机构对理财资金流向进行监管，也利于投资者对其投资风险予以预见。此项机制的目的是确保银行固有财产和理财财产之间的风险隔离，既避免银行将有关资金与银行自有资金混同，也避免不同理财资金之间混淆，防止银行理财资金错位错配可能引发的各种风险。

上述要求的经济和金融含义已经被深入解读，但人们一般并不了解其法律含义。从信托法原理上看，受托人名下的信托财产必须首先是确定的或可以确定的，且独立于自己的固有财产，受托人的信托财产和固有财产也不得进行交易；而且，同一受托人名下的不同信托财产也要进行分别管理，多个信托财产之间不得进行交易，这些行为构成自己交易，违反了忠实义务（《信托法》第26条至第28条）。因此，要求“投资非标产品必须一一对应”不仅符合降低金融产品风险的要求，也符合信托法原理的要求。

2. 关于“资金池”

2013年“8号文”规范的非标债权资产中包括通过银信通道操作的投资业务。通道业务增长过快确实有隐患，但仅仅规范通道业务是不能够解决问题的。一般认为，银监会希望解决的问题是银行的理财产品必须投向清晰、标的明确，这也有助于防范理财产品形成“资金池”，从而达到防范风险的目的。

2013年“8号文”要求非标准化债权分开建账，单独管理，增加管理的程序和环节，并且厘清各个产品风险，独立测试，对于混合打包以及“资金池”对接一揽子的类非标准化债权产品进行了厘清，这种厘清让信托产品等入池增加了很大难度。

从法理上看，成立“资金池”并非为法律所禁止的。如果承认银行理财业务作为一种泛信托业务，须知现代信托投资的重要方式之一是建立“资金池”。重要的是“资金池”一定要边界确定，风险和收益之间建立固定和清晰的联系，这样才能确保理财产品客户的利益，确保不同理财产品的理财客户之间的公平。与此相对应的是《信托法》上的分别管理义务和公平义务。如果任由商业银行任意腾挪资金，混淆各个“资金池”之间的界限，那么对保护投资者利益是不利的。

3. 表内业务和表外业务

新规并非禁止各类通道业务，而是要规范银行投资非标债权的行为。新规的意图并非会计转表，而是风险转表。上述非标债权投资业务如果没有按时达标，并非要将其从表外转入表内，但要增提资本。如果做不到一一对应，其风险承担后果是分不清楚是投资者自己承担还是要由银行自行承担，这会模糊理财的本质，成为银行或有的风险①。在某种意义上，非标债无非就是广义的表外业务的一种。如果确立了以《信托法》为依据的观念，在银行从事出表业务的时候，可以认为从事的即类信托业务，或者说是一种资产证券化的业务，即应适用资产证券化信托原理，对投资者进行保护。如果表内业务和表外业务不是泾渭分明，比如，表外业务赚了钱，可以划到表内，而表内亏了钱，可以放到表外处理，表内和表外是联动的，就违反了《信托法》上禁止在受托财产和固有财产之间进行交易和转化的法理。一笔资金的法律地位应是确定的，不能同时既是固有资金，又是受托财产。

4. 信息披露和投资者保护

理财产品有关信息披露的问题不仅关涉投资者权益的有效保护，也关涉监管当局对理财产品监管的有效性。既有的理财业务监管规范对信息披露问题均有所涉及。《商业银行个人理财产品管理暂行办法》《关于进一步规范商业银行个人理财业务投资管理有关问题的通知》《商业银行理财产品销售管理办法》在信息披露方面都有明确规定。“8 号文”虽然仅有第三条涉及信息披露，但具有较强的针对性和时效性。该条规定：商业银行应向理财产品投资人充分披露投资非标准化债权资产情况，包括融资客户和项目名称、剩余融资期限、到期收益分配、交易结构等；理财产品存续期内所投资的非标准化债权资产发生变更或风险状况发生实质性变化的，应在 5 日内向投资人披露。清晰化理财产品的投向，尤其是对非标准化债权投资进行披露，并且要披露给银行理财产品投资人，因为目前银行理财产品通过长期以及风险溢价错配，模糊理财产品投向，从而获得高收益。该规定可在一定程度上限制银行滥设产品。

这一要求亦能证明出表的理财产品具有信托产品的属性。如果理财产品中银行和客户的关系按委托—代理关系处理，则客户作为被代理人，应有广泛的指示权和决定权，受合同法保护，不需要特别的披露义务进行保护。如果客户和商业银行仅仅是债权债务关系，则商业银行更没有必要向储户对于投向等进行信息披露。

5. 禁止担保或回购和理财产品的信托性质

“8 号文”要求，银行今后将不得为非标债权或股权性资产融资提供任何直

① 史进峰．银行理财监管升级：——对应 + 名单制管理［N］．21 世纪网，2013 - 03 - 27.

接或间接、显性或隐性的担保或回购承诺。这是针对部分银行在发行某些理财产品时直接或间接提供所谓的担保或回购承诺所实施的管制，其目的在于促成理财业务与银行信用风险的真正隔离，这有助于真实、准确地反映银行的整体风险。这也是要求理财产品必须坚持“风险自担、卖者有责”原则。商业银行理财产品在这一点上和信托产品的要求并无二致。

还有一个值得关注的问题是，在2014年7月11日银监会发布的《中国银监会关于完善银行理财业务组织管理体系有关事项的通知》（银监发〔2014〕35号）中，首次对银行理财事业部制进行了说明。该文件指出，理财业务事业部制应具备以下特征：在授权范围内拥有独立的经营决策权，在经营管理上有较强的自主性；有单独明晰的风险识别、计量、分类、评估、缓释和条线管理制度体系；拥有一定的人、财、物资源支配权，可根据业务发展需要自主配置资源；拥有一定的人员聘用权，建立相对独立的人员考核机制及激励机制。根据信托法原理，受托人对信托事务应和固有事务进行分别管理，这种分别包括物理上的分别、财务上的分别及组织（人员和机构）方面的分别[①]。该文件似起到了在银行内部划分出一个独立的、兼营信托业务的理财事务部的作用。

5.1.3.2 *房地产信托业务*

从广义上讲，与房地产相关的信托活动都可以被称为房地产信托，包括房地产资金信托和房地产财产信托。从资金信托的角度出发，房地产信托是指委托人将自己的资金作为信托财产设立信托，由受托人为了受益人的利益或者特定目的，将信托资金运用于房地产公司或者房地产项目以获取投资利益的行为，信托资金的运用方式按照信托文件的规定，可以采取债权方式、权益方式或者两者组合的运用方式。从财产信托的角度出发，房地产信托则指委托人将自己的不动产作为信托财产设立信托，由受托人为了受益人的利益或者特定目的，对作为不动产的信托财产加以管理、运用与处分的行为，信托财产的管理方式由信托文件加以规定，包括但不限于出租、出售、维护等。从狭义上讲，房地产信托仅指房地产资金信托，即将信托资金运用于房地产公司或者房地产项目的信托。

房地产信托业务一直是监管部门的监管重点，中国银监会发布了一系列规范房地产信托业务的规定，主要有《关于加强信托投资公司部分业务风险提示的通知》（银监办发〔2005〕212号）（“212号文”）、《关于进一步加强房地产信贷管

① 周小明．信托制度：法理与实务［M］．北京：中国法制出版社，2012：280－281．

理的通知》（银监发〔2006〕54号）、《关于加强信托公司房地产、证券业务监管有关问题的通知》（银监办发〔2008〕265号）、《关于支持信托公司创新发展有关问题的通知》（银监发〔2009〕25号）、《关于信托公司开展项目融资业务涉及项目资本金有关问题的通知》（银监发〔2009〕84号）、《关于加强信托公司房地产信托业务监管有关问题的通知》（银监办发〔2010〕54号）、《信托公司房地产信托业务风险提示的通知》（银监办发〔2010〕343号）、《关于印发信托公司净资本计算标准有关事项的通知》（银监发〔2011〕11号）等。

简单总结一下，根据上述规范，我国的房地产信托业务具有下列特点：第一，由于不动产信托登记制度和信托税制的阙如，目前的房地产信托多为资金信托，而非财产信托；第二，这些监管规定以房地产融资信托的规范及其风险防范为主要内容，较少涉及真正的房地产投资信托；第三，房地产业的发展受到政府宏观调控和国民经济周期波动的影响，因此，房地产信托的监管规则随国家宏观经济政策的调整不断变化，带有鲜明的调控色彩，形式上具有灵活性。当然，也可以说是具有不稳定性。

5.1.3.3 证券投资信托业务

证券投资信托业务，是指信托公司将集合信托计划或者单独管理的信托产品项下资金投资于依法公开发行并符合法律规定的交易场所公开交易的证券的经营行为。根据相关规定，目前证券投资信托业务的投资范围主要包括国内证券交易所挂牌交易的A股股票、封闭式证券投资基金、开放式证券投资基金、企业债、国债、可转换公司债券（含分离式可转债申购）、1天和7天国债逆回购、银行存款，以及中国证券监督管理委员会核准发行的基金可以投资的其他投资品种。证券投资信托业务的投资方式包括一级市场申购（包括网上/网下申购、以战略投资人身份参与配售等）和二级市场交易。证券投资信托业务属于高风险业务，中国银监会专门制定了《信托公司证券投资信托业务操作指引》（银监发〔2009〕11号），其他关于证券投资信托的规范还有《关于加强信托公司房地产、证券业务监管有关问题的通知》（银监办发〔2008〕265号）、《关于信托公司信托产品专用证券账户有关事项风险提示的通知》（2009年8月18日）、《关于加强信托公司结构化信托业务监管有关问题的通知》（银监通〔2010〕2号）等。2012年8月，中登公司发文对信托开立证券账户予以解禁，资金信托配置证券资产的限制客观上消除，由此，证券投资信托业务开始恢复性增长，并逐渐发展成为资金信托仅次于工商企业和基础产业的第三大配置领域。

在现有的规则下，我国的证券投资信托业务一般具有以下特点。

第一，产品的投资时间相对较长。虽然也有不少证券投资信托的存续期间比较短，但是，更长的期限符合证券价值增长和发现的规律。同时，为了解决流动性问题，在一定的封闭期之后，一般都设立开放日，允许申购和赎回。

第二，不能规定预期年收益率，受益人的收益为浮动收益。根据银监会的规定，证券投资信托产品和其他信托产品一样不得“以任何方式承诺信托资金不受损失，或者以任何方式承诺信托资金的最低收益”，且不得“为证券投资信托产品设定预期收益率”。在产品说明中规定预期收益率是很多信托产品中为了吸引投资者所采用的做法。信托产品计划中规定预期收益率的主要作用是，在规避信托公司不得“承诺信托财产不受损失或者保证最低收益（《信托公司管理办法》第34条第3款）”之规定的同时，起到吸引投资者的作用；但是有趣的是，这种预期收益率在事实上还起到了规定受益人能取得收益之上限的功能；普通投资者（作为劣后受益人或者普通合伙人的机构投资者例外）最终还是变成了固定收益索取人，这都或多或少偏离了典型信托的本质。相比之下，在证券投资信托中，受益人更接近于投资风险的最终承担者的地位。

第三，目前，证券投资信托产品资金规模一般不大。和证券投资基金的形式相比，证券投资信托受制于投资人数（信托合同份数）和投资者门槛（《信托公司集合资金信托计划管理办法》），具有私募的性质，这妨碍了证券投资信托资金规模的做大，使其无法做到高度分散投资。

第四，证券投资信托产品普遍采取保障普通投资者的措施。根据不完全统计，信托公司设立的该种产品更多采取结构化①或者有限合伙等形式，并规定了止损线，以确保普通投资者的利益。许多信托产品在设计上都规定，在信托单位净值触及预警线时，受托人将通知一般受益权委托人追加资金②。追加信托资金后，信托单位净值应当恢复至1元以上。受托人密切关注信托单位净值情况，一旦信托单位净值降至止损线或以下时，受托人将拒绝授权代表的任何委托人指令，并对信托计划财产进行连续的变现操作，将信托财产强制变现，保障优先受益人本金安全。在许多证券投资产品中，投资管理人不是由受托人而是另由一个

① 在中国信托业协会《关于加强信托公司结构化信托业务监管有关问题的通知》中，设计结构化的信托产品被认为是“信托公司依法进行业务创新和培养自主管理能力”的体现。

② 根据中国信托业协会的上述通知，在结构化信托业务运作过程中，信托公司可以允许劣后受益人在信托文件约定的情形出现时追加资金。

专业证券投资机构担任，通常这个投资管理人也同时是劣后受益权的持有人（结构化中的劣后受益人、有限合伙中的普通和合伙人）或其关联人。私募证券投资基金也可以借助信托通道实现阳光化操作，信托公司和私募基金的投资管理机构以及广大的投资者实现了多赢。

证券投资信托为投资信托的一种，这种信托类型更多地需要受托人积极的专业管理，而且，这种信托中受益人更有机会取得浮动利益或者剩余利益，受益人为信托利益的最终权利人这一本质体现得更为明显，因此，证券投资信托应为信托业的核心业务之一。可以预见，随着信托公司全市场配置信托产品的发展以及资本市场的回暖，证券投资信托业务将获得进一步的发展。在“泛资产管理时代”，证券投资信托如何发掘自己相对于证券投资基金的比较优势，是一个值得思考的问题。

信托业界有所谓“刚性承兑”一说，这其实是一个伪命题。说信托业不敢打破刚性承兑，更是个伪命题。目前在证券投资信托领域有多起司法案例，在这些案例中，人民法院裁决受托人只要尽到谨慎管理义务，可以按照低于信托单位面值的信托残值向受益人支付信托利益①。

5.1.3.4 私人股权投资信托业务

私人股权投资信托业务在我国为信托公司创新业务资格类业务。

私人股权投资信托，又称私募股权投资（PE），是指投资于拟上市公司股权或者上市公司非公开交易股权（即私募股权）的一种投资方式。而所谓私人股权投资信托业务，是指信托公司将信托计划项下资金投资于未上市企业股权、上市公司限售流通股或中国银监会批准可以投资的其他股权的信托业务。据此，私人股权投资信托业务属于一种集合资金信托计划，与其他集合资金信托计划的不同之处在于信托资金的运用领域，其主要投资于未上市企业股权、上市公司限售流通股或中国银监会批准可以投资的其他股权。私人股权投资信托是近年来信托公司发展较快的信托业务，2008 年中国银监会发布了《信托公司私人股权投资信托业务操作指引》（银监发〔2008〕45 号），对私人股权投资信托业务进行了特别规范。私人股权投资是借助信托的集资平台，通过发行信托的方式募集资金的一种投资方式，其本质上为基于信托关系而设立的集合投资制度。

与证券投资信托业务一样，私人股权投资信托业务也属于高风险信托业务，

① 赵廉慧．信托法解释论［M］．北京：中国法制出版社，2015：420.

虽然不要进行特别许可，但信托公司公司开展此项业务也应当具备监管法规规定的实质条件和形式条件。

对信托公司而言，股权投资信托的一个关键环节在于股权的变现和投资者的退出。由于私募股权缺乏好的流通性，通常信托公司会通过股权在主板交易市场上市、由投资企业的实际控制人买入、由非上市公司或者其实际控制人寻找关联方承诺接盘、由信托公司（受托人）寻求关联方接盘（协议转让）、由被投资企业回购、股权分配等方式，实现投资退出、股权变现[①]。和主板市场明晰的信息披露制度相比，场外市场（柜台交易）没有严格的信息披露要求，交易双方存在严重的信息不对称，从而导致双方在议价、决策等方面存在很大的主观性。

5.1.3.5　信贷资产证券化业务

信贷资产证券化业务在我国为信托公司创新业务资格类业务。

我国证券化试点启动于2005年。2005年3月21日，国务院批准了国家开发银行和中国建设银行作为我国银行资产证券化试点单位，分别进行信贷资产证券化（ABS）和住房抵押贷款证券化（MBS）的试点。我国信贷资产证券化业务受到中国银监会和中国人民银行的双重监管，其中，中国银监会对信贷资产证券化参与机构的活动进行监管，中国人民银行对资产支持证券的发行与交易进行监管。目前，对信贷资产证券化业务的主要监管法规有中国人民银行和中国银监会颁发的《信贷资产证券化试点管理办法》（中国人民银行和中国银监会公告〔2005〕7号）、中国银监会《金融机构信贷资产证券化试点监督管理办法》（银监会令〔2005〕3号）、财政部《信贷资产证券化试点会计处理规定》（财政部财会〔2005〕12号）、中国人民银行《资产支持证券信息披露规则》（中国人民银行公告〔2005〕14号）、中国人民银行《资产自持证券交易操作规则》（银复〔2005〕53号）、中国银监会《关于信贷资产证券化备案登记工作流程的通知》（银监办便函〔2014〕1092号）等，信托公司从事资产证券化业务申请特定目的信托机构资格需要遵照《信托公司行政许可事项实施办法》（2015）的规定。

理论上，根据证券化的基础资产不同，可以将资产证券划分为不动产证券化、应收账款证券化、信贷资产证券化、未来收益证券化（如高速公路收费）、债券组合证券化等类别。我国的信托公司所从事的证券化业务主要集中在信贷资产证券化领域，相关的法律法规也主要集中在该领域。国外对证券化多有专门的

① 《信托公司私人股权投资信托业务操作指引》（2008）第15条。

立法，我国在此领域应加强立法，为现实的各种证券化需求提供法律工具和行为规则。

5.1.3.6 企业年金信托

企业年金信托业务在我国为信托公司创新业务资格类业务。

在我国，企业年金是企业及其职工在依法参加基本养老保险的基础上，自愿建立的补充养老保险制度，企业年金基金由企业缴费、职工个人缴费和企业年金基金投资运营收益构成。所谓企业年金信托，则是指设立年金计划的企业和职工作为委托人，以企业年金基金作为信托财产，以参与年金计划的企业职工作为受益人，以具备资格的机构作为受托人，设立信托，由受托人及其委托的服务机构（包括账户管理人、投资管理人、托管人和投资顾问等中介机构）对企业年金基金加以管理、运用与处分的行为，性质上属于资金信托的一种。我国的企业年金信托主要由人力资源与社会保障部负责监管，企业年金信托的受托人及相关服务机构从事企业年金基金管理业务，需要向人力资源与社会保障部提出申请，其管理活动接受人力资源与社会保障部的监管，同时，企业年金信托的受托人及相关服务机构的业务监管部门，按各自的监管职责对其经营活动进行监督。

目前，关于企业年金基金管理的监管法规主要包括《企业年金试行办法》（原劳动与社会保障部第20号令，2004年5月1日实施）、《企业年金基金管理办法》（人力资源和社会保障部、中国银监会、中国证监会、中国保监会2011年第11号令，2011年5月1日起实施。其前身为2004年的《企业年金基金管理试行办法》，2011年、2015年分别进行了修订）以及《企业年金基金管理机构资格认定暂行办法》（原劳动与社会保障部第24号令，2005年3月1日实施）、《关于企业年金证券投资的有关问题的通知》及其配套的附件《企业年金基金证券投资登记结算业务指南》（原劳动与社会保障部劳社部发〔2004〕25号）、《企业年金基金管理运作流程》和《企业年金基金账户管理信息系统规范》（原劳动与社会保障部劳社部发〔2004〕32号）、《关于企业年金方案和基金管理合同备案有关问题的通知》（原劳动与社会保障部劳社部发〔2005〕35号）、《关于信托投资公司申请从事企业年金基金管理业务有关事项的通知》（中国银监会银监发〔2005〕25号）、《关于企业年金基金银行账户管理等有关问题的通知》（原劳动与社会保障部劳社部发〔2006〕40号）、《企业会计准则——第10号企业年金基金》（财政部2006年2月颁布）、《关于企业年金基金进入全国银行间债券市场有关问题的通知》（原劳动与社会保障部劳社部发〔2007〕56号）、《关于扩大企业年金基金投资范围的通知》（人社部发〔2013〕23 号）等。信托公司申请企业年金基金管理机构资格还需要遵照《信托公司行政许可事项实施办法》（2015）的规定。这一系列办法的颁布与实施为我国企业年金信托模式的运作提供了统一的规范，同时也增强了企业年金财务管理的复杂性和多维性。

企业年金信托中存在两个重要的法律问题。

1. 共同受托人问题

利用信托机制，可以把企业年金基金与企业自身的经营风险和管理机构的风险隔离起来，相当于使信托财产独立于委托人和受托人的财产，这有利于确保企业年金财产的安全性，确保企业年金各方当事人的权益尤其是受益人的权益能够得到比较有效的保护。

在中国企业年金信托市场上，主要有 4 种主体：受托人、投资管理人、托管人、账户管理人[①]。他们之间的关系也和中国的年金信托管理体制有着密切的关系。与银行、证券、基金、保险业不同，中国企业年金市场并没有单独的市场主体，商业银行、证券公司、基金管理公司、信托公司和保险公司控股的养老保险公司和资产管理公司等现存的金融机构，共同参与到这个市场中来。《年金试行办法》第 19 条第 3 款规定：受托人与账户管理人、投资管理人和托管人确定委托关系，应当签订书面合同。至少从字面上看，在受托人管理信托财产（年金基金）方面，基本上采取的是委托的方式[②]而不是共同受托方式，即受托人（包括年金理事会受托人和法人受托人）与投资管理人、账户管理人之间属于委托关系。

由于受有关法律、法规及资格的限制，受托人在处置企业年金基金财产时并不能完全承担自己管理（亲自执行）的义务，企业年金基金的管理体制中，必须将账户管理、托管和投资管理等业务全部拆分，委托给具备相应条件的第三方金融机构。

2. 企业年金理事会受托人的问题

第一，委托人和受托人角色的混乱。作为受托人的理事会自身并没有承担很多的管理职责（虽说选择功能管理人也算是一种“管理”），反倒像是一个对信托

① 另外还包括为企业年金管理提供服务的投资顾问公司、信用评估公司、精算咨询公司、律师事务所、会计师事务所等中介服务机构，《企业年金基金管理试行办法》第 41 条。

② 根据中国《信托法》第 30 条规定，受托人的自己管理义务是准许有例外的。这也符合信托管理的专业化和分工协作的社会现实需要。

基金有过多指示权的委托人。在客观上，年金理事会也无法独立于委托人，成为一种新的“发包方”，交易环节增加宜滋生腐败。

第二，管理信托财产的专业性方面的不足。年金理事会由企业代表、职工代表以及企业聘请的企业外的专业人士等人员构成（《年金试行办法》第16条），知识结构相对单一，通常并非专职和专业的人员，无法很好地履行受托人的职责，不能很好地处理企业年金基金的日常管理事务。

第三，缺乏制度化的对理事会受托人的监督。年金信托的受益人并非特定，且人数众多，因此受益人行使监督受托人的职责比较困难。年金理事会作为受托人，应是被监督的对象，但是事实上其所起的管理信托财产的功能至为有限，其受托人和委托人身份有一定的重合。

第四，责任承担方面的不足。年金理事会是由特定自然人组成的，其设立不需要到政府有关部门登记，在管理信托财产的过程中也无法独立承担民事责任。在管理年金基金产生损害赔偿责任的时候，各个理事作为共同受托人应承担连带责任。不过在实际运作中，一方面，理事的个人财产通常非常有限，况且他们也没有财产担保措施，因此会危及债权人的利益；另一方面，理事们不得因管理信托财产取得利益，让并非专业且无偿管理信托财产的自然人理事承担这么严重的连带责任并不合理。相比之下，作为专业法人受托人，其承担责任的机制已经比较完善，且中国的法律法规对法人受托机构的注册资本（不少于人民币1亿元）及净资产（不低于人民币1.5亿元）都有严格的规定，这使得法人受托机构有着比较强的赔偿能力。

除了企业年金之外，还有机关和事业单位年金，对此业务，根据《国务院关于机关事业单位工作人员养老保险制度改革的决定》（国发〔2015〕2号）等相关规定，制定了《机关事业单位职业年金办法》。

5.1.3.7　其他创新业务资格类信托业务

1. 信托公司受托境外理财业务

受托境外理财业务在我国为信托公司创新业务资格类业务。2007年，银监会发布了《信托公司受托境外理财业务管理暂行办法》（银监发〔2007〕27号，2007年3月12日）和《关于调整信托公司受托境外理财业务境外投资范围的通知》（银监办发〔2007〕162号，2007年7月19日），确立了信托公司从事境外理财业务的基本规则。

信托公司申请境外理财业务资格还需要遵照《信托公司行政许可事项实施办

法》（2015）的规定。

2. 金融衍生品信托业务

金融衍生品信托业务在我国为信托公司新业务资格类业务。2011 年 1 月，中国银监会发布了关于修改《金融机构衍生产品交易而业务管理暂行办法》的决定，允许信托公司申请衍生产品交易资格，信托公司从事衍生产品业务，适用《银行业金融机构衍生产品交易业务管理办法》。根据该办法，金融衍生产品是一种金融合约，其价值取决于一种或者多种基础资产或者指数，合约的基本种类包括远期、期货、掉期（互换）和期权。衍生产品还包括具有远期、期货、掉期和期权中一种或者多种特征的混合金融工具。对信托公司而言，中国银监会在 2011 年 6 月 27 日颁布的《信托公司参与股指期货交易业务指引》具有最直接的规范意义。

信托公司参与股指期货交易需要遵照《信托公司行政许可事项实施办法》（2015）的规定申请相关资格。

5.1.3.8 公益信托

我国关于公益信托的法律规范除了《信托法》第六章的直接规定之外，《中国银监会办公厅关于鼓励信托公司开展公益信托业务支持灾后重建工作的通知》（银监办发〔2008〕93 号）（以下简称“93 号文”）中也提供了一些初步的规则，该规则虽然对《信托法》第六章做了一些细化，但是仍然没有解决《信托法》所没有解决的问题：第一，公益信托的税收优待问题；第二，公益信托的公益事业主管机构问题；第三，公益信托的具体设立程序问题；第四，公益信托监察人的担当人问题；第五，所谓“完全公益目的”问题；等等。

“93 号文”是特定时间的产物，其中只强调了公益信托区别于集合资金信托计划这样的营业信托之处，并没有为公益信托提供新的规则。公益信托制度作为从事公益信托的一项重要制度，应予以全面的完善，以满足社会的公益需求。《慈善法》的制定目前已经进入关键的阶段，该法中对慈善信托做出了规定，期待能够解决《信托法》所未能解决的相关问题。

5.1.3.9 结构化信托业务

2010 年 2 月 5 日，中国银监会发布了《关于加强信托公司结构化信托业务监管有关问题的通知》（银监通〔2010〕2 号）；2010 年 3 月 9 日，发布《关于加强信托公司房地产信托业务监管有关问题的通知》，确立了信托公司从事结构化信托业务的基本规则。根据上述规则，所谓结构化信托业务，是指信托公司根据投资者不同的风险偏好对信托受益权进行分层配置，使具有不同风险承担能力和意愿的投资者通过投资不同层级的受益权来获取不同的收益，并承担相应风险的集合资金信托业务。

在金融法律领域，结构化融资（包括资产证券化、有限合伙等）和债权方式、股权方式属于并行的融资方式。结构化信托业务的重要性逐渐增加，我国相关法律法规仍有进一步完善的余地。

5.1.3.10　其他新兴信托业务——家族信托和土地信托

资产管理新政促使信托公司加快了转型和创新的步伐。在泛资产背景下，银行、保险、基金等纷纷开展资管业务，竞争加剧促使信托向事务管理类信托转型。信托公司未来业务的逻辑起点必须进行切换，即从融资方的融资需求切换到投资方的投资需求上来，更多地立足于委托端客户的理财需求开发、设计相适应的信托产品。未来驱动业务发展的核心因素将不再是简单的外部机会，而是精细的内部专业化能力，而开拓家族信托业务、土地信托业务可谓向“受人之托、代人理财”信托本源回归的一个探索。

1. 家族信托

（1）目前我国家族信托的主要特点和问题

第一，针对超高净值客户。中国的家族信托尚处于起步阶段，因其业务主要针对现金以及金融资产展开，目标客户的净资产至少过亿元。中国目前家族信托门槛多设定在5000万元以上，部分信托门槛价位在3000万元，客户定位于资产规模在数亿元级别，具有一定的风险管理和财富管理理念、重视规划的高收入人群。我国家族信托定位为高端客户，但随着竞争的加剧、项目管理的成熟化和管理成本的降低，信托公司似有必要降低家族信托的门槛。而且，家族信托属于信托法上的“民事信托”，应扩大信托公司之外的主体成为民事信托的受托人，以促进民事信托的发展。

第二，资金信托。初期受托的财产类型限于现金存款，未来将有望逐步引入股权、房产等作为信托财产。

第三，信托目的较为单一、受托人管理能力亟待提高。我国家族信托的主要目的是为客户提供身家保障或特定用途保障，以稳步增值为目标，主要配置风险稳健的资产，而非追求高收益。家族信托项目大多只是对现金类以及金融资产进行管理分配，能为委托人实现的信托目的仍非常有限，尚未形成成熟的家族产业经营管理模式。而且，这类业务的盈利模式不明，短期内对信托公司的业务贡献度有限。

第四，银信合作。我国的家族信托业务多和商业银行合作，其具体操作主要包括两个方面：其一，目前客户对商业银行更为信任，且银行掌握的客户源较广，因此银行为信托公司挑选目标客户，同时作为家族信托的托管银行和财务顾问，从专业的角度为委托人的资产进行合理分配，确保委托人资产保值升值，并参与投资决策；其二，信托公司接受委托人委托，挑选专业投资顾问代为管理资产，投资顾问根据客户不同风险偏好建立投资组合，满足家族信托投资功能。例如，北京银行家族信托为单一信托，委托人限单个自然委托人，受托人为北京信托，北京银行担任信托财产托管银行及财务顾问角色，受益人可由委托人事先指定。受托资产门槛为3000万元，存续期限5年以上，为不可撤销信托。

第五，制度基础薄弱。目前的家族信托在产品设计、法律基础、税务环境方面存在不足。目前信托公司在设计家族信托产品的时候没有任何可以借鉴参考的合同文本及模板，完全处于探索阶段。例如，现行《信托法》规定，使用存在登记制度的财产设立信托，需要进行信托登记，以此确保信托资产的独立和交易安全，但目前信托登记制度尚阙如，家族信托如果以股权和不动产为信托财产，就会因无法登记而无法设立；另外，由于私有财产的观念还没有扎下根，公权对私权的剥夺和侵害还时有发生，此亦成为阻碍家族信托业务发展的瓶颈之一。

第六，比较优势。基于目前家族信托的这种法律制度现状，有不少高净值人士会考虑在域外设立离岸家族信托，但操作起来十分麻烦，不容易安排国内资产，长期看也有安全隐患。所以，境内家族信托仍然是存在比较优势的。

（2）家族信托的功能

与其说是家族信托的功能，不如说是《信托法》在家族资产管理方面的功能。家族信托在财产的代际转移、紧锁企业股权、破产隔离和避债、节税等方面，因为其私密性，对更具个性的财产安排具有吸引力。

（3）民事信托的具体操作内容

①信托财产的灵活性、多样性和个性化（非标准化）。在民事信托中，信托财产不像普通的信托产品那样主要是资金，信托财产逐渐多元化，可包括动产、不动产、股权、经营权等。但是由于我国信托财产登记制度的不配套，对非资金信托的登记目前还存在着一些盲区，设立民事信托面临法律障碍。不过，由于民事信托更尊重当事人的意愿，民事信托更重视当事人的意愿。信托财产转移中，更强调合同安排的重要性及其与法定规则的关系，当事人可以采取公证等措施而

非登记等公示措施，因多数情况仅限于家族成员权利的转移和分配，即使法律要求采取登记生效主义的，似乎也可以不采取。

②复合受托人和复合受益人安排。在民事信托中，为了取信于委托人和受益人，为了降低委托人对转移财产（特别是不动产）给受托人的担心，可以运用《信托法》第43条所允许的复合受托人和复合受益人制度，把信托财产转移至破产风险比较低的受益人的名下，此受益人为共同受托人，这样既解决了不动产等的产权变更难题，又有利于对受托人的信赖。或者设计财产保护人，作为产权名义人，从而避免产权变更带来的不稳定性。

③受益人保护策略——“反挥霍信托”“裁量信托”及“保护信托”。原则上，信托受益人可以拿信托受益权进行转让、设定担保，在受益人破产的时候可以成为其破产财团。委托人可能愿意授予受益人信托利益，但是如果受益人破产，或者产生某种恣意的、挥霍性的运用其受益权的行为，这时受益人可能会被迫用信托受益权偿还债权人，这可能就违背了委托人的初衷。因此，英美法上就出现了反挥霍信托、保护信托和教养信托等形态。

（4）民事信托的监督——取信委托人

在民事信托中，信托计划更具个性，委托人多是单一主体，更有意愿也更重视对信托进行主动监督。即使法律规则已经十分健全，在信托中信赖的因素仍然起到十分重要的作用。为了取信委托人，可以在信托的结构中适当设置制衡主体。

①民事信托监察人。我国仅在公益信托部分规定了监察人为公益信托的必设机关。但是，在普通的私益信托中，虽然信托成立，但是在受益人不特定或者尚未存在的时候，受益权仍然处于不确定状态，就没有人能强制执行信托，也没有人能监督受托人履行信托职责。由于《信托法》为私法，为保护受益人利益，私益信托的关系人自然可以约定设立类似公益信托中监察人的机关。

②信托管理人。在受益人现时不存在之场合，为了受益人行使权限，可以设置信托管理人。

③信托监督人。信托监督人是在存在受益人之时，根据信托文件而指定的人。在没有指定信托监督人或者指定的人不就任的时候，如果出现受益人不能对受托人进行适当的监督的特别情况，法院可以根据利害关系人的申请选任信托监督人。

④受益人代理人。信托管理人和信托监督人是为了全体受益人利益而设的、

类似监护的制度。而受益人代理人，是在受益人是多数人的场合，或者受益人有变动的场合，为了能使受益人顺利行使权利行使，也能使受托人顺利地处理信托事务，根据信托文件选任的人。

⑤信托保护人（Protector）。事实上，委托人还可以在信托文件中为他所选择的任何人保留权利。特别的例子是在离岸信托（off－shore trust）中，信托的管理是在其他的法域（避税港），委托人可以授予其选定的人很多的职权，以确保信托最初设定的目的能得以实现，这些被授权的人通常被称为“保护人”①。在美国法上，保护人又被称为超级受托人或者受托人控制人，其权力来自信托文件，其权力内容既可以是肯定的，例如，做出投资决定、分配决定，增加或者减少受益人，变更受托人甚至是变更信托的司法域（Jurisdiction）；也可以是消极的，如否决受托人的某项决策。

（5）家族信托的运作和发展前景

在我国，由于当事人缺乏对民事信托的认识和运用信托的意识，很多人甚至不知道有这样的制度可资利用，再加上我国的信托法制度本身存在不少缺陷，使得信托制度不能成为得心应手的制度工具。例如，第一，我国的信托法制度没有培养出范围广泛的适格受托人。在我国，除了作为营业（商事）信托之受托人的信托公司（机构）之外，其他的自然人、法人和组织如何成为受托人，如何履行受托职责，法律规则仍然处于未明状态，理论上对现行《信托法》也缺乏有力且系统的解释；而且，非机构受托人还不能赢得委托人的信任。第二，出于效率的考虑，信托公司把自己的客户定位于高端的高净值客户，不愿意接受小额的非标准化的、非金钱的信托，这是民事信托无法普及的重要原因。第三，信托登记制度不完善，虽然主管机构正在努力构建信托登记制度，但是，目前仍然会出现不知道到哪里进行信托（财产）登记，甚至出现登记机构拒绝提供登记的情形。第四，我国的信托税制不完善，对信托的征税环节和征税种类都没有合理的规定，特别是对公益信托缺乏有效的税收优惠作为激励机制。正因为如此，《信托法》虽然颁行10多年，但信托观念并没有为大众所知，民事信托的发展刚刚起步。

实际上，除了应对高净值人士的财产管理需求之外，在老年人的赡养、未成

---

① J. E. Penner, The Law of Trusts, fourth edition, Oxford University Press, 2005, pp. 21－22. David I Faust, Asset Protection Trusts: Some Practical Guidlines, in Trusts in Prime Jurisdictions (3d edition), edited by Alon Kaplan, Globe Business Publishing Ltd, 2010, p. 452.

年人[①]和残疾人的抚养等领域，民事信托制度也应能发挥其独特的功能。

2. 土地信托

（1）土地信托现状和功能

农村土地信托模式，是在不改变农村土地农业用途以及坚持集体所有权和土地承包经营权稳定不变的前提下，农村土地承包人基于对受托人的信任，将其承包的土地权利在一定期限内信托给受托人，由其利用专业规划经营管理或使用，土地收益归受益人所有的一种土地流转创新方式。关于“土地信托”，近年来已经有多起尝试，例如，2011 年 5 月，福建沙县源丰农村土地承包经营权信托有限公司挂牌成立，试水所谓的土地信托流转。2012 年 6 月，湖南益阳实现农村土地承包经营权的确权颁证，并在此基础上推进土地信托流转，另外，还有早期的“绍兴模式”等。但是，这些都并非真正的信托公司主导运作的案例，充当信托“受托人”角色的多为地方政府单独成立的运营机构。首个由信托公司主导的农村土地承包经营权流转信托计划——“中信·农村土地承包经营权集合信托计划 1301 期”于 2013 年 10 月 10 日正式成立。除中信信托之外，北京信托、中粮信托、华宝信托、中航信托等多家信托公司据称都在布局土地流转信托。这标志着土地信托进入市场化、商业化信托的新动向。在此之前，各地陆续实施的以“信托”为名的农村土地流转试点改革实质上都不能算作现代信托法意义上的信托模式。政府过多地介入土地信托在小范围内、短时间内或许能起到一定的积极作用，但从长远来看未必有利。商业信托模式往往能在市场经济中更好地发挥其优势。

在农村土地流转中引入信托制度，利用信托制度的财产隔离、财产保护和财产管理功能，加快农村土地流转和利用，可以使产权充分市场化，实现土地流转的公平与效率。在大资管时代，信托公司业务和银行等金融机构产生激烈的同质化竞争，新的资管方式对信托业务也会有很大的冲击。信托公司做土地流转这类业务更能回归信托本源，也是发挥信托的本质功能和制度优势，信托公司在土地流转信托计划中有很多主动管理的空间。

信托公司在开展土地流转信托过程中可发挥土地流转事务管理职能和土地效益的增值功能，另外，土地信托的主要目的虽然并非融资功能，但具备一定的融

① 例如，在夫妻离婚之时一方需要支付对方对未成年子女的抚养费的场合，虽然可以一次性支付，但是支付人担心子女的监护人会把抚养费用于其他的目的，此时可以设立信托，从信托基金中定期支付抚养费。

资功能也甚为必要。一方面，信托公司可凭借金融机构的优势，为土地流转信托相应项目提供资金支持；另一方面，信托公司可以为收益的分配提供流动性支持，以规避农业生产收益较慢且短期波动性较大的风险。这也是信托公司开展土地流转信托特有的配套服务功能[①]。土地流转信托作为城镇化中的重要金融工具，将在土地流转上大有所为。在解决土地流转问题上，信托制度拥有优势。信托为土地流转提供了一个理论合理且实际可操作的途径，信托可以有效解决土地流转中的实际问题，缓解土地流转中的利益矛盾。

（2）农地承包经营权作为信托财产的合法性与可行性[②]

①农村土地承包经营权是否是适格的信托财产。我国《信托法》第 7 条规定："设立信托，必须有确定的信托财产，并且该信托财产必须是委托人合法所有的财产。本法所称财产包括合法的财产权利。"据此，一项财产要成为信托财产，必须具备 4 个要件，即信托财产的合法性、信托财产的权利性、信托财产的流通性和信托财产的确定性。[③]

● 农村土地承包经营权是合法的财产权。所谓信托财产系，指受托人因信托行为取得的财产权，即委托人移转给受托人作为信托法律关系的标的，由受托人以自己的名义为受益人的利益而管理和处分的财产。[④] 我国农村土地承包经营权具有用益物权的一般特性，是一种用益物权，属于财产权无疑。

同时，我国《农村土地承包法》第 9 条规定："国家保护集体土地所有者的合法权益，保护承包方的土地承包经营权，任何组织和个人不得侵犯。"可见，农村土地承包经营权是委托人合法所有的财产权利。

● 农村土地承包经营权具有权利性。本书中所谓的信托财产的权利性，是指"委托人用以设立信托的财产必须在法律上具有独立的权利形态或者权利外观"。信托财产的这一特性是由信托的本质决定的。[⑤] 我国农村土地承包经营权作为用益物权的一种，是一种法定的物权。它的权利内容和范围在法律上都有明确的规定，是一种具有独立形态的权利。

● 农村土地承包经营权是具有流通性的财产权。《信托法》第 14 条规定："法律、行政法规禁止流通的财产，不得作为信托财产。"信托财产必须是可以流

---

① 王苗军. 土地流转信托功能分析及其完善［N］. 金融时报，2013－12－16.
② 本标题和下一同级标题的内容由中国政法大学罗翀提供初稿。
③ 周小明. 信托制度：法理与实务［M］. 北京：中国法制出版社，2012：127.
④ 徐孟洲. 信托法［M］. 北京：法律出版社，2006：135.
⑤ 周小明. 信托制度：法理与实务［M］. 北京：中国法制出版社，2012：130.

通的财产。根据我国现行法律法规的规定，禁止流通物主要包括专属国家所有的财产，如矿藏、水流等自然资源，以及淫秽的书刊、影片、录像带、录音带、图片等。[①] 土地承包经营权显然不在禁止流通之列。

而《农村土地承包法》第32条规定："通过家庭承包取得的土地承包经营权可以依法采取转包、出租、互换、转让或者其他方式流转。"第49条规定："通过招标、拍卖、公开协商等方式承包农村土地，经依法登记取得土地承包经营权证或者林权证等证书的，其土地承包经营权可以依法采取转让、出租、入股、抵押或者其他方式流转。"《物权法》第128条规定："土地承包经营权人依照农村土地承包法的规定，有权将土地承包经营权采取转包、互换、转让等方式流转。"第133条规定："通过招标、拍卖、公开协商等方式承包荒地等农村土地，依照《农村土地承包法》等法律和国务院的有关规定，其土地承包经营权可以转让、入股、抵押或者以其他方式流转。"

因此，我国的农村土地承包经营权具有可转移性，是可以依法流转的财产权，而非国家法律规定的限制流通或者禁止流通之物，符合《信托法》关于信托财产之要求。

- 农村土地承包经营权是确定性的财产权。根据《信托法》第7条和第11条的规定，设立信托必须要有确定的信托财产，否则信托无效。所谓确定，是指信托的标的必须确定，即信托财产具有明确的种类、范围或者数量，一般应当能以金钱衡量其价值，并且能够和受托人自己的财产独立分开。[②] 也有学者提出信托财产的确定性包括3个方面，即信托财产存在的确定性、信托财产范围的确定性和信托财产权属的确定性。[③]

根据《物权法》第125条、第126条、第127条，土地承包经营权的内容、期限、权属确认方式都有法律的明确规定。毫无疑问，农村土地承包经营权是由承包人与集体经济组织在平等协商的基础上，通过签订承包经营合同而设立的，由农村土地承包经营权人在承包期限之内对承包地拥有的占有、使用、收益与进行特定形式的处分的权利，这种权利是确定的法定权利。农村土地承包经营权一旦设定，农地使用权人的权利便获确定，不待他人行为的介入便可直接行使对土地的占有、使用和收益，他人不得干涉。且基于物权的效力，农地使用权人享有

① 全国人大《信托法》起草工作组．中华人民共和国信托法释义［M］．北京：中国金融出版社，2001.
② 扈纪华，张桂龙．中华人民共和国信托法条文释义［M］．北京：人民法院出版社，2001：39.
③ 周小明．信托制度：法理与实务［M］．北京：法律出版社，2012：137.

此种权利，不仅可以对抗社会的一般人，而且可以对抗土地的所有人。[①] 因此，土地承包经营权具有确定性。

②农村土地承包经营权作为信托财产的可行性。以农村土地承包经营权作为信托财产在理论上并无不妥，但是，将土地承包经营权作为信托财产在实践操作当中存在着诸多障碍。

依照《信托法》第2条，委托人基于对受托人的信任将其财产“委托给”受托人。根据《信托法》起草小组专家的解释，此处“委托给”应当解读为将信托财产移转给受托人，[②] 与各国信托制度的普遍原理相一致，即土地信托中同样也要求委托人将信托财产移转给受托人。要将农村集体成员所有的土地承包经营权移转给集体组织成员以外的信托公司，在立法上有特别的程序规定。农村土地承包经营权的流转具有其特殊性，不能理解为一般物权的流转。在2005年3月施行的《农村土地承包经营权流转管理办法》中，第9条规定：“农村土地承包经营权流转的受让方可以是承包农户，也可以是其他按有关法律及有关规定允许从事农业生产经营的组织和个人。在同等条件下，本集体经济组织成员享有优先权。”其受让方范围仅限于“有关法律及有关规定允许从事农业生产经营的组织和个人”，而《农村土地承包法》第37条则规定：“土地承包经营权采取转包、出租、互换、转让或者其他方式流转，当事人双方应当签订书面合同。采取转让方式流转的，应当经发包方同意；采取转包，出租，互换或者其他方式流转的，应当报发包方备案。”上述规定意味着除非农村承包经营权流转采用债权流转地方式，否则就应当得到发包方的同意。而《农村土地承包法》第48条更是进一步规定：“发包方将农村土地发包给本集体经济组织以外的单位或者个人承包，应当事先经本集体经济组织成员的村民会议2/3以上成员或者2/3以上村民代表的同意，并报乡（镇）人民政府批准。”可见，农村土地承包经营权向集体组织以外的主体移转需经本集体经济组织成员的村民会议2/3以上成员或者2/3以上村民代表的同意，并报乡、镇人民政府批准，且承包方的承包资格需要经过审核方可签订合同。

可以看出，要获得土地物权的受让人就必须满足苛刻的程序以及身份限制。

（3）土地承包经营权的收益权是否是适格的信托财产

如前文所述，以土地承包经营权作为信托财产是当前的主流。虽然土地承包

① 梁慧星，陈华彬．物权法［M］．2版．北京：法律出版社，2003．

② 周小明．信托制度：法理与实务［M］．北京：法律出版社，2012：41．

经营权作为一种（他）物权符合信托法上的作为信托财产的要求，但在商业信托模式之下，要将土地承包经营权移转给农村集体组织以外的主体在实践中具有较大的身份和程序上的限制，对高流动性的市场经济活动而言存在实践中的障碍。于是有了土地承包经营权的收益权的探讨，不移转土地承包经营权，而是以土地承包经营权的收益权作为信托财产。

以“资产收益权”作为信托财产的信托在实践中并不鲜见①，特定资产收益权交易有逐渐扩大之势，虽然目前法律法规未明确禁止该类交易，但该交易同时也缺乏明确的法律支持，存在着很大的争议空间。在土地信托当中，是否可以将作为土地承包经营权的权能之一的收益权分离出来，作为土地信托的信托财产，从而更好地突破信托财产移转当中的诸多限制，同时又使农户不丧失土地承包经营权？土地承包经营权的收益权作为土地承包经营权权能之一，其作为信托财产的确定性和权利形态受到一定的质疑。

信托的成立需要有确定的信托财产。我国《信托法》第 11 条关于信托无效的规定中，明确规定信托财产不能确定是导致信托无效的原因之一。可见，信托财产的确定性是信托成立和生效不可或缺的要件。就资产收益权信托而言，在实践中饱受争议的主要原因就在于其不能满足信托财产“确定性”的要求。笔者认为对于《信托法》中信托财产确定性的理解不应当过于刻板、一成不变。从鼓励信托的创新发展分析，可以对其进行扩张性解释。该确定性并非是指自始完全确定，只要以一定的方法和标准可以确定即可。允许资产所有人或第三方以抵押、质押或回购协议作为财产确定性的担保。资产收益权在本质上属于一种“将来债权”，其属于法律意义上的权利，只是它的实现需要在将来确定。美国信托法允许资产收益权作为信托财产②，我国《信托法》中没有明确禁止，依据信托法原理也应当可以作为信托财产设立信托。

另一种观点是，资产收益权作为对应财产权的权能之一，由于不具有法律上独立的权利形态，“如果设立信托的财产不具有独立的权利形态或者权利外观，该财产便无法进行转移，信托也无从设立”。③ 一方面，该类财产难以移转给受托人；另一方面，该权能应附属于对应的财产权，不能发生独立性的效果。关于如

① 实践中存在着不少信托公司发行的“特定资产收益权信托产品”，其法律性质和风险监管机制存在诸多探讨和争议，以 2013 年安信信托诉“昆山纯高”案为典型，资产收益权信托越发受到关注和热议。

② 参见《美国信托法重述（二）》第 85 条。

③ 周小明．信托制度：法理与实务［M］．北京：法律出版社，2012：130.

何确保财产移转和财产的独立性，的确是资产收益权信托实践操作中的一个难点，但并不能以此一概否定特定资产收益权作为信托财产本身的合法性。

将土地承包经营权的收益权作为信托财产的优点是显而易见的。土地承包经营权的收益权作为信托财产可以简化实践中移转信托财产的程序、不受过多主体的限制等。这一方式在高速流动的市场当中显得更加高效、灵活，能真正实现土地的“权”和“利”的分离，使农民既享有土地承包经营权的利益保障，同时又不被土地所束缚。

现代意义上商业性质的土地信托在我国才刚刚起步，关于土地信托领域的具体规范性文件尚未出台，其信托财产的确定同样处于实践探索阶段。我国农村土地承包经营权的流转制度正在走向开放和完善，将土地承包经营权的收益权作为信托财产的方式，存在着许多理论和实践中有待完善的空间。

（4）土地信托中的其他法律问题

①土地管理公司的法律地位：转委托的受托人。在“中信·农村土地承包经营权集合信托计划1301期”中，安徽帝元现代农业投资有限公司作为服务商提供服务。安徽帝元现代农业投资有限公司主要为该信托提供专业的技术支持。在这类信托计划中，农业投资服务商的作用类似于证券投资信托中由信托公司转委托的投资顾问，就其法律关系和法律地位，可适用《信托法》第30条关于转委托的规定。

②受益人（农民）的浮动收入。中信信托的项目中没有明确的预期收益率，初步付给农户浮动性的基本地租收入是每年每亩获得相当于500千克中等质量小麦的价钱。同时，随着资金的注入，土地、产品匹配的提升，也会增加农民的浮动收入，扣除服务费用、管理费用后，农民可以分享的增值部分初步定为70%。农民转化为工人，也可以获得工资收入。那么，如果经营不成功，风险如何承担呢？例如，如果在土地上种有机蔬菜却不能适销对路，就可能无法按合同向农民支付信托利益。农业受气候、虫害、水利等条件的影响很大，因此信托公司在引入专业的农业管理公司和改善农业基础设施之外，还应通过保险等措施减少歉收等带来的风险。

而且，在土地信托的领域，受益人（委托人）因对信托项目的事务管理有着较高的参与度、监督权和知情权，这似乎能成为打破刚性承兑的一个突破口。

③土地登记制度。土地流转信托在推广过程中面临着一些制度障碍，比如我国土地的信托登记制度不健全，信托配套制度建设也不够完善，土地流转信托在某种程度上依靠政府的行政权力推行，缺乏稳定的规范依据和保障。不过，如果

运用土地收益权（经营权）设立信托，信托生效并不以登记为要件。因农村土地权利的特殊性，即使土地权利不做变更登记也不会产生保护第三人利益不足的问题。

④土地权益证券化。在成熟条件下，将受益权做资产证券化，推出受益权凭证，该凭证可上市流通、可抵押融资，实现真正的财产权收入以及财产权流通带来的溢价收入。

5.2 2015年信托法律法规评述

5.2.1 我国年金信托制度的体系化逐渐完成

5.2.1.1 我国年金信托制度概述

信托业务当中重要的一环是年金信托（Pension Trust）。我国最早被称为“年金”信托的制度是根据《企业年金试行办法》和《企业年金基金管理试行办法》实施的企业年金，在该制度中，委托人被限制为符合一定条件的企业及其员工，而对受托人方面实行极其严格的许可制度，因此不利于其广泛地适用。理论上，年金除了包括我国的企业年金之外，其他的单位年金、基本养老金和个人年金均应被包括在内。年金的管理体制多数采取信托制，在实践中，人们已经看到这种“年金信托”[①] 的概念逐渐成形。全国社保基金理事会发布了《全国社会保障基金信托贷款投资管理暂行办法》，从2014年6月16日起正式实施，允许社保基金以信托贷款的方式进行投资，承认了社保基金的运用体制可以是信托。而根据《国务院关于机关事业单位工作人员养老保险制度改革的决定》（国发〔2015〕2号）等相关规定，国务院在2015年4月6日颁行《机关事业单位职业年金办法》，把适用职业年金的对象扩大到机关和事业单位的成员。2015年8月17日，国务院印发《基本养老保险基金投资管理办法》，其更明确地确立了我国的基本养老金投资管理体制为信托制。而在此之前，某些信托公司就已经开始推出灵活的、可普遍适用于各类企事业单位的职业年金和员工福利产品，也体现出信托的制度创新有稀释严格监管的功能。年金制度的广泛适用对社会保障制度是有益的补充。

我国存在的广义的年金制度如表5-1所示。

① 在我国，信托法学者何宝玉直接把英国的“pension trusts”称为养老金信托。何宝玉．信托法原理与判例［M］．北京：中国法制出版社，2013：379.

表 5 - 1　　我国存在的广义的年金制度

大类	小类	自愿或者强制加入	主要规范依据
基本养老金	企业基本养老金	强制	《中华人民共和国社会保险法》；《基本养老保险基金投资管理办法》
	事业单位基本养老金	强制	《中华人民共和国社会保险法》；《国务院关于机关事业单位工作人员养老保险制度改革的决定》
	机关基本养老金	强制	《中华人民共和国社会保险法》；《国务院关于机关事业单位工作人员养老保险制度改革的决定》
	其他城乡居民基本养老金	政府主导和居民自愿相结合	人力资源社会保障部、财政部联合发布的《关于提高全国城乡居民基本养老保险基础养老金最低标准的通知》（人社部发〔2015〕5 号）
	社保基金		《中华人民共和国社会保险法》；财政部、劳动和社会保障部颁布的《全国社会保障基金投资管理暂行办法》（2001 年 12 月 13 日）；《全国社会保障基金信托贷款投资管理暂行办法》（2015）
狭义的年金	企业年金	自愿	《企业年金试行办法》；《企业年金基金管理办法》
	事业单位年金	自愿	《国务院关于机关事业单位工作人员养老保险制度改革的决定》；《机关事业单位职业年金办法》
	机关年金	自愿	《国务院关于机关事业单位工作人员养老保险制度改革的决定》；《机关事业单位职业年金办法》
私人年金	暂无相关实践的报告	自愿	暂无。可适用《合同法》《信托法》和《保险法》等

归纳起来，我国的年金制度包括以下几种内容。

1. 基本养老金

这是作为社会保障制度一环的根据《社会保险法》而确立的强制性的养老金制度。在过去很长的一段时间，基本养老保险仅仅包括针对企业员工的养老保险，现在并轨之后，事业单位和机关单位也开始适用基本养老金。除了针对有固定“职业”的人的基本养老保险之外，还有覆盖广大城乡居民的基本养老保险。

2. 企业年金、事业年金和机关年金

可被统称为单位年金。单位年金是基本养老金的有益补充。

3. 个人年金

完全由个人选择加入的年金计划（如个人年金保险），目前还很少见。

这里集中分析《基本养老保险基金投资管理办法》（以下简称“养老基金投资办法”）所确立的基本养老金管理体制。

5.2.1.2 “养老基金投资办法”的出台背景

据人社部发布的《中国社会保险年度发展报告2014》，截至2014年年末，全国养老基金累计结余3.56万亿元。其中，城镇职工养老基金累计结余3.18万亿元，城乡居民养老基金累计结余3845亿元。随着我国经济发展进入新常态，人口老龄化挑战日益严峻，养老基金支付压力将逐步加大。

而且，历年来的基金收益率不仅低于银行一年期存款利率，而且低于同期通货膨胀率，这导致庞大的资金难以实现保值增值。建立养老基金投资运营机制，实行市场化、多元化投资运营，势在必行。

5.2.1.3 信托体制

基本养老金的归集采取的是保险体制（社会保险），但是，归集起来的基金的管理和投资所适用的是信托体制。根据“养老基金投资办法”的规定，基本养老金投资管理和运营实际上也采取信托管理模式。从实践来看，出于对养老金基金安全的考虑，国际上大部分养老金资产管理采取信托型模式。其核心特征是受托人义务、基金（信托财产）独立并经专业机构托管，破产隔离、严格监管和信息披露。基本养老金采取信托管理模式，符合社会发展趋势。

1. 委托人

在此模式下，省、自治区、直辖市人民政府作为养老基金委托投资的委托人，可指定省级社会保险行政部门、财政部门承办具体事务（第13条）。实际上，虽然“养老基金投资办法”并没有明确规定，委托人对养老基金的受益人而言也应承担受托人的职责和责任（第14条）。

2. 受托人和其他运营主体

国家设立、国务院授权的准公共机构为受托人。在此方面与全国社保基金运作模式差别较大，与企业年金较类似。与企业年金显著的差别之一是，基本养老金投资运营包括4个角色：委托人、受托机构、投资管理机构、托管机构。在此之外，企业年金还有账户管理人角色。根据“养老基金投资办法”的内容，基本养老金投资运作中账户管理的职责由委托人承担。和企业年金管理体制的另外一个区别是，企业年金基金的受托人还包括企业年金理事会，而基本养老金基金的受托人只能是法人受托人。

3. 基金财产的独立性（第 6～10 条）

“养老基金投资办法”规定：“养老基金资产独立于委托人、受托机构、托管机构、投资管理机构的固有财产及其管理的其他财产。委托人、受托机构、托管机构、投资管理机构不得将养老基金资产归入其固有财产”（第 6 条）。“委托人、受托机构、托管机构、投资管理机构因养老基金资产的管理、运营或者其他情形取得的财产和收益归入养老基金资产，权益归养老基金所有”（第 7 条）。“受托机构、托管机构、投资管理机构和其他为养老基金投资管理提供服务的法人或者其他组织因依法解散、被依法撤销或者被依法宣告破产等原因进行清算的，基金资产不属于其清算财产”（第 8 条）。“养老基金资产的债权，不得与委托人、受托机构、托管机构、投资管理机构和其他为养老基金投资管理提供服务的自然人、法人或者其他组织固有财产的债务相互抵消；养老基金不同投资组合基金资产的债权债务，不得相互抵消”（第 9 条）。“养老基金资产的债务由基金资产本身承担。非因养老基金资产本身承担的债务，不得对基金资产强制执行”（第 10 条）。这些都和《信托法》中的相关规定十分类似。

4. 受托人责任

“养老基金投资办法”第三章规定了受托机构作为《信托法》上受托人的职责和义务，基本上构成了对《信托法》上受托人忠实义务和谨慎管理义务的具体化。另外值得注意的是，其第四章和第五章明文规定了托管人和投资管理人的义务和责任，“养老基金投资办法”虽然在第 5 条规定了“受托机构与养老基金托管机构（以下简称托管机构）签订托管合同、与养老基金投资管理机构（以下简称投资管理机构）签订投资管理合同”，但是不能简单地认为受托人和基金托管机构、投资管理机构之间仅仅存在转委托关系，基金托管机构和投资管理机构也属于广义上的受托人（企业年金信托法理上也有同样的问题），不过分别是托管受托人和投资管理受托人。除了“养老基金投资办法”的规定之外，《信托法》上规定的受托人的义务对二者也应适用。

5.2.1.4 多重受托

基本养老金采取直接投资与外部委托投资相结合的方式。“养老基金投资办法”指出，基本养老金受托机构可对一部分养老基金资产进行直接投资，其他养老基金资产委托其他专业机构投资。这实际上确立了双重甚至是多层的受托体制。

这与全国社保基金理事会投资方式极为类似。2014 年年末全国社保基金直接投资占比50.26%，委托投资占比49.74%。结合基本养老金的投资范围来看，预计由受托机构直接投资的将是国家重大项目和重点企业股权、银行存款、政策性开发性债券等；而股票、基金、养老金产品等，将委托包括信托公司在内的市场机构进行投资。

需要重申以下两点：第一，在包括基本养老金在内的年金体制内，出面和受托人签订受托合同的委托人实际上是养老金的受托人，这一层受托关系常被忽略；第二，受托人有权选择托管机构和投资管理机构，托管机构和投资管理机构之间的关系不能简单地理解为《信托法》第30条所规定的转委托之委托—受托合同关系，托管机构和投资管理机构也应承担受托人责任。

5.2.1.5　受托人担当

"养老基金投资办法"所称受托机构，是指国家设立、国务院授权的养老基金管理机构。目前，基本养老金受托机构具体由什么机构担当仍未确定。从我国实际情况来看，基本养老金投资的受托机构大致有两种思路。

第一种思路是委托给全国社保基金理事会。全国社保2000年成立至今，据称成立以来平均年化回报率为8.38%，积累了丰富的管理经验[①]。

第二种思路是单独设置类似"国家基本养老金理事会"的专门机构，履行受托机构职能。这样做的好处在于该机构专司基本养老金受托运营，职责明确。但是，作为一个新设的机构，其管理经验相对缺乏，管理上万亿元的基金的确是一个巨大的挑战。

5.2.1.6　投资范围和管理费用

1. 基本养老金投资范围

比较而言，基本养老金投资范围和企业年金类似，比全国社保基金严格。

从"养老基金投资办法"的规定来看，其投资比例限制与企业年金类似：投资股票、股票基金、混合基金、股票型养老金产品的比例不高于资产净值的30%；投资于1年期以上协议存款、债券等固定收益资产的比例不高于资产净值的135%；投资于活期存款、货币基金等资产的比例不低于资产净值的5%。而两者较大不同在于：基本养老金可以不高于资产净值的20%资金投资国家重大项目

---

① 也有观点认为，基本养老金与全国社保基金性质不同，后者实质是储备养老金，在人口老龄化高峰到来之前没有支付压力，资金投资时间跨度大，抗波动能力也较强。而基本养老金类似保险资金，始终面临资金收取和支付的流动性要求，具有负债驱动的性质。

孙博，一文看懂基本养老保险基金投资管理办法，http：//read. finance365. com/Original/ArticleDetails？aid = 21868，最后登录日期：2016年1月6日。

和重点企业股权。

但是，与全国社保基金相比，基本养老金受到的限制较为严格：基本养老金只能投资境内，而全国社保基金可将不超过20%的基金投资境外；此外，全国社保基金投资股票、基金的比例上限为40%，远超过基本养老金投资权益资产30%的上限。两者投资范围存在差异的原因是基金属性不同。基本养老金用于当期收支，注重安全性；全国社保基金是储备养老金，兼顾安全性与成长性①。

2. 基本养老金的管理费

基本养老金的管理费低于全国社保和企业年金的管理费。"养老基金投资办法"规定，基本养老金托管机构年费率不高于托管资产净值的0.05%（第41条）；投资管理机构年费率不高于投资管理资产净值的0.5%（第42条）。两项费率都大大低于企业年金和全国社保基金——企业年金业务中托管费率上限为0.2%；投管费率上限为1.2%；而全国社保基金托管费率上限为0.25%；投资管理费率上限为1.5%，还可以约定业绩奖励措施。由此可以看出，对基本养老金业务而言，未来参与机构获取的利润更加依赖管理的资产规模。

5.2.1.7 信托公司的市场机会

"养老基金投资办法"确定了投资管理机构和托管机构遴选标准，主要分为两类：一是具有全国社保基金、企业年金基金投资管理经验或者托管经验的专业机构；二是投资管理机构还可以是"具有良好的资产管理业绩、财务状况和社会信誉，负责养老基金资产投资运营的专业机构"。由于托管机构由商业银行充任，信托公司参与基本养老金管理的方式是充任投资管理人。

由于路径依赖，基本养老金投资管理的具体规则会比较多地借鉴企业年金制度和社保基金管理制度。鉴于信托公司作为专业的投资管理人的能力还没有得到市场的认可，信托公司目前在企业年金管理和社保基金管理当中仅有十分有限的作为，因此，其在基本养老金管理体制中也很难有大的作为。

5.2.2 对信托公司进行规范化监管的有力举措

2015年年初，在监管机构的内部设置上，中国银监会设置信托部，独立于非银部，担当监管信托公司的职责。在2015年6月5日，中国银监会2015年

① 孙博，养老金的远水解不了股市的近渴，http：//finance.sina.com.cn/zl/china/20150823/183323041188.shtml 最后登录日期：2016年1月6日。

第6次主席会议通过了《中国银监会信托公司行政许可事项实施办法》（2015年第5号），独立于新颁行的《中国银监会非银行金融机构行政许可事项实施办法》，对信托公司机构设立，机构变更，机构终止，调整业务范围和增加业务品种，董事和高级管理人员任职资格，以及法律、行政法规规定和国务院决定的其他行政许可事项实施行政许可。

5.2.2.1　机构设立方面

1. 对设立公司法人机构的一般要求

除了文字表述之外并无太大的变化，只是在第6条第7款提出了新的要求：设立的公司须“建立了与业务经营和监管要求相适应的信息科技架构，具有支撑业务经营的必要、安全且合规的信息系统，具备保障业务持续运营的技术与措施”，强调了在信息时代对信息科技架构、信息系统和相应的技术措施的要求。

2. 对境内非金融机构作为信托公司出资人的要求方面

除了一些文字的修改之外，最大的变化有：要求出资人“承诺5年内不转让所持有的信托公司股权（银监会依法责令转让的除外）、不将所持有的信托公司股权进行质押或设立信托，并在拟设公司章程中载明”，而原来的要求是承诺3年内不得转让股权；删除了原办法中“除国务院规定的投资公司和控股公司外，权益性投资余额原则上不超过本企业净资产的50%（合并会计报表口径）”的要求。

3. 在对境外金融机构出资信托公司的要求方面

新办法在以下方面有所改变：增加了“具有国际相关金融业务经营管理经验”“符合所在国家或地区法律法规及监管当局的审慎监管要求，最近2年内无重大违法违规经营记录”，“所在国家或地区金融监管当局已经与银监会建立良好的监督管理合作机制”（第9项），“具有有效的反洗钱措施”（第10项）等要求；在第2条第3款还增加了“境外金融机构作为出资人投资入股信托公司应当遵循长期持股、优化治理、业务合作、竞争回避的原则。银监会可根据金融业风险状况和监管需要，调整境外金融机构作为出资人的条件”的规定；删除了“境外金融机构为商业银行时，其资本充足率应不低于8%”的要求；删除了在出资人“为其他金融机构时，应满足住所地国家（地区）监管当局相应的审慎监管指标”的要求和“单个境外机构向信托公司投资入股比例不得超过20%，且其本身及关联方投资入股的信托公司不得超过2家”的要求（旧《中国银监会非银行金融机构行政许可事项实施办法》第10条）；把承诺不得转让股权的期限由3年改变为 5 年。

4. 在办法的第 10 条规定了不得出资信托公司的负面清单

①公司治理结构与管理机制存在明显缺陷；②关联企业众多、股权关系复杂且不透明、关联交易频繁且异常；③核心主业不突出且其经营范围涉及行业过多；④现金流量波动受经济景气程度影响较大；⑤资产负债率、财务杠杆率高于行业平均水平；⑥代他人持有信托公司股权；⑦其他对信托公司产生重大不利影响的情况。

5.2.2.2 机构变更方面

在 2007 年旧的办法中，基本原则是区分银监会直接监管的信托公司和地方银监局监管的信托公司，变更受理审查流程做相应的区别对待。监管体制上的一个重要变化是在 2015 年 4 月银监会已将目前直管的 9 家信托公司（中信信托、中诚信托、外贸信托、英大信托、中粮信托、华鑫信托、民生信托、金谷信托和建信信托）交由地方银监局监管，其中，除建信信托划归安徽银监局监管外，其余 8 家已划至北京银监局监管；过去，银监会直接监管的信托变更事项一般由银监会受理、审查并决定；银监局、银监分局监管的信托变更事项一般由所在地银监局或银监分局受理、审查并决定。但是在新办法出台之后，产生了一些变化，具体请参见表 5－2。

表 5－2 新办法出台后产生的变化①

变更事项	修改前的《非银行金融机构行政许可事项实施办法》	《信托公司行政许可事项实施办法》
变更名称	区分银监会直接监管和银监局/分局监管两种情形	由银监分局或所在城市银监局受理、审查并决定
变更注册资本	区分银监会直接监管和银监局/分局监管两种情形	由银监分局或所在城市银监局受理、审查并决定
变更公司住所	区分银监会直接监管和银监局/分局监管两种情形	由银监分局或所在城市银监局受理、审查并决定
分支机构设立	未提及，但在《信托公司管理办法》第 11 条规定：未经中国银行业监督管理委员会批准，信托公司不得设立或变相设立分支机构	未提及

① 本表主要参考了孙海波先生的总结。网址：http：//www.weexiu.com/info/77733.html。最后登录日期：2016 年 1 月 5 日。

续 表

调整业务范围	区分银监会直接监管和银监局/分局监管两种情形	第一，新增“信托公司股指期货交易等衍生产品交易资格”“发行金融债券、次级债券”相关规定；第二，所有6类业务的调整和准入都是由银监局最终审查决定
董事或高级管理人员任职资格	董事长或总经理区分为银监会直接监管和银监局/分局监管两种情形；其他董事和高级管理人员，都是银监会最终审查决定；直接监管和非直接监管的差异在于受理环节	第一，所有董事和高管的审批权都在银监局；“由银监分局或所在城市银监局提交申请，由银监分局或银监局受理并初步审核，银监局审查并决定”。第二，增加了高管代为履职的规定
变更股东或者调整股权结构（持有商事公司流通股份未达到10%的除外）	第一，银监会直接监管的由银监会负责受理审查决定；第二，其他类型的信托公司单次变更比例达到总股本10%或者变更后持股比例达到10%的，由所在银监局受理并初步审查、银监会审查并决定；单次变更比例低于总股本10%且变更后持股比例低于10%的，由所在银监局受理、审查并决定	信托公司由实际控制人变更所引起的变更股权或调整股权结构，由所在地银监局受理并初步审查，银监会审查并决定；信托公司由其他原因引起变更股权或者调整股权结构的，由银监分局或所在城市银监局受理并初步审查，银监局审查并决定
修改公司章程	区分银监会直接监管和银监局/分局监管两种情形	信托公司修改公司章程，由银监分局或所在城市银监局受理、审查并决定
分立	银监会最终审查决定；直接监管和非直接监管的差异在于受理环节	信托公司分立，应当向所在地银监局提交申请，由银监局受理并初步审查
合并	银监会最终审查决定；直接监管和非直接监管的差异在于受理环节	流程不变，仍然由银监会审批
终止	银监会最终审查决定；直接监管和非直接监管的差异在于受理环节	信托公司解散，应向所在地银监局提交申请，由银监局受理并初步审查，银监会审查并决定
改变组织形式	区分银监会直接监管和银监局/分局监管两种情形	未提及

5.2.2.3 公司筹建提交材料简化

旧办法要求“由出资人各方共同作为申请人向拟设地银监局提交申请，由银监局受理并初步审查、银监会审查并决定”，新办法在第12条将此改为由出资比例最大的出资人作为申请人提出申请，而且把筹建延期和开业延期由之前的审批制改为报告制。

5.2.2.4 董事和高管任职资格审核程序透明化

与原许可办法相比，新规中全部删除了董事和高管任职资格个案审核内容，从程序上保证了今后一律不再受理个案审批事项。下步或将通过建设统一的准入信息平台，实现准入审批过程的公开化、透明化。

5.2.2.5 特殊业务准入事项条件变化

1. 信托公司企业年金基金管理业务资格

新增监管评级为良好的要求；将之前的最近3年无重大违法违规记录改为最近2年重大违法违规。

2. 特定目的信托受托机构资格

即在信贷资产证券化过程中银监会规定必须由信托公司设立SPV完成基础资产的转移（和发行人破产隔离）和投资人持有资产支持证券的基础资产保障。新规中增加了监管评级为良好和最近2年重大违法违规的记录要求。

5.2.2.6 新增“投资设立、参股、收购境外机构”

其中，权益性投资余额原则上不超过净资产50%。

5.2.2.7 新增关于信托公司公开募集股份和商事交易股份的规定

2015年4月10日，银监会下发的《信托公司行政许可事项实施办法》（征求意见稿）中，首次明确了信托公司股权再融资的条件。拟申请IPO的信托公司应具备的主要条件：公司最近1个会计期末净资产不低于10亿元；最近3个会计年度连续盈利，且3年累计净利润不低于10亿元；公司业务在行业内具有一定的规模和竞争力等。对申请借壳上市或挂牌新三板的信托公司，要求则更为宽松，主要包括：公司最近1个会计期末净资产不低于10亿元，最近3个会计年度至少两年盈利，且3年累计净利润不低于5亿元；公司业务在行业内具有一定规模和竞争力等。

但是，在正式出台的《信托公司行政许可事项实施办法》中，有关信托公司再融资的内容却被全部删除。新规第25条规定“信托公司公开募集股份和上市交易股份的，应当符合国务院及监管部门有关规定，向中国证监会申请之前，应当向银监会申请并获得批准”，但是对信托公司从事IPO、挂牌新三板及借壳上市都没有规定明确条件。当然，不能期待银监会就这些问题单独确立规范。

5.2.3 信托公司自律管理的新进展

为加强信托行业自律管理，全面评价信托公司经营管理情况，引领行业规范健康发展，提升信托业整体实力，中国信托业协会（以下简称协会）秘书处在监管部门指导和各信托公司的支持和配合下，组织制定了《信托公司行业评级指引（试行）》（以下简称《指引》）及配套文件，并已经协会第三届会员大会第八次会议表决通过，正式在线发布。

这是协会首次推出的对信托公司经营管理情况进行全面综合评价的具体办法，也是协会进一步加强行业自律管理的重大举措。行业评级以坚持定量、客观、公正、透明为原则。与监管评级相比，行业评级更侧重于评价信托公司为投资人和社会提供的服务，目的是增强信托公司社会公信力。

5.2.3.1 行业评级的内容概述

该《指引》评级体系主要对信托公司资本实力、风险管理能力、增值能力和社会责任4个方面的11个指标进行了量化评判，其中，关于公司治理、合规等的事项涉及定性内容，将由监管部门在监管评级中评定。信托公司行业评级指标涵盖四大指标、12个子项的内容，评级内容包括信托公司资本实力（Capital Strength）、风险管理能力（Risk Management）、增值能力（Incremental Value）、社会责任（Social Responsibility）4个方面，简称“短剑”（CRIS）体系。信托行业评价分值为100分，综合评级分数由各项评级分数总和产生。在权重设计上，资本实力为28分、风险管理能力为36分、增值能力为26分、社会责任为10分。评级结果根据各项评价内容的量化指标得分情况综合确定，划分为A（85［含］~100分）、B（70［含］~85分）、C（70分以下）3级。

信托公司行业评级的周期原则上为一年，评价期为上 年度1月1日至12月31日，涉及的财务数据、业务数据，以上一年度经审计的报表和协会公布的数据为准。信托公司应于每年3月底前完成上一年度的自评工作，并将自评结果及工作底稿报告信托业协会秘书处。协会秘书处负责信托公司行业评级结果对外公布的具体事宜。

5.2.3.2 《指引》的具体目标分析①

1. 资本实力板块（28分）

一般认为，资本实力是信托公司拓展业务、创新转型的基础，也是成功处置和化解风险的保障，该板块下的各个指标是为了引导信托公司重视内在实力建

① 具体分析主要参考周正源的《〈信托行业评级〉究竟带来啥影响?》，来源：http://www.yanglee.com/news/news-detail.aspx? id=100043260066644&NodeCode=105022016002。最后访问时间：2016年1月7日。

设，夯实展业基础。

（1）净资本（9 分）

净资本是信托公司实力的体现，设定此项指标的目的在于鼓励各家信托公司做大资本，不断增强自身实力。

（2）净资本/风险资本（13 分）

此项指标是保证各公司正常运营和发展所必需的资本比率，反映了公司抵御风险的整体实力，设定此项指标的目的在于鼓励信托公司在保障安全的基础上稳健开拓业务。

（3）净资本/加权信托风险项目规模（6 分）

该指标为综合性指标，既考察信托公司对信托项目风险敞口的管控能力，又考察信托公司的净资本对信托项目风险敞口的覆盖能力，如果信托公司将所有到期未清算项目和逾期欠息项目纳入风险项目中，则会对公司造成一定的影响。这就要求各家信托公司进一步加强对风险项目台账的管理，摆脱目前项目台账管理不严格的问题。

2. 风险管理能力板块（36 分）

在此次《指引》对评级体系的阐述中，更加凸显了信托公司防范化解风险，提升自主管理能力的内容。风险管理能力板块主要评价信托公司固有信用风险资产不良情况以及信托业务的风险处置情况，该板块下的 3 个指标，彼此之间相互影响。

（1）信托项目正常清算率（16 分）

该指标目的在于引导信托公司尽职履行受托人职责，从受益人利益最大化出发，采取一切必要手段积极化解项目风险。

（2）信托项目风险化解率（10 分）

此项指标与“信托项目正常清算率”相互补充，重点考察信托公司对未正常清算的信托项目的风险处置能力，充分体现“卖者尽责”的指导思想。这就要求各家信托公司在对此目标进行对标管理的同时，要充分考虑与信托项目正常清算率之间的互补关系，比如如果将一些容易化解的信托项目不纳入风险项目，而将一些化解难度较大的信托项目纳入，则会体现出公司信托项目正常精算率分值较高而信托项目风险化解率分值较低的情况。

（3）固有信用风险资产不良率（10 分）

此项指标旨在鼓励信托公司通过计提拨备夯实资产价值、降低信用风险敞口。考虑到一些信托公司为隐藏公司利润，往往对固有信用风险资产集体的减值损失准备余额较为充足，远远大于固有信用风险资产中的不良资产余额，故此项指标各家信托公司的分值可能差异化较大。

3. 增值能力板块（26 分）

增值能力板块主要评价信托公司作为专业受托金融机构，对资产与财富的管理能力，旨在引导信托公司通过提高资产运营效率、提供专业化服务、优化收入和成本结构、重视信托主业发展、提升客户满意度，不断增强市场核心竞争力。

（1）净资产收益率（7 分）

该指标是衡量公司运用自有资本赢取收益的能力和效率的指标。此项指标旨在引导信托公司合理优化资本结构，提高资本使用效率，增强盈利能力。

（2）信托业务收入占比（6 分）

该指标旨在引领信托公司回归本源业务，倡导增加信托业务占比，体现受益人利益最大化原则。

（3）营业费用收入比（6 分）

该项指标评价信托公司在经营管理过程中的成本控制能力、盈利能力和运营效率。

（4）人均信托净收益（7 分）

此项指标重点考察信托公司人均信托财产增值贡献度，反映信托公司的资产管理效率，旨在促进信托公司通过精简人力资本，提高员工资产管理能力，实现公司综合运营效率的整体提升。

4. 社会责任板块（10 分）

社会责任履行状况主要评价信托公司作为社会经济组织对国家和社会的和谐发展、地方经济发展、信托业健康稳定以及受益人利益所履行的责任。此项指标是对国家和社会、地方经济、信托业及受益人的责任履行予以价值量化，具体体现为纳税额贡献、信托资产中运用至信托公司注册地的资金规模、向受益人分配的信托收益规模和信托业保障基金缴纳余额等数据。其他难以量化的社会责任项目将在监管评级中评定。

5.2.3.3 行业评级重视风险管理

作为权重最高的一项，风险管理能力主要评价信托公司固有信用风险资产的不良情况，以及信托业务的风险处置情况，包括信托项目正常清算率、信托项目风险化解率和固有信用风险资产不良率 3 个指标。风险管理能力板块占比最高，也凸显行业评级体系中对于信托公司风控的重视程度。这次列出的四大项 11 个子项，包括净资本、资本充足率等，基本都是公开可查的数据和定量分析，提高了可操作性，并降低了人为主观性。而风险管理类指标权重由之前的 30 分提升至 36 分，成为权重最高的板块，这表明监管部门充分引导信托公司重视风险管理能力提升，强化核心竞争力的塑造。①

5.2.3.4 行业评级和监管评级

行业评级是协会从行业角度对信托公司做出的综合评价，由协会自行组织。信托公司行业评级是对信托公司从行业角度做出的综合评价，具体评级工作接受银监会指导，评级结果将信托公司划分为 A（85～100 分）、B（70～85 分）、C（70 分以下）3 级。而关于监管评级，早在 2010 年银监会发布的《信托公司监管评级与分类监管指引》中就将公司治理、内部控制、合规管理、资产管理和盈利能力 5 个方面评级要素纳入其中，构建了监管评级制度，2014 年下半年以来，监管层已经数次针对《监管评级指引》征求意见，但业界争议较大，至今未能定稿。

与监管评级不同的一个重要特点是：行业评级结果将对外公布，更侧重于评价信托公司为投资者和社会提供的服务，目的是增强信托公司社会公信力；而此前信托行业的监管评级的评级结果不对社会开放。

行业评级与监管评级既相互独立，又相互联系。行业评级更侧重于信托公司为投资人和社会提供的服务，增加好的信托公司的社会公信力，并且通过开展评级工作，鼓励信托公司强化资本实力，防范化解风险，提升自主管理能力，切实履行社会责任，加快创新转型；而监管评级是在行业评级的基础上，综合关于公司治理、风险、合规等的监管意见而形成的，根据信托业协会评级结果进行差异化监管。

5.2.3.5 《指引》颁布实施的意义和影响

开展行业评级工作，将有助于进一步推动政府、社会公众对信托业的认知和了解，强化信托业在社会经济中的功能定位，促进监管部门对信托公司的目标性监督管理，引导信托公司对照标准学习先进，检查不足，不断提升核心竞争力，提高综合发展质量。

此次评级制度的颁布，意味着信托业开始实施监管评级与行业评级并行的双

① 钟源．信托公司行业评级指引出炉［N］．经济参考报，2015－12－16.

评级制度。行业评级《指引》的发布是信托行业发展史上具有重要意义的事件，将对加强行业自律、强化市场约束、树立行业标杆、引领创新发展、促进战略转型发挥重要作用，并产生深远影响。

此举将有利于信托行业优胜劣汰和加快转型发展。各家信托公司会优先从比较容易提分的指标入手，努力改进，以提高公司评级，诸如净资本、项目正常清收等评级要素。信托公司会更重视对业务经营层面的分析，根据评级指标的实施标准进行有效的对标管理，同时，按照评级指标设定的目标值与基础值设置预警线，通过按月测算，做到提前预判，防患于未然。

信托业协会对各家信托公司评级结果的公布，会加速信托行业竞争格局的重构。有些信托公司注册资本不高，规模不大，但走的是精品化、小众化路线，评级结果对外公布后，投资者为了投资安全，会倾向于购买高评级信托公司的产品，低评级公司推广销售难度随之增大；而在同业合作方面，低评级公司可能无法再进入金融同业的白名单，相关公司的项目来源和交易对手都将受到影响。总体上感觉评级出台后，可能会对一些中、小型信托公司带来些许负面影响，行业集中度也许会进一步提升。

5.2.4 《存款保险条例》的颁行和信托业的关系

5.2.4.1 存款保险和信托的关系

根据《存款保险条例》，适用该条例的为“在中华人民共和国境内设立的商业银行、农村合作银行、农村信用合作社等吸收存款的银行业金融机构（以下统称投保机构）”（第2条第1款）。但是，“投保机构在中华人民共和国境外设立的分支机构，以及外国银行在中华人民共和国境内设立的分支机构不适用前款规定。但中华人民共和国与其他国家或者地区之间对存款保险制度另有安排的除外”（第2条第2款）。由于信托公司不具有吸收存款功能，不属于银行业金融机构，其所管理的资产不适用存款保险条例。在我国信托法律制度的框架中对受益人（投资者）的保护是通过受托人的信托责任、赔偿准备金（《信托公司管理办法》第49条）和信托业保障基金（《信托业保障基金管理办法》）而实现的。

就此一点，美国和日本有着类似的规定。

在美国，在作为美国金融业监管机构的货币监理署（OCC）的监管手册中规定，信托利益（Participating Interest，直译“分红利益”）是不适用存款保险的，此可作为区分银行业务和信托（fiduciary）业务的一个重要标准。

在日本，为了保护存款人、维持信用秩序，制定了《存款保险法》等金融法，对客户的存款加以保护。而信托中关于规定本金填补条款的金钱信托（包括贷款信托），由于其经济功能及客户层面等与存款相类似，故在法律上视为存款（《日本存款保险法》第2条第2项第4号）。由此可以看出，虽然对部分信托产品适用存款保险，但仍然是以坚持存款债权关系和信托关系这一区分标准为前提的。

从原理上看，在金融领域内，投融资的方式分为债权型（Debt Finance）和权益型（Equity Finance）以及结构型（Structured Finance）。从法律效果层面看，信托等权益型投融资和贷款等债权型投融资之间的一个重要区别是看其是否适用存款保险。信托受托人对受益人的义务并非属于受托人对受益人的负债，受益人应承担信托财产不足以支付信托利益的风险，这不同于银行对于其储户是债权债务的关系，银行应以所有的资产为限承担向储户兑付的义务。

5.2.4.2　存款保险和刚性兑付

《存款保险条例》一出台，业内普遍认为，存款保险制度的建立对于打破刚性兑付、建立金融机构的市场退出机制、促进商业银行形成一定的市场约束有积极意义。[①] 可以看出，“刚性兑付”这个词语，已经被严重滥用，这里对其进行简单梳理。

在信托中，受托人对受益人以信托财产为限承担有限责任，如果受托人没有违背信托义务，尽到尽职管理义务，是不需要以固有财产对受益人承担责任的。但是，在信托实务中，出现所谓刚性承兑的“潜规则”，是指信托产品到期后，信托公司必须分配给投资者本金以及收益，当信托计划出现不能如期兑付或兑付困难时，信托公司需要兜底处理。因为信托计划的管理方式大多是以贷款或者变相贷款（附回购投资）的方式进行的，所以说贷款人无法兑付可能是准确的，但是说受托人对受益人不能兑付是不正确的。刚性承兑的问题多出现在对信托财产进行债权式运用的固定收益类信托产品中，而实际上，在浮动收益类的证券投资类信托业务中，打破刚性承兑早就已经有先例。

再看看其他领域。在银行等和储户构成债权债务关系的领域以及企业发行普通债权的场合，恰恰要求的是债务人刚性承兑。即储户存入商业银行的钱构成银行对储户的负债，银行应以自己的全部资产清偿该债务，直至破产。债券发行企

① http://finance.caixin.com/2015-04-01/100796700.html。

业亦如此。

所以，在市场上熙熙攘攘地说“某企业债要打破刚性兑付”的时候，这种行为令人感到难以理解。债权关系中，债务人恰恰就是要刚性兑付的，理论上债务人需要用其所有的钱偿债，直到其破产为止。

但是，经过仔细考察才发现，媒体和市场人士所称的“刚性兑付”是有其特定内涵的——即便是企业发债之后无法按期还本付息，企业股东、政府、关联企业也会迫于压力或者是基于“稳定”大局的考虑，偿还发债企业的债务。根据《公司法》基本原理，企业的股东对企业所欠债务是享有有限责任保护的，企业的股东非正常地履行这种加重责任，属于“刚性兑付”。

5.2.4.3 *存款基金管理机构的法律地位*

《存款保险条例》第 7 条第 2 款规定“存款保险基金管理机构由国务院决定”，其主要职能包括制定和调整存款保险费率标准，报国务院批准；确定各投保机构的适用费率；管理和运用存款保险基金；等等。在短期内，存款保险暂时不设立独立的公司，而是由央行下属的金融稳定局进行管理，待时机成熟，再考虑设立独立的存款保险公司。

虽被称为存款“保险”，但是这仅仅涉及资金的归集方式，并揭示商业银行等具有互保的性质。从资金的运用和管理方式的角度来看，存款保险机构管理的是“他人”的财产，存款保险机构不能从这种管理行为中盈利，因此，其不大可能由现有的或者新设的保险公司担任，而似乎应采取社保基金理事会类似的机构设置，其与存款保险基金之间的关系，是一种信托关系，应适用信托法理约束基金管理者的行为。

为保障存款保险基金的安全，《存款保险条例》对存款保险基金的运用形式作了适当限制，规定存款保险基金的运用应遵循安全、流动和保值增值的原则，限于存放中国人民银行，投资政府债券、中央银行票据、信用等级较高的金融债券及其他高等级债券，以及国务院批准的其他资金运用形式。同时，为做到风险的早发现和少发生，借鉴国际上比较成功的做法，在不改变现行银行业监督管理体制的前提下，按照存款保险基金管理机构与银行业监督管理机构适当分工、各有侧重的原则，赋予存款保险基金管理机构早期纠正和风险处置职能，主要包括：对和保费计算有关的情况进行核查，对投保机构报送的信息、资料的真实性进行核查；参加金融监管协调机制，通过信息共享获取相关信息，不能满足控制存款保险基金风险、保证及时偿付、确定差别费率等需要的，可以要求投保机构及时报送其他相关信息；发现投保机构存在资本不足等影响存款安全以及存款保险基金安全情形的，可以对其提出风险警示；在投保机构的资本充足率大幅度下降，严重危及存款安全以及存款保险基金安全时，可以采取必要的风险纠正措施。这意味着，《存款保险条例》规定的存款保险基金不是单纯的出纳或者"付款箱"。此外，为减少存款保险基金的损失，并与现行法律做好衔接，《存款保险条例》还规定，存款保险基金管理机构在处置问题投保机构时，既可以直接偿付，又可以灵活运用委托偿付、支持合格投保机构收购或者承担问题投保机构资产负债等方式，充分保护存款人利益，实现基金使用成本最小化，在快速、有效处置金融风险的同时，确保银行业正常经营和金融稳定。

5.2.4.4 托管于商业银行的信托资产是否适用存款保险

信托公司等信托机构托管于商业银行的信托资产，是否适用存款保险，该条例亦无规定。有观点认为，银行和信托公司是保管法律关系，银行不得将信托专户资金计入"负债"，银行不得以任何形式对保管专户的资金进行使用，信托专户资金与银行资产必须彻底隔离，银行计算存贷比的时候也不得将信托专户资金计入其存款规模中。从信托业务风险防范和信托财产的本质来说，信托公司都应当享有对信托专户资金的取回权，否则无形中就增大了信托业务的风险，也损害了信托财产的独立性。①

此处有以下两个问题值得探讨。

第一，信托公司和银行之间就信托财产的管理签订"保管协议"②，但这种保管合同属于特殊的保管合同。资金在《民法》上被视为特殊动产，在保管有体物的时候保管人有返还原物义务，在保管货币的时候，根据《合同法》第 378 条的规定"保管人保管货币的，可以返还相同种类、数量的货币"，无法成立传统的保管合同关系，③ 故属于特殊的保管合同。这种特殊的保管合同要求银行按照自己的业务规范对信托财产进行管理，但并不需要使之独立于银行基于负债而取得的其他资金——要求银行确保信托财产独立于自己的其他资产，相当于在信托公司和银行之间建立信托关系。

第二，《信托公司集合资金信托计划管理办法》要求信托公司把资金交由银

① 柏钦涛博士长微博，"信托专户资金不应被当作存款处理"，http：//weibo. com/p/1001603713325962772637，最后访问日期：2014 年 5 月 28 日。

② 《信托公司集合资金信托计划管理办法》第 3 章"信托计划财产的保管"。

③ 在日本，银行存款关系被理解为一种特殊的保管合同关系。所以亦可用特殊保管合同关系来理解银行和储户的关系。内田贵．民法 II 债权各论［M］．东京：东京大学出版会，2006，285.

行“保管”，这恰恰证明信托公司和银行之间并非信托关系。《信托公司集合资金信托计划管理办法》第21条规定，保管人应当履行的职责主要有：①安全保管信托财产；②对所保管的不同信托计划分别设置账户，确保信托财产的独立性……这也只是确保受托人把信托财产、固有财产和自己名下的不同信托财产进行分别管理，是受托人履行分别管理义务的一种体现。

在美国，在义务人必须以某一特定财产来履行其义务的场合，则其为该财产的受托人；若在其可用其名下的任何财产履行义务的场合，其所负义务仅为合同债务。银行等商业机构很少希望标识出不同的财产来履行不同的义务，因此多不能被认定为成立信托关系。[1] 不管银行所接受的资金是普通的私人基金、公共资金还是从作为受托人处取得的信托财产，均是如此。除非有特别法的规定，在银行破产的时候，受托人等只能成为其一般债权人，而不能根据信托理论让银行成为信托公司等的受托人。[2]

因此，信托公司就银行保管的信托财产不应取得优先于银行的一般债权人的效力，更无法主张取回权。信托公司作为信托财产（对银行的债权）的财产权人，受银行存款保险制度的保护。而且，不允许银行利用这些保管的资金，似乎是对资金价值的浪费。商业银行根据资金的使用情况，只要能满足信托文件对信托财产的运用的需求，就对信托财产加以运用似乎并无问题。

至于证券公司和客户之间的关系、证券投资信托中的账户管理人和托管人及受托人之间的关系，与资金信托中受托人和银行的关系有很大区别，此处不再赘述。

5.2.4.5　商业银行的理财产品和《存款保险条例》的适用

《存款保险条例》规定，被保险存款包括投保机构吸收的人民币存款和外币存款。但是，金融机构同业存款、投保机构的高级管理人员在本投保机构的存款以及存款保险基金管理机构规定不予保险的其他存款除外（第4条）。

银监会的监管文件反复强调理财产品不属于“存款”，理财产品的客户应风险自负，因此，商业银行就理财产品对其客户的义务不属于债务，不适用存款保险也似乎顺理成章。但是，银行的理财产品区分为不保证收益的理财产品和保证收益的理财产品，也有出表的理财资金和不出表的理财资金的区分（《商业银行

① George T. Bogert, Trusts, sixth edition, West Pub. Co., 1987, p. 81.
② Supra note, pp. 85 –85.

个人理财业务管理暂行办法》第12条、第13条)，对于保证收益以及不出表的理财产品，应属于银行的负债，但并不清楚是否适用《存款保险条例》，笔者以为，凡是属于银行负债的资产，即应适用《存款保险条例》。

5.2.5 促进信托业务发展的两个新政策

信托公司高端私募的业务定位是由《信托公司集合资金信托计划管理办法》确立的（第5条、第6条和第8条）；从事证券投资基金信托的基金公司当然也是在经营信托业务，就可以是公募，甚至主要是公募。信托业如此定位，是特定历史条件的产物，但并非铁律。例如，部门规章及其以上层面的规则可以允许信托公司在某些特定领域从事公募业务。2015年出台的两个新的文件，就都涉及这一问题。

5.2.5.1 信托公司开展铁路发展基金专项业务

信托公司陆续收到《关于信托公司开展铁路发展基金专项业务有关事项的通知》（银监办发〔2015〕44号）（以下简称“铁路专项信托”），从业人员普遍认为这是在《信托法》《信托公司管理办法》之外的特事特办，是为解决铁路建设资金来源的一次制度创新。

此创新之举规定“信托资金用于投资高信用等级的铁路发展基金；投资起点为1万元；投资者人数不限”，这完全突破了目前《信托公司集合资金信托计划管理办法》的规定。根据《信托公司集合资金信托计划管理办法》，单个信托计划的自然人人数原则上不得超过50人，而且应当具备合格投资者的条件（第6条）。

有代表性的观点认为，此举借鉴互联网众筹的做法，针对单个产品，设定较低的单笔投资下限，降低投资者对单一产品的投资集中度，无疑将分散其风险，有助于打破“刚性兑付”，同时也有利于信托公司降低筹资成本，促进信托资金进入更广泛的实体经济、新兴经济领域。① 其他观点认为，此举有利于实现投资主体的多元化，顺应中央目前倡导的混合所有制改革及PPP模式。②

信托行业的监管规则把信托公司的投融资业务定位为高端私募业务。几年前有学者曾经对此提出批评说“我国的信托制度可以说只是为富人准备

① 胡萍. 信托计划万元可买，铁路专项信托惹争议［N］. 金融时报，2015-9-25.

② 乔发栋，关于铁路专项信托的思考与启示，http：//www.financialnews.com.cn/gs/xt/201510/t20151017_85544.html，最后访问时间：2016年1月11日.

的，设置了一般百姓无法踏入的、高不可攀的门槛，因此是有逆信托本质的非良性之举"，① 笔者对此深表赞同。但如此定位对细分市场和客户、避免和其他资管行业恶性竞争、发挥信托的特色，可能是有重要意义，因此很难对其做出非对即错的评价。

信托业的规制难免涉及创新和监管的紧张关系问题。出于稳定和风险控制的考虑，近年来有从严监管的迹象，但是监管规则应不能违背现有的法律规则和法律原理。有的创新可以被现有的法律法规框架所容纳，有的则需要修法才能解决。铁路专项信托的大众金融模式欲打破《信托公司集合资金信托计划管理办法》对合格投资者的要求，在一定范围内打破对信托高端私募的定位，单靠出台政策性文件解决的思路并非法治化的思路，需要先修改《信托公司集合资金信托计划管理办法》，或者单独制定《信托公司开展铁路发展基金专项业务办法》，原因在于，银监会发出的通知的规范性总是显得有所欠缺。银监会通过"通知"出台的政策可以根据监管的需求和社会形势进行灵活调整，但是政策是不稳定的，规范性的法律文件（包括银监会的部门规章）也属于广义的法律，具有一定的稳定性，能制约监管政策的频繁变动，保证监管活动在法治的轨道中运行，而非恣意行政。监管部门如不尊重现有的法律法规框架，即使做出的调整是合理的，也会损害对法律的信任，最终损害法治。

另外有观点认为，银监会之前曾经出台通知突破过现行规范的要求。这说的是《中国银监会办公厅关于鼓励信托公司开展公益信托业务支持灾后重建工作的通知》（以下简称《通知》）（银监办发〔2008〕93 号）。《通知》第 4 条规定"信托公司设立公益信托，可以通过媒体等方式公开进行推介宣传。公益信托的委托人可以是自然人、机构或者依法成立的其他组织，其数量及交付信托的金额不受限制"，允许设立公益信托的时候进行媒体宣传，而且募集不限制金额。这表明公益信托可以是公募形式的。但是经常被误解的是，《通知》和《信托公司集合资金信托计划管理办法》的适用关系，该《通知》只是对《信托法》中关于公益信托规定的细化，而《信托公司集合资金信托计划管理办法》的规范对象是营业信托中的集合资金信托计划（属私益信托），二者性质不同，当然应适用不同的法律规则，不会产生适用上的矛盾。相应地，2008 年银监会"93 号文"中的规则并不像众多评论者所说的构成对原来规范（《信托公司集合资金信托计

① 张军建．信托法基础理论研究［M］．北京：中国财政经济出版社，2009：72.

划管理办法》）的突破，而只是针对不同的调整对象制定不同的规则。

5.2.5.2 “互联网信托”

中国人民银行等十部委联合印发了《关于促进互联网金融健康发展的指导意见》（银发〔2015〕221 号，以下简称《意见》）。《意见》就“互联网信托和互联网消费金融”指出，“信托公司、消费金融公司通过互联网开展业务的，要严格遵循监管规定，加强风险管理，确保交易合法合规，并保守客户信息。信托公司通过互联网进行产品销售及开展其他信托业务的，要遵守合格投资者等监管规定，审慎甄别客户身份和评估客户风险承受能力，不能将产品销售给与风险承受能力不相匹配的客户。信托公司与消费金融公司要制定完善产品文件签署制度，保证交易过程合法合规、安全规范。互联网信托业务、互联网消费金融业务由银监会负责监管”。

和互联网信托相关的相关业务多有耳闻。较早的一个例子是“信托 100”产品，该产品将信托受益权拆分成以 100 元的单位进行网络销售。但是，银监会界定“信托 100”网站“100 元买信托”业务违规，这项业务没多久就被紧急叫停，中国信托业协会及相关信托公司也发布了声明予以澄清。后来，上海 P2P 平台雪山贷推出“千元团购信托”业务，也因被合作方“否认”而紧急下线。现存的一个典型例子是“利番金融平台”，据其网页介绍，该平台“提供专注于国内 Top10 的顶尖信托公司的信托宝和专注于知名阳光私募基金的股盈宝，立志于成为一家为客户提供起点低、期限短、高流动性、高安全性、高收益性产品的互联网理财超市”。[①] 另外，还有不少的网络平台实质上都在从事和信托产品设计和销售相关的业务。

从法律上讲，作为私募的信托产品不能自己做网上的销售宣传，不能在网上公开销售，信托产品的直接投资者应具备合格投资者的要求。但是，这并不意味着不符合信托合格投资者的投资者就不能投资信托。例如，银行理财产品的客户、证券公司资管计划的客户等，都是“合法合规”的存在，银行理财产品和证券公司的资管计划在本质上都在从事信托业务，只是不受银监会相关规范的调整而已。

社会上形形色色的资产交易平台的和与信托相关的交易安排有的被取缔禁止，有的被默许存在，其法律地位有许多不确定之处，亟待相关组织和人员深入

① 参见利番金融的产品介绍网页：http://www.lifan99.com/html/trust.html。最后访问日期：2016 年 1 月 11 日。

研究，加以澄清。

互联网提升金融配置效率、改变金融行业格局已是不争的事实。对信托公司而言，从事互联网信托似应从以下几个方面着眼。[①]

1. 与成熟的互联网金融企业合作

信托公司可严格选择小微金融平台交易对手，根据其业务存量规模、业务模式、股东背景、资产资金管理、内部信用模型合理性等维度充分评估，切实做到考察平台业务能力、相信业务能力、控制资产现金流，认可其具备较高的风控能力后再深入合作。与规范和有实力的互联网金融企业合作，既可以节省互联网金融平台的研发投入，又可积累相关业务经验。

2. 建立独立的互联网金融部门或者企业

在信托公司转型的背景下，各信托公司通过建立专业子公司的模式积极探索新的业务领域，而设立互联网金融企业也可作为信托公司转型的积极尝试。

3. 逐步打造信托互联网平台

信托公司可通过微信、APP 等逐步建立简单的互联网应用平台；在信托登记等瓶颈问题解决后，信托公司可以建立多元化的信托互联网平台。

5.2.6 我国信托立法的展望

5.2.6.1 概述

信托法为英美法制度，立法当时坚持“宜粗不宜细”的原则，再加上对“法律移植”和“本土化”如何进行衔接客观上有难度，因此，10 多年前我国制定的《信托法》存在比较大的欠缺，可操作性较差，仅仅依靠出台行政法规和其他规范性法律文件，无法从根本上解决信托法律制度的完整性问题，更不能满足社会发展对民事信托、营业信托及公益信托的多样化需求。现行《信托法》除了大量细节性条款需要修订外，还有 3 个制度性问题亟待解决。

1. 信托登记制度

《信托法》第 10 条规定的信托登记制度，与我国现行法律规定的特定财产或财产权的设立、变更或终止的登记或注册制度之间缺少衔接和配套的法律制度。目前，我国尚未形成统一规范的信托登记制度，但在信托实践中，涉及信托登记的领域越来越多。《信托法》对于信托的登记机构、登记主体、登记内容、登记

① 杨晓东，互联网金融基本法政策解读及对信托公司的影响，中诚信托财富汇。

程序等问题均没有明确规定，现行财产登记机构一般以没有相关规定为由，对相关信托活动的财产登记均不予办理，导致许多需要登记才能设立信托的财产和财产权被排除在信托活动之外。国务院在2014年出台了《不动产登记暂行条例》，但是没有涉及信托登记的问题；上海自贸区全国信托登记中心的成立，也不能解决信托财产特别是不动产的登记问题。这些都严重抑制了信托功能的发挥和信托活动的开展。

2. 公益信托制度

公益信托是促进社会公益事业发展的重要制度，但是，由于《信托法》对相关制度规定过于粗略，10余年来，都没有达到立法的预期效果。比如，对公益事业管理机构缺乏明确的规定，对公益事业管理机构审批公益信托的权限、程序和标准缺乏规定，对公益事业管理机构在公益信托的日常监督方面欠缺具体的程序和制度，对公益信托的税收优惠措施没有具体规定，等等。由此，导致实践中公益信托的设立和运行困难重重，严重抑制了信托制度对于公益事业发展本来应该具有的促进功能。据称，在2016年即将出台的《慈善法》中，规定了公益信托或者慈善信托的内容，值得期待。

3. 信托业法制度

现行《信托法》没有对信托业做出具体规定，仅在第4条中授权国务院制定具体管理办法，但是国务院至今尚未出台信托业的管理办法。信托是国际上资产管理活动的基础制度安排，信托业是我国发挥信托功能、从事资产管理活动的主要组织，《信托法》对于信托业规定的长期缺位，一方面，导致资产管理行业"政出多门"，目前各金融部门均在从事信托或者类似信托的资产管理业务，但在市场准入、监管规则等方面极其不统一，致使行业竞争环境不公平，不利于行业的健康发展；另一方面，也不利于投资者保护。具有信托本质的各类资产管理产品，由于缺乏统一的法律标准，导致实践中对于管理人的责任机制、投资者的权利保护机制具有巨大的差异性，宽严不一，极不利于投资者的保护。目前，我国资产管理市场"乱象丛生"，这与信托业立法内容的欠缺有着直接关系。根据全国人大五年立法规划，《信托法》和《信托业法》的修改和制定工作均没有提上日程，但据称有关部门正在推动制定《信托公司条例》，希望该条例的制订能为规范信托公司的经营活动和监管提供更明晰的行为指南。

目前，《信托法》为资产管理基本法的观念还没有确立起来。众所周知，我国目前从事营业信托活动的机构有三大类：第一类是信托公司，被称为"信托综合店”，根据《信托法》和《信托公司管理办法》等法律法规开展各种形式的营业信托活动；第二类是基金管理公司等，属于“信托专营店”，根据《信托法》《证券投资基金法》和《基金管理公司管理办法》等法律法规开展公募的证券投资基金信托业务；第三类，保险公司、银行等也可以成为企业年金信托的受托人，也可以兼营部分信托业务，被称为“信托兼营店”。事实上，保险公司从事的资产管理业务以及商业银行从事的理财活动在本质上也属于信托关系。但是，值得关注的是，基金公司、资产管理公司、保险公司、银行甚至信托公司在现实中适用的基本上是监管部门制定的相关行政规范和部门规章，《信托法》基本上被闲置。一个排除了受托人忠实义务的信托、排除了受托人善管注意义务的信托似乎很难构成真正的信托，这违背了信托的本质。说其违背了信托的本质在于，它完全通过约定排除法定的义务，这等于将信托关系降格为合同关系，违背了信托关系原本并非平等意义的法律关系、受托人是“利他”的这样的《信托法》的基本教条。这样把委托人和受益人仅靠《合同法》保护起来，把信托关系仅仅视为一种新型的有名合同，这对于受益人（金融投资者）的保护是十分不充分的。资产管理行业整体上属于广义上的信托业，其各个行业在功能划分、监管体制、监管规则上应有一个统一的、高阶位的规划，否则法出多门，无法保证规则的统一和体系的协调，也会导致业界适用规则方面的混乱，无助于整个行业的健康有序发展。

因此，应修改和完善《信托法》的规则，确立《信托法》资产管理领域基本法的地位，并在时机成熟之时制定《信托业法》，统一规划资产管理行业的业务类型、市场划分、监管模式等，完善资产管理行业的顶层设计。

为此，应在行业内外澄清以下基本观念。

（1）应逐步确立《信托法》作为资产管理领域的基本法地位，并在时机成熟之时制定《信托业法》，统一规划资产管理行业的业务类型、市场划分、监管模式等，完善资产管理行业的顶层设计。

（2）应确立资产管理行业整体上遵守的法理为信托法理。信托关系多是根据合同关系设立的，但是并非合同债权债务关系，而是一种财产管理关系，资产管理行业从业者的责任为受托人责任，而非简单的约定的合同责任。

（3）受益人原则上为资产的剩余受益人；资产管理者（受托人）原则上仅能取得固定报酬。

（4）相应地，根据权责一致原则，除非受托人违反义务，否则受益人也是资产最终风险的承担者，此即“买者自负”原则；受托人亦无所谓的“刚性兑付”责任。

为了适应社会对信托制度的急迫需求，充分挖掘和发挥信托制度的经济和社会促进功能，促进信托业的健康发展，充分保护资产管理产品投资者权益，防范金融风险，法学理论界、实务界和监管部门应在民众特别是投资者中普及《信托法》的原理和观念，《信托法》修改和《信托业法》制定工作也应尽早提上日程。

5.2.6.2 《慈善法》颁行对完善公益信托制度的影响

2015 年 10 月，第十二届全国人大常委会第十七次会议审议了《中华人民共和国慈善法（草案）》（以下简称“草案”），并向社会公开征求意见，该法有望在 2016 年 3 月在全国人大通过。“慈善信托”和“公益信托”大致同义，[①]《慈善法》的颁行将对信托公司的公益信托业务产生极大影响。人们有理由期待《慈善法》能在束缚公益信托实务的公益事业主管机关不确定、公益信托设立许可制、公益信托监察人制度不完备和公益信托税制不完备等问题上有所突破。

1. 在接受的捐赠财产方面

在公益基金会等慈善组织的内部管理体制上，慈善组织对接受的捐赠财产负有和信托受托人类似的义务，这一点经常被人忽视。“草案”规定的慈善组织的职责也大致顺应了类似的原理，但是仍需要根据《信托法》原理对慈善组织的义务进行重塑。

2. 在慈善活动的清单方面

草案第 3 条列举了慈善活动的清单，其内容和《信托法》中关于公益目的的规定并无实质差异。这种列举加兜底条款的技术处理，在实践中因负责审核的行政部门的谨慎或保守，清单以外的慈善行为可能会被拒之门外。为了促进公益事业的发展，促进有活力的有机社会的形成和完善，我国的公益事业立法和操作细则应参照比较法中成熟的公益目的清单，发展和充实公益（慈善）目的的内涵，为制度利用者提供更大的空间。

例如，《英国 2006 年慈善法》款具体列出了以下 13 类慈善目的事业：①扶

---

① 法的名称，建议改为《中华人民共和国公益事业法》。这首先是尊重现有的法律用语、保持法律概念连续性的需要，因为在《公益事业捐赠法》、《信托法》等法律文件中使用的均是“公益”的概念。其次，“慈善”在汉语中通常是指救灾、济贫、助学等行为，做扩张解释使之包括环境保护、科学、体育等在内，显得极为牵强。即便改回《公益法》或者《公益事业法》，也不妨碍民政部门成为全部的公益事业的主管部门。

贫与防止贫困发生的事业；②发展教育的事业；③促进宗教的事业；④促进健康和拯救生命的事业；⑤推进公民意识和社区发展的事业；⑥促进艺术、文化、历史遗产保护和科学的事业；⑦发展业余体育运动（amateur sport）的事业；⑧促进人权、解决冲突、提倡和解以及促进不同宗教与种族之间和谐、平等与多样性的事业；⑨保护与改善环境的事业；⑩扶持需要帮助的青年人、老年人、病人、残疾人、穷人或者其他弱势群体的事业；⑪促进动物福利的事业；⑫有助于提高皇家武装部队效率的事业；⑬其他符合本法律相关条款规定的事业。

另外，在日本，其公益信托法规定的公益目的包括祭祀、宗教、慈善、学术、艺术以及其他。另外，日本《公益社团法人及公益财团法人认定法》规定的公益事业如下：①以振兴学术以及科学技术为目的的事业；②以振兴文化与艺术为目的的事业；③以对残疾人或者生活困苦者，或者事故、灾害、犯罪行为的受害者施加援助为目的的事业；④以增进高龄者的福祉为目的的事业；⑤以对有就业愿望的人提供援助为目的的事业；⑥以提高公众卫生水平为目的的事业；⑦以儿童或者青少年的健康成长为目的的事业；⑧以提高劳动者的福祉为目的的事业；⑨通过教育、体育运动等，达到促进国民身心健全的发展、培养丰富的人性为目的的事业；⑩以防止犯罪和维持治安为目的的事业；⑪以防止事故和灾害为目的的事业；⑫以防止和杜绝因人种、性别等原因而导致不当之差别对待为目的的事业；⑬以尊重和拥护思想及良心自由、宗教自由以及表达自由为目的的事业；⑭以推进男女共同参与之社会以及其他更良好社会的形成为目的的事业；⑮以促进国际相互理解以及对发展中国家的海外经济援助为目的的事业；⑯以地球环境的保护以及自然环境的保护及整理为目的的事业；⑰以国土的利用、整备以及保全为目的的事业；⑱以确保国政的健全运营为目的的事业；⑲以社区健全发展为目的的事业；⑳以确保和促进公正且自由的经济活动机会及其活性化，使国民生活安定向上为目的的事业；㉑以确保国民生活不可欠缺的物质和能源等的稳定供给为目的的事业；㉒以保护和增进一般消费者的利益为目的的事业；㉓上述规定之外，政令所规定的和公益相关的事业。

3. 慈善信托的许可制改为备案制

“草案”第10条规定：“设立慈善组织，应当向县级以上人民政府民政部门申请登记。符合本法规定条件的，民政部门应当自受理申请之日起三十日内做出准予登记的决定；不符合本法规定条件的，不予登记，并书面说明理由。已经设立的社会组织，符合慈善组织条件的，可以向原登记的民政部门申请变更登记为慈善组织，民政部门应当自受理申请之日起二十日内做出准予变更登记的决定。”本条确立了慈善组织设立的准则主义或者说是核准主义，相比过去严格的批准主义，应属进步。这改变了过去的“只许州官放火，不许百姓点灯”、公益垄断于官府的公益组织设立模式。

同时，结合“草案”第47条规定：“设立慈善信托、确定受托人，应当采取书面形式。信托文件要求备案的，受托人应当将信托文件向县级以上人民政府民政部门备案。”这确立了慈善信托设立的备案制原则，修改了《信托法》中关于公益信托设立的“批准制”规定，体现了对慈善信托设立的放松管制的态度。但是，由于公益信托的设立应予委托人以税收优待，为避免以公益之名行私益之实，应对委托人之欲设立的信托目的进行审查。备案制虽说体现了公益门槛和监管的后置，使慈善信托的设立更为便利和灵活，但是，从批准制直接进入备案制，跨度似乎显得较大。

为了使从事慈善事业准入和税收优待之间建立联系，建议至少应引入中立的、具有专业性的委员会对提交的公益信托申请进行审查，以维护公共利益，防止行政审批权的滥用和扩张；建议由民政部门负责设立公益事业认定审查委员会，聘任专业能力强、品德端正、有公信力的专业人士等为委员，对是否具有公益性进行判断，避免由行政机构的行政人员恣意专断。

另外，我国的《慈善法》和《信托法》规定的慈善财产管理者的责任过轻，若更改监管观念，降低进入门槛，作为平衡，相应地就要加重违反受托义务的处罚，增加行政乃至刑事处罚的力度。

4.《草案》第51条规定

慈善信托根据需要可以由信托文件规定设立信托监察人。受托人以及其他信托事务执行人不得兼任信托监察人。

这里更改了《信托法》的规定。在《信托法》中，基于平衡信托当事人利益和制衡受托人的考虑，信托监察人是必备机构，一个公益信托必须设置监察人。“草案”的这种更改似乎更尊重信托设立人的意愿，但是似乎对保护慈善财产的利益不足，建议区分公募型的慈善信托和私募型的慈善信托，对公募型的慈善信托改回强制性的必设机构之设置。

5. 第70条规定

慈善项目终止后捐赠财产有剩余的，按照募捐方案或者捐赠协议处理；募捐方案未规定或者捐赠协议未约定的，慈善组织应当将剩余财产用于目的相同或者相近的其他慈善项目，并向社会公开。该条是《慈善法》中近似原则的规定。这在精神实质上重述了《信托法》的规定。在我国，很多人认为，只有在公益信托发生终止事由之后，才可能适用“近似原则”。

但是，一个更适当的理论解释是，近似原则的适用并不仅仅涉及慈善信托终止后对剩余财产的处置，而和信托目的的更改有关。所以，一个更恰当的规则应当是：当信托的存续会违背信托设立的最初目的或者信托的目的已经实现或者不能实现，在经过正当程序之后，将信托财产用于与原公益目的相近似的目的，或者将信托财产转移给具有近似目的的公益组织或者其他公益信托。这样能更充分地利用已设立的公益信托的“壳”的价值。

因此，建议把该条改为：慈善项目出现终止事由，慈善组织所管理的慈善财产有剩余的，按照募捐方案或者捐赠协议处理；募捐方案未规定或者捐赠协议未约定的，慈善组织应当将剩余财产用于目的相同或者相近的其他慈善项目，并向社会公开。

值得注意的是，近似原则的适用是整个《慈善法》中的基本规则，“草案”在第55条也做了类似规定，建议把第55条和第70条的近似原则的规定概括成一个统一的基本规则，并完善近似原则适用的程序。

6.《草案》第43条第1款规定

捐赠人与慈善组织约定捐赠财产的用途和受益人时，不得违背慈善宗旨指定其利害关系人作为受益人的规定；另外，第52条规定：慈善信托的受益人按照信托文件确定。“草案”中多处出现“受益人”这样的字眼。根据传统的《慈善法》观念，公益领域是不能有特定受益人的。特别是在公益信托领域，信托设立不允许指定特定的受益人。当然，第52条似乎也没有明确说委托人可以在信托文件中明确指定受益人，但是，更准确的表述应当是“信托文件中可以确定受益人（受领人）的选择方法”。这些受益人（受领人）一般没有强制执行慈善信托的权利，仅有对慈善信托受托人进行监督的权利。在这种意义上，慈善信托中没有受益人。按照比较通行的说法是，具体的受领人仅仅是公共利益的一种反射。如果允许在慈善信托文件中指定受益人，这直接会影响到该信托是否是慈善信托的定性。“草案”如此规定，仍然是把慈善信托理解为狭义的慈善信托（有“人”出现），把最终的受领人作为受益人看待，无视很多广义的慈善信托中没有直接的受益人出现的情况，比如环境保护信托、文物保护信托等。建议把文中的“受益人”修改为“受领人”。

7. 《草案》第49条规定第1款

受托人管理和处分信托财产，应当按照信托目的，恪尽职守，履行诚信、谨慎管理的义务。

该条是对慈善信托的受托人义务的规定，该规定几乎完全照抄《信托法》中的相关条款。2001年《信托法》的该条规定因其不能反映世界各国对受托人义务的通行的归纳、没有区分忠实义务和善管注意义务、混淆实信用和忠实义务，已经不合时宜，应予以改变，《慈善法》制定应积极引入《慈善法》和《信托法》关于受托人义务类型的成熟的用语，应把该款改为“受托人管理和处分信托财产，应当按照信托目的，恪尽职守，履行忠实义务和谨慎管理的义务”。

8. 对慈善机构和受托人责任的规定过轻

对公益财产的管理，受托人忠实履职无比重要，这事关社会信用体系的构建，不可不重视。对于违反忠实义务的恶意的行为，应加大处罚力度，甚至不惜引入刑事制裁。

9. 制定新法是一个系统工程

如何调整和其他现行法律的关系，在制定新法时应做出成熟的通盘考量。法律草案条文和说明中均没有关于和现行相关法律法规之间关系的规定，也没有在法律颁行之后如何处理和配套法律法规的关系问题（如税制）。至少，附则中应加入“本法实施之后，其他有关慈善组织、慈善行为和慈善服务的法律法规之规定和本法不一致的，以本法为准”来处理和《信托法》《公益事业捐赠法》《基金会条例》等法律法规的矛盾之处。

5.2.6.3 出台《信托公司条例》对于完善信托法制的意义

对于条例的可能影响，业界专家有不少解读，这里更关注该条例对信托法制的影响，以及由此对信托行业发展产生的影响。

《信托法》第4条规定“受托人采取信托机构形式从事信托活动，其组织和管理由国务院制定具体办法”，授权国务院制定《信托机构条例》。但是，《信托法》实施后的多年间，《信托机构条例》并没有出台，信托公司作为狭义的信托业一直由央行和银监会先后制定的《信托投资公司管理办法》和《信托公司管理办法》调整，抱怨调整信托业的规范层级较低的声音一直不绝于耳。《信托公司条例》的制订，可以认为是对《信托法》第4条的一个姗姗来迟的回应。

虽然业界对条例的制订充满期待，对“草案”也有不少赞许之声，但是，从“草案”的条文看，有几个制约信托业发展的法律瓶颈问题仍然无法解决。

第一，信托财产登记制度和信托税制问题。根据现有的立法和规则制订程序，从银监会的层面无法实质推动信托财产登记和信托税制的建立和完善。由于《信托法》的修改和《信托业法》的制订遥遥无期，人们期待这些问题可以在国务院的层面得以推动解决。但《信托公司条例》似乎并没有特别关注这些问题。

关于信托财产登记中的不动产登记，本可以在国务院在早些时候颁行的《不动产登记暂行条例》中加以规定，但是《不动产登记暂行条例》中没有相关规定；在《信托业条例》（征求意见稿）中只有两个条文的原则性规定，并且仍然有混淆信托财产登记和信托产品登记之嫌，似乎人们只能期待在《信托公司条例》的实施细则中解决这一问题了。

关于信托税制，即使考虑到税收法定的原则，由于信托税制几乎无关“税种的设立、税率的确定和税收征收管理等税收基本制度”（《立法法》第8条第6项），似可由国务院推动解决，但是在《信托公司条例》中并无任何相关迹象。

第二，信托业的分业经营和分业监管体制的重新梳理问题。银行、证券、保险、基金等金融行业从事的资管业务，和信托公司的信托业务并无本质区别，各监管部门出台的监管规则亦和信托监管的规则暗合。基于此，由国务院出台条例，按照“行为监管”的原则，把包括信托公司在内的广义的从事信托行为（信托业务）的金融机构纳入统一监管范围，把本条例（改称为“信托机构条例”）和《信托法》作为资管行业的上位法，是非常值得期待的。但是很显然，本条例不想也没有能力解决这一复杂的、涉及监管政策选择和监管权力分配的问题。

本条例以及之前银监会一系列的监管规范的出台，显示出对信托业有从严监管的迹象。严格监管对于维护金融稳定、维护交易秩序和保护投资者均属必要之举，不过，立法者更应注意基本制度设施的完善，为市场主体提供便捷的、可预期的制度工具，让信托制度以其灵活性为社会、经济的发展提供动力。

6

焦点探析：互联网+信托——红海与蓝海

6.1 同业金融机构互联网金融的主要模式

6.1.1 互联网金融概念

互联网金融的定义，理论界还没有形成一种能够被广泛接受和认可的权威性的概念。从本质上讲，互联网金融是互联网精神与金融功能的结合，是依托大数据和云计算，在互联网平台上形成的开放式、功能化金融业态及其服务体系，包括但不限于基于网络平台的金融组织体系、金融市场体系、金融产品和服务体系、金融消费者群体及互联网金融监管框架等。从目前的相关研究来看，其存在狭义和广义两种概念界定。

6.1.1.1 广义上的互联网金融

从广义上讲，具备互联网精神[①]、利用互联网技术的所有金融业态均可称为互联网金融。例如，中国人民银行发布的《中国金融稳定报告（2014）》认为，广义的互联网金融既包括作为非金融机构的互联网企业从事的金融业务，也包括金融机构通过互联网开展的业务。

6.1.1.2 狭义上的互联网金融

狭义上的互联网金融仅指非金融机构基于互联网技术开展的金融业务。例如，中国人民银行发布的《中国金融稳定报告（2014）》称，狭义的互联网金融仅指互联网企业开展的、基于互联网技术的金融业务。例如，第三方支付、P2P网贷、大数据金融和众筹等，均可以看作较为成熟的互联网金融模式。

6.1.1.3 金融互联网与互联网金融

目前比较流行的观点是把传统金融机构（如银行、保险公司、基金、证券公司等）使用互联网来展示和营销其产品和业务的做法称作“金融互联网”，而把

① 互联网精神：一般认为互联网技术就是指开放、平等、协作、分享。本章作者为简永军、戴怡琼、付宇翔、杜彩虹、程显敏、殷子然。本章在结构安排上对原文做了个别微调。

互联网企业介入金融服务领域的做法称为“互联网金融”。这种定义简便易懂，它是从金融业务的操作主体（即互联网企业或传统金融机构）进行区分的。实际上，金融互联网主要是依托实体金融机构的线下基础，搭载互联网功能和技术手段，对传统金融领域进行的技术和效率改进，它促使金融业务透明度更强、参与度更高、协作性更好、中间成本更低、操作更便捷。

为使研究更具针对性、实用性，本书仅针对广义互联网金融概念下的“金融机构通过互联网开展的业务”部分进行研究，即本书所提到的互联网金融仅指代上面提到的“金融互联网”。

6.1.2 互联网金融的兴起与影响

互联网金融是传统金融机构与互联网企业利用互联网技术和信息通信技术实现资金融通、支付、投资和信息中介服务的新型金融业务模式。互联网与金融深度融合将对金融机构的产品创新和服务提供产生深刻的影响，对促进小微企业发展发挥传统金融机构难以替代的积极作用，也为大众创业、万众创新打开了一扇新的大门。

6.1.2.1 互联网金融的兴起与快速发展的原因分析

互联网具有便捷、快速、去中心化的特征，而金融业正处于去媒介化的过程中，两者一拍即合，互联网金融的新型模式便应运而生。互联网金融是将互联网的基因植入金融，是互联网特质与金融特质融合后的共生共存，为金融机构加快产品创新、延伸服务触角、转变经营模式带来了新的历史性机遇，互联网金融将深刻改变金融服务的经营方式。

2013 年可谓我国互联网金融兴起的元年，以“余额宝”为标志的产品受到广泛关注，而后一发不可收拾，互联网金融驶入迅猛发展的快车道。在互联网金融发展的初期，监管部门始终以开放和鼓励的态度对待互联网金融的发展，并在 2014 年 3 月全国两会上第一次将“互联网金融”写进《政府工作报告》，这标志着互联网金融已经正式进入决策层视野。经过短短几年的发展，互联网金融已经从起步走向了繁荣，形成了丰富多样的互联网金融产品，这极大拓展了我国金融行业的边界，提高了金融公司的运行效率。根据统计数据，截至 2014 年年底，包括支付、P2P、众筹、网络小贷、基金销售、金融机构创新、财富管理等互联网金融业务模式在内的业务规模已超过 10 万亿元，当时预计 2015 年国内互联网金融用户将达 4.89 亿人，渗透率将达 71.9%。

2010—2014 年 P2P 平台发展趋势及 2011—2014 年互联网消费金融规模分别如图 6－1 和图 6－2 所示。

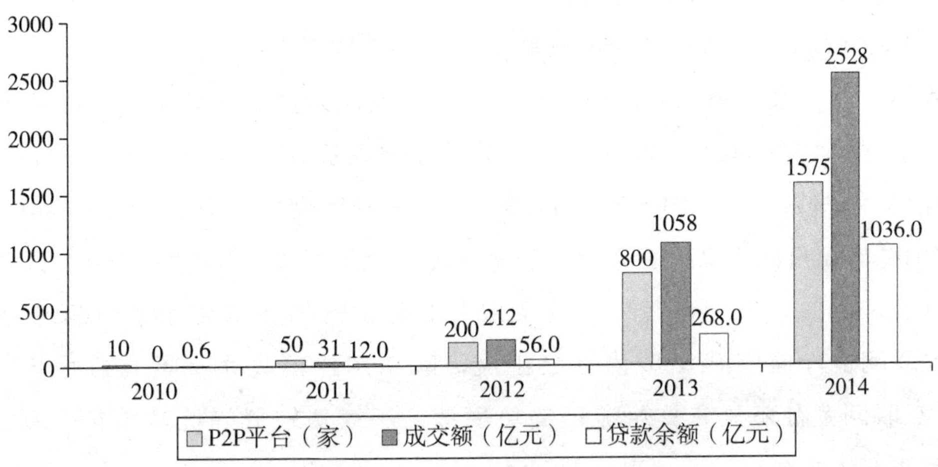

图 6－1 2010—2014 年 P2P 平台发展趋势

资料来源：上海信托根据公开资料汇总整理。

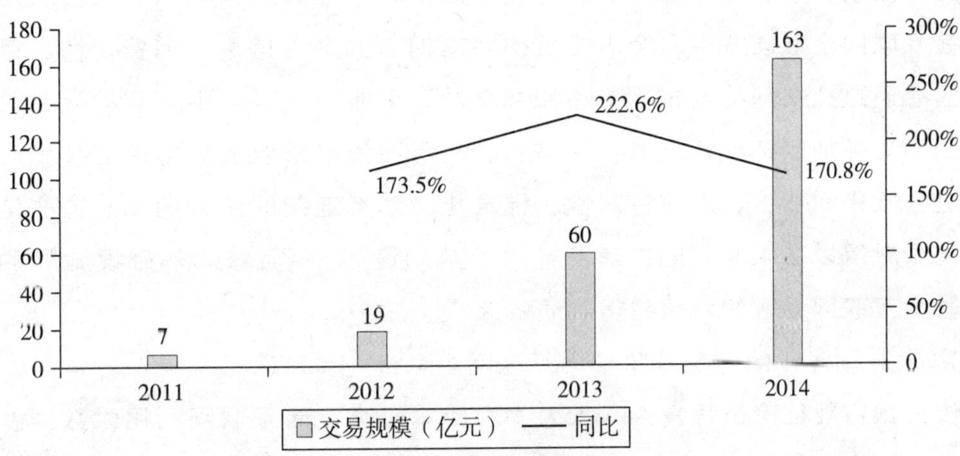

图 6－2 2011—2014 年互联网消费金融规模

资料来源：上海信托根据公开资料汇总整理。

互联网金融从诞生之日起就受到广泛关注，纵观互联网金融诞生和快速发展的过程，发现主要由以下几方面的原因共同造就了互联网金融的飞速发展。

1. 庞大的金融供需断层创造互联网金融发展的空间

传统金融行业的准入门槛较高，金融服务呈现分级化，导致很多居民尤其是弱势群体的需求断层不能被充分满足。同时，由于银行在金融行业中处于垄断地位，弱势群体的议价能力较弱。互联网金融开始向这一断层蔓延，凭借着低门槛、信息透明、去中心化的金融服务模式快速得到了广大投资者的认可。早期的互联网金融主要是为电子商务发展服务的第三方支付公司，现已经在网络技术的促进下朝向多种业态模式迅速发展壮大。

2. 迅速增加的网络用户提供互联网金融的需求基础

我国网民人数规模庞大，现已经成为全球网民人数最多的国家。截至2014年12月，我国网民规模达6.49亿，全年共计新增网民3117万人。互联网普及率从2002年的4.6%提升至2014年的47.9%。手机网民规模从2007年的5040万人上升至2014年6月的5.27亿元，占整体网民的比例从2007年的24%上升至2014年6月的83.4%，智能化手机的普及带来上网设备的便携化和上网的无缝接入。熟悉互联网的年轻一代渐成为社会主流，网络用户群庞大，具有极大的“传染性”。互联网金融还具有支付流程简单便捷、手续费较低等优势特征，受到当前主要消费群体的欢迎。

3. 日渐成熟的信息技术保障互联网金融的长远发展

随着搜索引擎、云计算等互联网技术的创新，互联网金融的长久发展得以实现。在互联网金融模式中，个人或机构将其拥有的个人信息、消费习惯、经营情况等信息通过社交网络发布、传递和共享，尽可能地将现实中真实的社会关系数字化到网上并加以拓展，产生相关信息。使用搜索引擎以及数据挖掘技术对此类数据进行收集和加工，形成针对性、标准化、动态连续的金融信息。这些信息是互联网金融得以在未来长期快速发展的“基础设施”，随着“基础设施”的建立和完善，互联网金融的发展将得到质的飞跃。

4. 大数据时代的信息共享推动互联网金融进一步繁荣

传统银行业征信过程复杂、人力物力成本较高，而互联网利用大数据和便捷信息完全颠覆了传统金融征信。阿里巴巴集团设计的“蚂蚁信用”对个人和商业客户从多个角度进行信用评价，得出信用评价指数。随着阿里集团进军金融帝国，这套信用评价体系被完善成信用数据库，交易双方都以此评估对方信用，这有效地降低交易的风险水平，也拓展了客户群体，增大了交易量级。

可以说，互联网金融是现代金融服务的延伸，有助于解决中小微企业和个人的融资问题，极大地提高了交易便捷性和效率。我国经济处于转型升级期，无论是中小企业还是普通民众，对互联网金融都具有切实的需求。互联网技术的发展为金融业普惠服务提供给了有效途径，让传统的“二八定律”成为历史，“长尾理论”成为焦点。在供给和需求得到有效匹配的情况下，互联网金融开启了快速的发展道路。

6.1.2.2 互联网金融对传统金融机构的影响

互联网金融新业态的产生和发展对传统金融机构产生较大冲击，业务模式、业务品种、业务格局都发生了较大的变化，其“鲶鱼效应”会促进传统金融机构迎来颠覆式的变革。

1. 销售渠道互联网化

传统金融机构以互联网为载体，搭建网上销售平台，将各类产品和业务移植到网上平台进行销售，客户通过电脑、电话等远程渠道和移动终端来获取产品和服务。销售渠道互联网化突破了传统物理网点和人员在地域和时间等方面的限制，可以有效提高服务的效率和便捷性。这是目前大多数传统金融机构参与互联网金融的最快捷的切入点，以“余额宝”为代表的各类“宝宝”产品快速发展就是典型代表。互联网金融发展的关键，首先是客户思维，围绕客户需求，不断拓展和优化服务功能和业务领域，银行目前力推的网上银行、直销银行、零距离银行就是销售渠道互联网化的产物；其次是平台思维，提供的产品和服务不仅是来自内部制造，还要来自外部采购，要为客户提供公司范围内以及全市场乃至全球的优质资产和先进服务。

2. 金融生态平台获得推广

传统金融服务模式以B2C为主，金融机构直接向客户提供产品和服务。在互联网思维的影响下，金融业务不再追求“大而全”的业务模式，金融业务出现外包化、分散化，金融机构开始构建金融产业链或金融生态系统，C2C的金融平台模式得到大发展。金融平台的建立将有利于加深客户之间的联系，提高客户满意度水平，增强客户对平台的黏性。

3. 中小型金融机构开始兴起

在互联网金融的冲击下，一些目前由银行系统主导的金融基础设施，包括支付系统、企业和个人数据库（含征信系统），甚至是风险定价系统，逐渐开始转移到银行体系外，成为全社会的公共产品。如阿里集团和腾讯公司都正在建立数据量庞大的个人和小微企业征信系统。对大金融机构而言，突出业务主要优势，将非核心业务外包是可行的战略选择，将贷款审查、贷后管理、支付、基金和理财产品发行等业务委托给专门的中小型金融机构，可以有效降低成本，提升大型金融机构的利润率，由此产生大型金融机构规模经济弱化、中小型专业化金融机构逐渐兴起的格局。

互联网深刻改造着传统金融的方方面面，站在“互联网＋”的风口，顺潮流而动是所有金融机构的必然选择。对于信托行业，由于其灵活的制度优势和天然创新的基因，互联网对信托的改造也呈现出燎原之势。在产品方面，信托业利用互联网技术已经推出了多款消费型信托产品，深得广大投资者追捧；在服务方面，绝大多数信托公司都已经开设微信公众号和手机APP，让客户服务无微不至；在销售流转方面，信托公司也开始着力打造一级和二级市场的销售和流转平台，为投资者提供便捷的产品购买和转让服务。可以看出，互联网对信托业的影响十分深远。

6.1.2.3 互联网金融的政策框架

互联网金融从诞生之日起其发展速度就十分惊人，这离不开法律和监管部门对互联网金融的鼓励和包容态度。但也必须看到，互联网金融的本质仍属于金融，没有改变金融经营风险的本质属性，也没有改变金融风险的隐蔽性、传染性、广泛性和突发性。因此，在互联网金融的发展过程中既要鼓励创新，又需要合理界定各种业态的业务边界及准入条件，明确风险底线，保护合法经营，坚决打击违法和违规行为。

2015年7月18日，中国人民银行等十部委联合印发了《关于促进互联网金融健康发展的指导意见》（下文简称《指导意见》），首次明确了互联网的业态形式和分类监管原则，将不同的业态形式划归不同监管部门进行监管，由此形成促使互联网金融良性发展的分类监管体系。纵观全文，总体态度是十分支持传统金融机构与互联网技术深度融合，积极鼓励互联网金融平台、产品和服务创新，激发市场活力。《指导意见》的出台为互联网金融明确了健康快速发展的“跑道”，无论从短期还是长期看，都有利于互联网金融的健康、有序发展。

《指导意见》首次提出“互联网信托”概念，并明确互联网信托为互联网金融的主要业态之一，鼓励加强互联网信托业务创新。互联网金融的快速发展以及《指导意见》的正名，为正处于转型关键时期的信托业提供了一个新的方向。信托公司可以凭借灵活的制度优势，主动探索如何整合互联网基因与传统金融元素，在此基础上开发新型业务，从产品和服务两方面提升客户体验，充分利用互联网探索信托行业转型发展的可行之路。

各互联网金融业态的具体监管部门如表6－1所示。

表 6－1　各互联网金融业态的具体监管部门

部门	类别	监管主要内容
央行	互联网支付	清晰界定各方权利、义务； 建立有效的风险隔离机制和客户权益保障机制
证监会	股权众筹	减持小微融资，是多层级资本市场的组成部分
	互联网基金销售	强调信息披露； 不得通过违规承诺收益方式吸引客户； 有效防范资产配置中的期限错配和流动性风险； 不得与基金产品收益混同； 第三方支付机构的客户备付金只能用于办理客户委托的支付业务，不得用于垫付基金和其他理财产品的资金赎回
银监会	互联网信托	审慎甄别客户身份和评估客户风险承受能力，不能将产品销售给与风险承受能力不相匹配的客户； 制定完善产品文件签署制度，保证交易过程合法合规、安全规范
	互联网消费金融	制定完善产品文件签署制度，保证交易过程合法合规、安全规范
	网络借贷	P2P 定位为中介，不得介入信用
保监会	互联网保险	建立管理制度； 建立必要的防火墙； 不得进行不实陈述、片面或夸大宣传过往业绩、违规承诺收益或者承担损失等误导性描述

资料来源：上海信托根据公开资料汇总整理。

6.1.3 传统金融机构互联网金融的主要发展路径

近几十年来，“改革”和“发展”成为了中国经济社会的主旨，中国金融业在这一过程中不仅实现了从无到有的质变，金融业态也不断丰富，逐渐形成了银行、证券、保险、基金、信托等各类金融机构较为齐全的金融体系。然而，当前我国金融业面临跨界竞争，互联网金融的兴起对于传统金融业造成了一定的冲击。传统金融机构也均意识到转型发展的重要性，力争在互联网金融大潮中占有一席之地，银行、基金、证券、保险等均以开放的心态，寻找自身业务与互联网金融结合的切入点。

6.1.3.1 银行

由于目前网上银行、手机银行等传统互联网客户服务已构成银行较普遍且相对成熟的服务体系，故本书不再加以赘述。经过资料收集整理，可将目前银行开展互联网金融业务的方式分为以下几种。

1. 建立直销银行

余额宝等互联网基金的迅猛发展，蚕食了银行业以往的市场份额，使传统银行的存款不断流失，也反映出互联网金融已发展成不可逆转的大趋势。在这个以互联网为中心的时代，传统银行意识到若想长远生存，就必须加紧对互联网领域的布局，基于此，直销银行应运而生。

直销银行是指业务拓展不以实体网点和物理柜台为基础，不受时间和地域限制，通过电脑、手机等电子渠道提供金融产品和服务的银行经营管理模式。简言之，即没有实体网点的银行。银行结合现有的网上银行、手机银行等较成熟的信息技术，加之客户至上的创新型服务理念，可以说直销银行是银行探索互联网金融的最佳切入点。

2013 年 9 月 18 日，北京银行与境外战略合作伙伴荷兰国际集团（ING）将直销银行概念引入中国，采取了“互联网平台 + 直销门店”的线上线下相结合的模式。2014 年 2 月 28 日，民生银行直销银行纯线上模式推出。上线半年，客户量突破 100 万人，资产保有量 180 亿元，掀起了传统银行融合互联网金融的潮流。此后，华润银行、兴业银行、南京银行、包商银行、重庆银行、上海银行、江苏银行、平安银行、南粤银行等多家银行的直销银行相继上线。据不完全统计，目前国内超过 20 家银行均推出了直销银行（见表 6－2）。

表 6－2　　国内直销银行统计

序号	银行名称	直销银行名称
1	包商银行	小马 Bank
2	北京银行	北京银行直销银行
3	渤海银行	渤海银行直销银行
4	广东南粤银行	南粤 e +
5	恒丰银行	恒丰银行直销银行
6	华夏银行	华夏银行直销银行
7	徽商银行	徽商有财
8	江苏银行	江苏银行直销银行
9	兰州银行	兰州银行直销银行
10	民生银行	民生银行直销银行
11	南京银行	你好银行

续 表

序号	银行名称	直销银行名称
12	宁波银行	宁波银行直销银行
13	平安银行	橙子银行
14	浦发银行	浦发银行直销银行
15	上海银行	上行快线
16	台州银行	台州银行直销银行
17	西安银行	新丝路 Bank
18	兴业银行	兴业银行直销银行
19	浙商银行	浙商银行直销银行
20	中国工商银行	工银融 e 行
21	重庆银行	重庆银行直销银行
22	珠海华润银行	华润直销银行

注：根据互联网资料收集整理，按拼音首字母排序。

随着直销银行的不断上线，直销银行的资产规模也在不断攀升。数据显示，2015 年上半年民生银行旗下直销银行金融资产已突破 300 亿元，客户数逾 220 万户；截至 2014 年年末，兴业银行的直销银行资产突破 500 亿元大关，客户超过 50 万户；平安银行、南京银行的直销银行客户数分别超过 50 万户和 10 万户。目前四大行中，只有工行推出了直销银行，截至 2015 年上半年，工行“融 e 行”直销银行平台交易额突破 230 亿元。

从已上线的国内直销银行来看，最大亮点便是全程互联网化，可直接降低银行的运营成本。从经营方式和产品看，可为消费者提供网上直接开户、办理个人消费贷款、活期存款可自动申购理财产品、定期存款可提前支取、绑定他行卡转账免手续费、手机 APP 渠道等更加方便和快捷的服务。除上述业务外，直销银行还在不断拓展和完善多项业务，比如添加支付、缴费、信用卡开户、消费信贷等与用户生活息息相关的服务功能。

2. 推出电商平台

早在几年前，电商发展得如火如荼的时候，各大银行就开始纷纷策划自己的电商平台，而随着互联网金融的逐渐盛行，电商平台便理所当然地成为银行布局互联网金融的又一战略方向。银行做电商可以为其发展互联网金融或者传统金融打下基础。通过电商平台上客户交易行为数据积累和留痕，可以深度挖掘出大数据背后的客户信用状况，进而给其银行业务、金融交易提供信用基础。

2012 年 6 月建行“善融商务”平台正式上线，包括企业商城（B2B）、个人商城（B2C）和房 e 通，涵盖商品批发、商品零售和房屋交易等领域，也是首个银行系电商。此后，交行“交博汇”、农行“e 商管家”、中行“中银易商”、工行“融 e 购”也纷纷上线。2014 年，“善融商务”电子商务平台实现交易额 462.79 亿元，年末活跃商户达 1.45 万户。而工行数据显示，定位于“名商名品名店”的“融 E 购”电商平台，对外营业 14 个月时间，注册用户已达 1600 万人，累计交易金额突破 1000 亿元，交易量进入国内十大电商之列。

银行通过电商平台还可以销售金融产品，工行已将理财产品的销售端口接入电商平台中，据不完全统计，已经有近 30 万人次在融 e 购上购买相关产品。建设银行则将房贷业务接入了善融商务中，并且形成了一个房屋买卖的中介圈子，与我爱我家等房屋中介机构合作，将房源在善融商务上进行推广。相比上述两家银行，农业银行 e 商管家则是国内商业银行首次针对企业转型电商推出的银行电子商务服务平台，是利用农业银行强大的网络和客户资源，为传统企业转型电商提供集供应链管理、多渠道支付结算、线上线下协同发展、云服务等于一体的定制化商务金融综合服务。中银易商则是中行推出的围绕易金融、泛金融、非金融、自金融 4 个维度，在支付、理财、融资、跨境、在线产业链进行服务的平台。同时，招商银行、民生银行也均建立起了自己的电商平台（详见表 6－3）。

表 6－3　　银行电商产品介绍

序号	银行名称	产品名称	客户定位	产品功能
1	农业银行	E 商管家	做电商转型的传统企业	企业通过 e 商管家能够全面打通实体渠道与网络销售、订单采集与资金收付、生产经营与市场营销，实现对自身以及供应链上下游财务结算、采购销售、营销配送等的全方位管理
2	建设银行	善融商务	B2C 个人用户与 B2B 企业用户	在电商服务方面，提供 B2B 和 B2C 客户操作模式，涵盖商品批发、商品零售、房屋交易等领域，为客户提供信息发布、交易撮合、社区服务、在线财务管理、在线客服等配套服务；在金融服务方面，将为客户提供从支付结算、托管、担保到融资服务的全方位金融服务

续 表

序号	银行名称	产品名称	客户定位	产品功能
3	中国银行	中银易商	社区为中心商户与用户	易金融主要是利用互联网的工具和手段，解决传统金融服务“贵”“烦”“慢”的问题；泛金融是通过广泛合作建立大联盟，以O2O的模式拓展电子商务领域；非金融是介入非金融服务领域，实现金融与相关产业结合的深度融合；自金融是建立平台、机制与规则，在开放平台进行个性化定制产品和服务等
4	工商银行	融e购	个人用户与商家用户	在融e购中将购物与消费信贷结合了起来。网购用户订单高于600元即可在线申请“工行逸贷”，进行分期付款。整个过程全部在线上自动完成，可以使用信用卡、借记卡、银行账户，用户还可以随借随还
5	交通银行	交博汇	B2C个人用户与B2B企业用户	企业可在线发布供求、交流洽谈、撮合下单、网上支付等，银行则提供相应的资信认证、资金清算、融资贷款等服务。以金融服务为核心，以网络信贷、供应链金融、要素市场等为切入点，为企业客户提供全流程电子商务解决方案，为个人客户提供全面综合财富管理服务
6	招商银行	招商银行网上商城	招商银行网上特约商户和招商银行卡客户	一网通·商城提供的网上支付商户服务系统，提供强大的商户管理功能。商户可以进行网上支付结账、查询订单、退款等操作。一网通·商城为特约商户提供网址链接、广告平台、商户推介等服务成为网上特约商户的交叉营销平台
7	民生银行	民生电商	B2C个人用户与B2B企业用户	B2B业务：通过为供应链条上游企业供应商、企业及成员、下游经销商提供融合财务系统、税务系统、数据分析系统的外围系统整合服务，以高质量金融服务打造国内领先买方招标网站平台。 B2C商城：融合网点与网络平台，以民生网上商城网站及手机移动平台为载体，为小区提供高品质的非金融服务

注：根据互联网资料整理。

3. 推出互联网货币基金产品

余额宝的巨大成功使得银行也推出了类似的货币基金“宝宝”类产品，利用其自身渠道及技术优势，争相在余额理财及货币基金领域分一杯羹。据不完全统计，较典型的银行系互联网理财产品见表6－4。

表 6－4　　银行系“宝宝”产品概况

序号	产品名称	挂钩货币基金	7 日年化收益率（%）
1	渤海银行添金宝	诺安理财宝货币 A	2.640
2	民生银行如意宝	民生加银现金宝货币	3.421
		汇添富现金宝货币	3.324
3	平安银行平安盈	南方现金增利 A	2.678
		平安大华日增利	3.394
4	兴业银行掌柜钱包	兴全添利宝货币	3.541
5	中信银行薪金宝	信诚薪金宝	2.745
		嘉实薪金宝	3.190
		华夏薪金宝	2.920
6	广发银行慧存钱	广发天天红	2.986

数据来源：金牛理财网，数据截止日期为 2015 年 8 月 26 日。

4. 打造 P2P 平台

在互联网公司发起金融抢夺战时，银行不仅推出了类似的货币基金“宝宝”类产品加以应对，同时还精心准备并上线了 P2P 网络借贷平台，加速互联网金融的布局。

从目前来看，银行系 P2P 平台可概括为 4 种模式：银行自建 P2P 平台，如招行小企业 e 家；由子公司投资入股新建独立的 P2P 公司，如国开金融设立的开鑫贷；银行所在集团设立独立的 P2P 公司，如陆金所；与成熟的 P2P 平台直接合作，如苏州银行与点融网的合作（见表 6－5）。

表 6－5　　银行系 P2P 平台概况

序号	建立模式	平台名称	平台背景	上线时间	项目类别
1	银行自建 P2P 平台	小企业 e 家	招商银行	2014 年 1 月	e＋稳盈融资项目
		E 融 E 贷	兰州银行	2014 年 1 月	（1）企业融资项目； （2）个人贷款项目； （3）专属项目
		小马 Bank	包商银行	2014 年 8 月	（1）千里马； （2）马宝宝（货币基金）
		民贷天下	民生银行	2014 年 12 月	（1）民保理； （2）民商票

续 表

序号	建立模式	平台名称	平台背景	上线时间	项目类别
2	子公司投资入股新建独立P2P公司	开鑫贷	国开金融	2012 年 12 月	（1）苏鑫贷； （2）开鑫保； （3）银鑫汇； （4）商票贷； （5）保鑫汇； （6）惠农贷
		民生易贷	民生电商（民生银行）	2014 年 4 月	满溢系列
		民生转赚		2014 年 12 月	（1）债权收益权转让； （2）保理收益权转让； （3）票据收益权转让； （4）租赁收益权转让； （5）投资收益权转让
3	银行所在集团设立独立P2P公司	陆金所	平安集团	2012 年 6 月	（1）P2P； （2）票据项目； （3）现金管理类； （4）理财； （5）保险类
4	与成熟 P2P 平台直接合作	—	苏州银行	筹划阶段	—

注：根据互联网资料整理。

其中值得一提的是，“小马 Bank”是包商银行首创的国内首家银行系综合性智能理财平台，其上线的产品预期收益率平均为 7.5% 左右，投资期限较长，一般为 12 月，偏向中短期理财。

“开鑫贷”是由国开行子公司国开金融和江苏国有企业江苏金农股份有限公司共同出资设立的，2012 年上线，结合了“国家队”和“银行系”的双重性质。官方资料显示，该平台综合年化收益率为 10.46%。截至 2015 年 8 月底，“开鑫贷”成交量近 110 亿元，在国资背景 P2P 平台中，创立时间、成交量和余额均遥遥领先。

民生易贷是民生电商旗下的专业投融资平台，于 2014 年 7 月 15 日正式对外运营，它的推出代表着民生电商正式介入 P2P 网络借贷领域。目前民生易贷平台中主推的满溢系列，年化收益率均在 7% 以下。

此外，民生银行还与广州基金共同出资设立了民贷天下。该平台目前上线的产品，起投金额为100元，年化收益率为8.5%～15%，明显高于其他国资或者银行系P2P平台。

整体来看，银行系P2P与传统P2P平台在收益率方面相比并无优势，但由于背靠银行风控体系，在安全性方面略胜一筹。同时，银行能够直接连接到央行征信系统，这也是众多民间网贷平台不可比拟的。银行介入P2P的优势在于其征信系统、客户资源和数据储备，而这些正是制约普通P2P业务发展的关键。但就目前来看，似乎众多银行并不急于利用P2P平台创造利润，银行系P2P更多的是为了布局互联网金融，与传统P2P形成错位竞争。《关于促进互联网金融健康发展的指导意见》规范了P2P的发展路径，引导行业朝着更加健康有序的方向发展。未来，银行系P2P如何发展仍需拭目以待。

银行的业务种类繁多、客户群体广泛、体量庞大并且具有丰富的优秀人才储备，这些因素使得银行发展互联网金融具有其他传统金融机构无法比拟的优势。从上面内容也可以看出银行业正在积极转型，布局互联网金融，其切入点较多且实施步伐飞快，其发展互联网金融具有更大的想象空间，而其他传统金融机构的互联网金融之路相对而言便比较单一。

6.1.3.2 基金公司

不得不说互联网金融为基金业的发展注入了新的活力，其改变了基金业的生存规则，主要从以下3个方面体现。首先，互联网金融为基金公司做大规模提供了新机遇。以2013年天弘基金与支付宝合作推出的“余额宝”为例，截至目前其规模已突破千亿元，取得了巨大成功，为所有基金公司展示了平台的重要性。其次，互联网平台为基金公司营销体系的发展提供了机遇。基金行业从最初建立自己的网上直销系统，到货币现金管理账户的推出，再到货币基金T+0快速赎回，以及货币基金还信用卡、充手机话费、交水电煤气费乃至于货币基金作为支付方式进行网络消费等功能的实现，基金行业互联网创新不断，短短时间十几家基金公司已争相实现T+0快速赎回功能。最后，互联网能够有效地整合碎片化资金需求。其运作机制大大降低了产品化的成本，通过将散户的碎片化资金聚拢起来，为这些需求的产品化提供了可能。

概括来讲，基金公司布局互联网金融可以分两大类：拓展网上直销渠道；与互联网平台合作推出创新产品。

1. 网上直销

基金公司通过自身官方网站进行基金产品直销已经逐渐成为基金公司的标配，与此同时，基金公司还争相通过淘宝、京东等成熟电商平台进行线上销售，拓展自身产品的直销渠道，在此不加赘述。而随着国内首家网络银行——微众银行的正式上线，网络银行正在成为基金公司下一个争夺目标。2015 年 8 月 15 日微众银行 APP 上线，国金基金、汇添富基金和博时基金成为第一批和微众银行合作的基金公司。微众银行设立了专门的理财界面。目前提供的理财产品分为“活期 +”“定期 +”“股票基金”3 种，其中，“活期 +”对接的是国金基金旗下的国金通用众赢货币基金，“定期 +”对接的是太平中金 A 款养老保障管理产品，“股票基金”下面已经有 6 只基金，汇添富基金和博时基金旗下各 3 只。

基金公司凭借敏锐的洞察力，抓住一切与互联网基因有关的入口，提升自身互联网金融发展的空间。当然，基金公司积极推出货币基金“宝宝类”产品（见表 6 –6），是拓展互联网销售渠道的前提。

表 6 –6　　基金公司系“宝宝”产品概况

序号	产品名称	挂钩货币基金	7 日年化收益率（%）
1	博时现金宝	博时现金 A	2.759
2	工银现金快线	工银货币	3.434
3	广发钱袋子	广发钱袋子货币	3.071
4	华夏活期通	华夏现金增利	3.042
5	汇添富现金宝	汇添富现金宝	3.324
6	嘉实活期乐	嘉实货币 A	3.583
7	南方现金宝	南方现金增利 A	2.678
8	易方达 E 钱包	易方达天天理财 A	2.902

数据来源：金牛理财网，截止日期为 2015 年 8 月 26 日。

2. 与互联网公司合作推出互联网理财产品

余额宝的成功，使得基金公司纷纷效仿，在自身研发“宝宝类”货币基金产品的同时，还积极联合互联网公司，推出互联网理财产品。互联网巨头百度、腾讯、京东、苏宁等企业均联合基金公司推出产品，将互联网 + 金融的理念结合的淋漓尽致（见表 6 –7）。

表 6－7　　互联网系“宝宝”产品概况

序号	产品名称	挂钩货币基金	7 日年化收益率（%）
1	阿里余额宝	天弘增利宝	3.248
2	百度百赚 百度百赚利滚利版	华夏现金增利	3.042
		嘉实活期宝	3.574
3	京东小金库	鹏华增值宝	3.701
		嘉实活钱包	3.517
4	苏宁零钱宝	广发天天红	2.986
		汇添富现金宝	3.324
5	网易现金宝	汇添富现金宝	3.324
6	微信理财通	华夏财富宝	3.224
		广发天天红	2.986
		汇添富全额宝	3.148
		易方达易理财	3.055
7	新浪存钱罐	汇添富现金宝	3.324

注：数据来源于金牛理财网，截止日期为 2015 年 8 月 26 日。

6.1.3.3　证券公司

券商也在互联网金融方面采取相关举措，证券公司试水互联网金融的初期工作主要放在网上开户、证券交易通道、资讯及金融产品网上销售等专属化服务提供方面。其实，证券公司早已实现网络交易，拥有标准化大数据，在行业特性上具有融入互联网金融天然品质。

证券公司在布局互联网金融方面的举措，归纳起来，模式大致分为两类。一是将传统业务的运营嫁接到互联网、移动互联网上。互联网固有的低廉运作成本可以提高服务效率、降低单客户服务成本，让同样的业务盈利更高。二是基于互联网、移动互联网本身的特质，创新设计新的金融服务功能和业务种类。

1. 将传统业务的运营嫁接到互联网、移动互联网上

一方面是开通网上开户功能，助推经纪业务转型。证监会松绑非现场开户之后，国泰君安、中信建投、华泰证券等券商纷纷开启网上开户模式。现在许多证券公司都提供 7×24 小时的网上开户服务，比如国金证券的“佣金宝”、中信建投的“108 秘书”等，这些应用省去了之前要开户进行证券交易必须要去证券公

司办理一系列手续的繁冗流程，只需通过身份证、基本资料填写、视频认证、绑定银行卡即可完成开户。券商还通过与淘宝、百度以及京东等大型电商接触和沟通，探索通过电商平台实现网上开户等业务的可能。

另一方面是建立网上商城，如国泰君安的君弘金融商城、银河证券网上商城和长城证券网上商城等，这使得过去通过电话或者现场咨询才能获得的产品信息更加公开透明，在互联网上可以更加方便地获取。

2. 与互联网公司合作并创新设计新的金融服务功能

证券公司通过与互联网公司合作可以导入客户流量，比如中信证券与腾讯公司合作，接入腾讯自选股 APP，通过腾讯的 APP 导入流量；华泰证券携手网易，中山证券联合金融界，广发证券与新浪签署战略合作协议，东吴证券与“同花顺”深入合作，大智慧收购湘财证券，东方财富网收购同信证券、太平洋证券与京东旗下的网银在线签约等，这些都可以使证券公司借助互联网的渠道更大范围、更精准地接触到目标客户。

此外，国金证券与腾讯合作推出的“佣金宝”，是证券行业首个“1+1+1”互联网证券服务产品。通过个人电脑终端及手机终端为投资者 7×24 小时网上开户成功开户后享受“万分之二点五”（含股票交易规费）沪深 A 股、基金交易佣金率；通过对接国金金腾通货币基金为投资者的股票账户保证金余额提供理财服务，截至 2015 年 8 月 26 日，“佣金宝”7 日年化收益率为 4.11%。“佣金宝”还可以为客户打造高价值咨询产品，提供股票等产品的投资建议，帮助客户在股市获取投资收益。

6.1.3.4 保险公司

相比于其他传统机构在互联网金融领域的摸索前行，保险公司开展互联网金融业务之路则相对明晰。这是因为保监会于 2015 年 7 月 22 日印发了《互联网保险业务监管暂行办法》（以下简称《办法》），这是 2015 年 7 月 18 日央行出台互联网金融指导意见之后的首份行业配套文件，标志着首个互联网金融分类监管细则落地。《办法》对互联网保险进行了定义，互联网保险业务是指保险机构依托互联网和移动通信等技术，通过自营网络平台、第三方网络平台等订立保险合同，提供保险服务的业务。同时，在经营条件、经营区域、信息披露、经营规则、监督管理等方面也均提出了明确的要求。《办法》的出台，将使保险公司互联网金融业务有法可依，发展路径更加明晰。当前保险公司主要通过网络平台开展互联网保险业务。

1. 保险产品互联网及移动终端销售

保险公司开展互联网金融业务仍然主要以产品销售为主要切入点，通过互联网及移动终端拓展销售渠道。中国保险行业协会公布的2015年上半年数据显示，互联网保险渠道结构继续以第三方平台为主，以自建官网为辅。2015年上半年，行业有75%的人身保险公司开展了互联网保险业务，较2014年年底增加4家，总数达到56家。其中，互联网人身保险通过第三方平台实现的保费高达431亿元，占互联网人身保险总保费的95.2%，自建官网实现的保费仅占不到5%，与2014年水平基本相当。而这一渠道结构与互联网财产保险截然相反。统计显示，67家财产险会员公司中，共40家公司开展互联网财产保险业务，新增7家公司。

2015年1至6月，会员公司通过第三方网站合作的互联网业务保费规模累计约24.46亿元，占比6.73%。第三方网络平台主要分为综合类电商及门户平台如阿里巴巴集团（含淘宝、天猫、招财宝、支付宝、聚划算等）合作保费10.55亿元，占比第三方合作保费的43.12%；网易合作保费4.16亿元，占比第三方合作保费的16.99%；垂直类网站如旅游类包括去哪儿网、携程网、同程网等；航空类包括亚航官网、深圳航空、春秋航空等；汽车类包括风行汽车、盛大汽车网；游戏类包括5173网站；单独的第三方平台主要包括保险360、E家保险、大家保网、江泰保险经纪、百川保险经纪、中民网、慧择网等。第三方主要合作产品为车险、旅游险、意外险、家财险、电子商务交易保险等。

2015年1至6月，会员公司通过移动终端（APP、WAP和微信等方式）共实现互联网保费约27.38亿元，占比7.54%，比2014年12月增加3.52%，得到了快速发展。其中，国寿财、平安、大地、人保、安盛天平、阳光、英大、众安、安邦、永安、太平、都邦、浙商、永诚、华泰和天安共16家公司通过微信平台实现保费约7.57亿元；人保、平安、太平洋、永诚、华泰、众安、安盛天平和长江财险共8家公司通过APP/WAP实现保费约19.81亿元。

2. 设立专业网络保险公司

保险业在互联网金融领域的又一个标志性举措就是成立互联网保险公司。2013年9月29日，由蚂蚁金服、腾讯、中国平安等国内知名企业发起的众安在线财产保险股份有限公司（简称“众安保险”）获得中国保险监督管理委员会同意开业的批复，成为国内首家互联网保险公司。众安保险业务流程全程在线，全国均不设任何分支机构，完全通过互联网进行承保和理赔服务。截至2015年7月31日，累计服务客户数超过3亿，累计服务保单件数超过21.8亿。

6.2 互联网+信托：带来颠覆的蓝海

信托业是金融业制度灵活性最高、创新能力最强的子行业，存在与互联网快速深度融合的先天优势，它能有效弥补互联网金融信用监督缺失的不足。同时，在大众创业、万众创新的新环境下，国家监管政策对互联网信托的创新和发展十分鼓励和支持，积极倡导信托公司探索切实可行的新型业务模式，这都为信托行业切入互联网金融提供了重大机遇。因此，结合新型信息化技术探索互联网信托的创新业务模式是我国信托业转型和发展的重要主题之一。

6.2.1 信托公司互联网金融业务的发展现状

信托行业由于其天然的创新属性，与互联网技术的化学反应迅速而且多样。到目前为止，互联网信托的发展成果十分丰富，从信托产品到客户服务，信托业都在充分利用互联网技术带来的红利，探索着具有信托行业特色的互联网金融业态形式。

6.2.1.1 产品创新不断涌现

1. 产品开发创新

信托公司自身具有私募投行的优势，在产品设计时可以自行寻找项目标的，然后进行包括交易结构在内的一系列产品设计，进而向投资者销售。由于信托产品具有合格投资者人数限制，每家信托公司都有相对固定的合作客户，在这些条件下开发新的产品很容易产生无法寻找到目标客户的问题。然而，在互联网时代，客户的边界得到了极大拓展，寻找匹配客户不再是难题，信托公司利用其产品设计和开发优势可以对新型信托产品进行大胆尝试。例如，2014年百度金融联合中信信托、中影股份等机构推出了互联网消费信托产品“百发有戏之《黄金时代》”以及阿里巴巴与国华人寿联手开发的“娱乐宝一期‘国华华瑞1号终身寿险A款’投资连结型保险产品”。此类产品对接互联网平台，并在产品上增加了电影及周边商品的消费权益，充分发挥了金融机构的产品设计优势和互联网的普惠属性，是信托产品融入互联网设计的有益尝试。

百发有戏和娱乐宝创新产品基本信息如表6-8所示。

表 6-8　百发有戏和娱乐宝创新产品基本信息

	百发有戏之“黄金时代”	娱乐宝一期“国华华瑞 1 号终身寿险 A 款”的投资连结型保险产品
产品形式	众筹	保险理财产品
最低门槛	10 元	100 元（影视剧）/50 元（游戏）
权益回报	8% ~16%	7%
收益性质	最低收益 8%	本金收益均不作承诺，投资收益和影视产品利润不挂钩
期限	6 个月	1 年
参与方	百度金融、中信信托、中影股份、北京德恒律师事务所	阿里巴巴、国华人寿
标的电影	《黄金时代》	《小时代 3》《小时代 4》《狼图腾》《非法操作》游戏《魔范学院》
消费权益	制片人权益章、贵宾权、决策权、明星代言权、影厅承包权等多项套餐，男女主演录制专属视频、通话服务等	影视剧主创见面会、电影点映会、独家授权发行的电子杂志、明星签名照、影视道具拍卖、拍摄地旅游等
募集情况	2 分钟内意向认购达到 1500 万元，最终实际销售 1800 万元	共募集 7300 万元

资料来源：上海信托根据公开资料汇总整理。

2. 产品销售方式转变

除了上述产品创新外，借助互联网技术实现信托产品销售对象大众化，降低信托产品投资门槛是目前互联网信托产品销售的热门方式。借助互联网平台，将信托产品“大拆小”和“长拆短”已成为改变信托产品销售常见的两种模式。“大拆小”是由中介机构（如网站公司）作为信托受益权的代持机构，将信托产品收益权分拆后卖给投资人，由此实现降低信托产品认购门槛、提高投资者收益的目的。比较典型的案例是“信托 110”网站，网站通过将信托产品拆分，在交易中扮演了“代持者”的角色，网站获取信托受益权，投资者获得对应的信托收益权。“长拆短”是将长期高收益产品分拆为短期较高收益产品，中介机构（如网站公司）承担流动性风险并获得收益差价。此类比较典型的案例是“51 信托网”，该网站公司首先通过折价收购信托持有人手中的存量信托计划，然后根据信托公司、产品风险等因素重新定价，将信托收益权划分为短期、小额收益权后，发布到网上由投资者认购。

信托产品销售方式转变情况如表 6－9 所示。

表 6－9　信托产品销售方式转变情况

创新业务方式	信托拆分销售——“大拆小”	信托拆分销售——“长拆短”
主要公司	信托 100 网	51 信托网
上线时间	2013 年 12 月 15 日	2015 年 4 月 25 日
收益率	8%～12%	6%～12%
期数/交易规模	－/10 亿元＋	150 期＋/1 亿元＋
最低认购额度	100 元	1000 元
产品特点	投资者持有信托产品收益权，网站代持信托受益权	网站公司折价收购信托持有人手中的存量信托计划，根据变量重新定价，再由网上投资者认购
风险因素	如果网站公司破产，投资者无法向信托公司伸张权利，投资者利益难以得到保护	信息披露不透明，投资者不知具体信托产品信息；存在设立资金池或者资金挪用的风险

资料来源：上海信托根据公开资料汇总整理。

6.2.1.2　服务模式不断多样化

互联网金融产品的目标是极致的客户体验，对于服务于高净值客户的信托行业，超预期的客户体验是提升客户满意度的重要方式，真正体现出“以客户为中心”的理念。

1. 客户体验服务

目前绝大多数信托公司都已经上线了涵盖微信公众号和手机客户端的网络服务平台，信托公司通过互联网技术为客户提供信托产品预订服务、网上支付服务、网上信息查询服务等，能够显著增强客户的黏性，提高客户的忠诚度。信托公司还运用微博、微信等平台的推广功能，与客户保持密切的沟通，第一时间了解客户的需求动态。例如，中航信托推出了包括中航财富、中航资管、中航研究在内的多个微信公众号，构建中航信托的线上品牌；平安信托与陆金所合作，进行互联网平台的销售，在 P2P 领域占有半壁江山；中融信托设立的中融金服，为持有公司产品的客户提供流动性等综合服务；上海信托、华宝信托等信托公司已经实现了网上申赎等服务功能。

除网上服务外，线下的面对面沟通与交流也是提升客户体验的必要服务形式。定期组织行业交流会、创新产品发布会以及投资策略会，为所有线上客户提供除资产管理与投资策略等金融服务以外的增值服务，进一步提升客户满意度水平。例如，外贸信托通过微信公众号“财富私塾”栏目开展客户的线下交流，从冬季养生、珠宝鉴赏、秋季健康游到时尚运动，为客户打造高品质、精致健康的生活方式。通过线下与线上的完美结合，不仅增加了客户的满意度，而且大幅提升了公司形象，增强了公司行业影响力。

2. 客户融资服务

存量信托产品流转一直是信托行业的热点议题，目前我国信托市场尚未建立较为完善的二级市场流转平台，而对于高净值客户的融资需求也尚未满足。目前已有信托公司帮助客户使用信托受益权进行质押或者增信来获取融资，信托投资人通过第三方平台把受益权进行质押，然后按照使用计划，配合产品的时间进度包装成不同的产品，通过互联网与投资者进行对接融资。“信托宝”是此类平台的成功范例，目前产品发行数量已经超过了700期。

中融金服也参照了这种模式，将信托受益权作为借款人的补充还款来源。中融金服将网站平台定位于服务中融信托高净值客户的融资需要，同时也满足广大投资者的投资需求，将中融信托高净值客户的信托资产作为增信措施，以中融金服网络平台作为渠道，向广大投资者进行融资。

主要互联网信托经营模式创新如表6－10所示。

表6－10　　主要互联网信托经营模式创新

创新业务方式	受益权质押	受益权增信
主要公司	信托宝	中融金服
上线时间	2014年11月25日	2015年6月12日
收益率	8%～12%	6.5%～9.2%
期数/交易规模	700元＋期/－	7期/1000万元＋
最低认购额度	10元	5000元
产品特点	是一种以信托受益权为质押的（债权）融资产品	将中融信托的高净值客户所持有的金融产品作为增信措施，向投资者借款
风险因素	存在资金池产品共有的期限、风险错配风险	融资方为信用较好的中融信托高净值客户，将金融产品作为增信措施，风险较低，但难以推广

资料来源：上海信托根据公开资料汇总整理。

6.2.2 互联网信托发展的战略目标

互联网应用升级、大数据时代到来和金融服务创新等趋势将不断改变人们的消费习惯和理财方式。信托公司应拓展业务思路，密切关注互联网金融的发展趋势，提前研究和布局可行的业务方向。在合法合规的前提下，把互联网和金融因素有机整合，从产品设计、市场营销、资产管理、客户服务全面创新转型，进一步推动资产管理和财富管理事业的可持续发展。信托公司打造互联网复合金融生态圈的战略目标主要如下。

6.2.2.1 秉承互联网基因提升客户体验，实现“客户中心主义”转变

互联网技术的广泛运用得益于其致力于提升客户体验。移动互联网行业的快速发展，各类终端、应用的不断丰富，在培育了大批互联网用户的同时，更使得客户的体验要求和服务期望值得到大幅提升。信托公司需要运用互联网思维，秉承互联网基因，加快转变服务方式，提高客户服务意识，增强客户服务手段，对客户快速变化的需求进行及时响应，有针对性地进行创新，切实从“产品中心主义”向“客户中心主义”转变。

6.2.2.2 用垂直化理念完善营销方式，实现互联网和物理渠道有机结合

目前信托公司的产品销售主要以直销、银行代销和第三方理财公司推介等方式为主。然而，受限于直销能力较弱、银行代销成本较高、第三方理财推介存在合规瑕疵，信托公司亟须借助互联网渠道解决信托产品的销售难题。信托公司可以利用互联网金融的渠道垂直化、扁平化的特征，发挥自身的品牌影响力和稳定的客户群体优势，建立网络营销平台，并与商业银行、基金公司、券商直销平台等多渠道对接，实现产品的快速销售。同时，实体网点仍具有不可替代的优势，要与网络平台有机结合，形成优势互补和资源共享，起到1+1远大于2的效果。

6.2.2.3 保持金融先发优势，打造“全面金融服务提供商”

互联网企业的创新能力促使它能较快切入到某一具体金融领域。信托公司要在竞争中胜出，就必须提升自身的核心竞争力，将客户的个性化需求细化，为不同风险偏好的客户提供不同收益的产品和服务，满足客户差异化的需求，扮演全面金融服务提供商的角色。互联网技术的发展为信托公司提供了绝佳的合作创新平台，通过大数据云服务的整合应用，为公司创新产品研发、项目中后期管理等提供有力支撑。同时，借助互联网渠道，信托公司还可与银行、保险公司等大型金融机构整合客户资源和产品链，打通金融产品设计与销售的脉络，为高净值财

富人群提供一站式的客户服务体系。

6.2.2.4 运用大数据发掘有效客户，完善高端客户培育体系

互联网的开放性为信托公司挖掘潜在客户提供了可能，信托公司可以利用互联网技术采取多种措施提升高净值客户的转换率。譬如，为特定高端客户群体定期推送产品信息，同时提供可优先预约产品、参与各种形式的论坛和学习讲座的增值服务。信托公司还可以通过建立客户管理系统进行数据挖掘和分析，根据高端客户信息指导产品设计、销售以及客户财富管理方案，不断完善高端客户的培育体系。

6.2.3 互联网信托的发展路径分析

在互联网信托战略目标已经确定的前提下，在现有的互联网信托的实践和探索的基础上，信托公司应该大力运用互联网技术，结合信托行业的制度特征和现实状况，走出具有信托行业自身特色的互联网信托之路。结合信托公司的实际情况，我们认为可以从以下 4 方面发展互联网信托业务。

6.2.3.1 升级网上服务平台，优先提升客户服务

客户服务主要是以优化客户体验为核心的一系列增值服务，包括申购赎回、产品发布、查询通知、信息推送、合格投资者远程认证、支付消费等。互联网的优势在于能够通过大数据、云计算等计算机技术的运用，针对客户快速变化的需求，开发更快、更便捷、体验更好的电子渠道服务，并针对不同类别客户进行差异化服务和产品推荐，让客户获得极致的用户体验，这是目前大多数信托公司布局互联网战略的重点。主要有以下几个方面。

1. 建立网上服务平台

通过搭建网上销售平台、手机客户端、微信公众号等一系列网络交易和服务平台，将各类产品和业务移植到网上平台进行销售，实现在线申购赎回、产品推介、收益查询、信托转让等自助功能。客户通过电脑、电话等远程渠道和移动终端来获取产品和服务，突破传统物理网点和人员在地域和时间等方面的限制，有效提高服务效率。未来异地客户还可以通过在线视频实现信息咨询、身份认证、首次开户、风险提示等一系列合规和尽调过程。通过互联网化压缩客户交易成本，极大地提升信托公司的客户覆盖面和交易的便捷性。

2. 转变客户服务方式

随着移动互联网行业的快速发展，各类终端、应用的不断丰富，必然驱使客

户服务工作由传统的面对面服务、电话服务等向着更快速、更便捷、体验更好的电子渠道服务方向转变。信托公司应加快转变服务方式和服务媒介，提供信托产品在互联网尤其是移动互联网客户端的定制化服务，使特定客户自主决定在诸多移动金融服务中的个性选择和灵活下载，从而最优化用户体验。同时，面对金融行业日益激烈的竞争和网上营销服务的发展趋势，整合升级客户体验平台，创新针对中高端客户的服务手段，优化服务流程，切实提升客户购买体验。

3. 扩展信托基础功能

在金融业务多元化、服务功能综合化的趋势下，信托公司需要通过技术创新带动业务的增长，并为客户提供更加优质、专业、多元化的服务，逐步实现从产品销售到理财规划，再到财富管理的发展路径。其中很重要的一点就是要实现信托银行化，要实现信托账户的多功能用途，在现有的资金管理的基本功能上融入支付和消费的功能，打通客户的资金流和消费流，打造基于现金管理类产品的信用卡还款、房贷还款、联名信用卡等附加功能模式，力争通过互联网整合，为客户提供更有价值的增值服务，建立专业化、个性化、差异化的客户服务体系。

4. 优化客户体验

与其他金融产品不同，信托产品不能公开推介，具有一定投资门槛，是私募性质的高端理财工具，良好的客户体验显得更为重要。通过微信公众订阅号等互联网手段，可以有针对性地推送服务信息，提高客户沟通效率，提升客户满意度水平。主要服务措施：第一，为特定人群的高端客户群体办理具有微信条码的VIP卡，具有该资格的客户可以享受多种线上线下增值服务；第二，与移动互联网第三方平台合作，定向为特定客户推送产品信息、管理报告、反馈信息、受益权转让信息等；第三，利用大数据技术收集客户认购产品的信息，分析其风险偏好，同时结合产品预约情况了解客户的资金使用安排，由此指导信托产品结构设计、规划产品销售模式、调整客户服务方案，在产品认购等待期内为客户提供碎片化的理财服务，保证资金不闲置；第四，进行信托知识的普及，对不同类型的信托产品进行解读和分析，帮助广大投资者更好地理解和掌握信托业务模式、信托产品及信托监管政策。通过提升客户的服务水平、优化客户的服务体验，可以有效提高潜在客户的转化率，极大地提高信托公司的直销能力和客户开拓能力，为信托公司长远发展奠定客户基础。

5. 提升专业化服务水平

在互联网时代下，客户需求将呈现多样化、个性化的趋势。因此，信托公司要着力提升自身的专业化水平，提高资产配置方案的产品设计能力和执行能力，不断满足客户的综合金融服务需求，为不同风险偏好的客户提供不同收益的产品和服务。同时，信托公司要担任“整合金融服务提供商”的角色，借助互联网渠道，与银行、保险、基金、券商等金融机构合作，整合客户资源和产品链，打通金融产品设计与销售的脉络，为高净值客户提供更全面、更多样化的金融产品图谱，实现跨市场、跨领域、跨国界的资产管理服务。

6. 打通线上线下服务体系

目前，信托公司的客户服务仍以物理网点为基础，通过物理网点完成产品销售、认购签约、合格投资者认证、推介营销等各类活动。下一步，信托公司要在物理网点的基础上，建立网上服务平台，实现网上自助服务体系，同时打通线上、线下的服务资源，充分发挥物理网点客户认知度高、基础设施完善、增加信任感和网上服务渠道操作便捷、响应速度快、自主化程度高的优势，起到1+1远大于2的效果。

6.2.3.2 搭建互联网信托平台，实现信托产品的线上线下销售与交易

传统信托产品的销售渠道主要有直销、银行代销以及第三方理财公司销售，这都存在一定的限制和劣势。从交易环节看，虽然很多信托公司都建立了公司内部的转让平台，但仍主要集中于一级市场的发行，二级市场的流通转让规模较小。在互联网金融战略下，将以平台思维，对信托产品的销售和交易模式进行创新。

1. 搭建二级市场流转平台

解决存量信托产品的流动性问题将是互联网信托发展的重要方向。信托公司将对现有的转让平台进行功能升级，通过对非标信托产品的改造和标准化产品的创设，为平台提供可交易的基础资产，同时创新信托产品的交易方式，实现信托产品在二级市场的转让流通。

信托产品的二级市场交易将可以分为撮合交易和做市交易两种模式。撮合交易的具体方式：转让方提出转让需求，线上报价，待受让方在平台找到转让信息，向平台提出需求，达成一致后线下交易。做市交易的具体方式：平台指定做市商，提供报价信息，协助线下交易，转让方和受让方都可以根据报价信息选择接收与否。

可交易的基础资产有以下几种类型：一是信托产品，目前大多数信托公司已经有类似的实践操作；二是响应“99号文”的号召，对信托产品进行改造，

推出债权型信托直接融资工具，即以信托计划项下按照委托人意愿发放的信贷资产作为基础资产支持而发行的经标准化设计的信托受益权，因为是经过标准化设计的信托产品，所以更易于定价和转让；三是引入外部产品，如契约型基金，即由基金投资人、基金管理人之间所签署的基金合同聚集投资人的资金，投资人将资金交由其管理，基金管理人运用组合投资的方式投资于特定标的，以获取资本利得或利息，投资收益按投资者出资份额共享，投资风险由投资者共担的金融工具。

2. 开展互联网渠道合作

信托公司除了使用自身的互联网平台进行产品销售、提供客户服务外，还可以借助第三方渠道进行产品销售，扩大产品销售半径。主要有两种方式：一是将产品和客户经理接入第三方平台，起到产品销售和客户服务的目的；二是将信托产品与这些平台发行的理财产品进行对接，间接实现信托的网上销售。

同时，信托公司还可以整合银行、证券、基金、保险机构的直销平台、P2P平台、云金融平台、商户服务平台、第三方支付平台、征信平台等金融机构网上平台和基础性互联网接口，实现从简单的产品销售到为客户提供一站式多样化的金融解决方案的转型，通过渠道网络化发展打造综合性的线上金融超市。

6.2.3.3 积极开展产品创新，实现资产端的互联网转型

1. 深化互联网消费众筹的产品模式

在互联网信托产品的探索上，将信托产品与互联网消费众筹的模式相结合，创新性地实现了“消费众筹+信托”的新型商业架构，为信托行业的互联网金融实践提供了一个全新样本。在信托产品上嫁接消费功能，使投资者在实现资金增值的同时，还获得了消费权益，同时又通过与互联网平台的对接，降低了投资者的门槛，提高了信托产品的普惠性。这一模式是互联网金融时代下，信托公司践行普惠金融的重要切入点。同时，消费信托的产品可以在医疗养生、酒店住宿、休闲旅游、影视娱乐、教育培训等诸多领域得到广泛应用，具有很大的发展空间。

2. 建立以“客户为中心”的开发模式

信托公司借助自身私募投行的优势，发挥项目收集、交易结构设计、尽职调查、风险控制等方面的专业能力，将在线下已经筛选并做好风控措施的项目在互联网上募集资金，根据不同的资金特点匹配不同的信托项目，或者从线上客户需

求出发，线下进行产品的开发设计，彻底打通客户需求端和产品供应端，建立以“客户为中心”的产品开发模式。

6.2.3.4 发挥云计算和大数据挖掘的功能，进一步提高经营效率

信托公司掌握大量的客户数据资源和数据信息，能满足大数据技术的处理需要，应充分利用互联网技术，运用微信平台、客户端、网上交易系统等沉淀的大数据，对客户实现360度分析，以大数据分析为载体，在客户分类、精准营销、拓宽客户范围、投研、风控、信息共享等方面得到应用。

1. 实行客户分类下的精准营销

信托公司在同质化的产品竞争、刚性兑付和业务转型压力下，迫切需要对投资者进行分类，并根据不同类别的投资者实施差异化营销，在提升客户体验的同时，极大地提高客户的拓展效率，降低客户开发成本。通过对沉淀客户数据的挖掘和整理，结合数据模型，对客户偏好、客户习惯、客户行为的特征进行分析，合理划分客户类别。同时，信托公司结合运营信息，核定客户信用等级，评定客户信用额度，实施差异化的客户管理和各有侧重的客户服务。比如，对中低端客户提供标准化产品，对高端客户提供资产配置方案，对超高端客户提供全面的家族管理服务。通过实施精准营销，大大提高产品的覆盖面和普惠率。

2. 拓宽目标客户的外延

大数据处理、云计算等互联网技术的广泛应用，使得获取信息的成本大大降低，而信息成本的降低则扩展了资产管理机构的客户范围，将部分潜在客户转化为可提供服务的目标客户，将资产管理业务向部分信息半透明甚至是不透明的客户延伸。比如，信托公司的投融资业务将不仅仅局限于服务大型企业等透明客户，其业务还将涵盖部分财务半透明、信用较好的小企业和个人，从而有效扩大资产端客户范围的半径。

3. 提高投研和风控能力

在投研方面，利用各类技术的革新和更丰富的信息获取手段，改造投研流程，缩短决策路径，强化数据处理模块，提高数据的分析和计算能力，从而提高投资决策的前瞻性和准确性；在风控方面，通过对投融资交易对手海量数据的分析和动态跟踪，对其资产、信用状况进行整体把握和正确评估，从而有效提高风控水平。

4. 实现行业基础资产信息共享

信托产品最特别的属性在于标的资产的信息非标准化，未经标准化的基础资

产自身包含大量私有信息，无法达到透明化的程度。在互联网时代，信息基础设施建设显得尤为重要，共同建立和完善信息共享平台，有利于促进行业稳步健康发展，在提高效率的同时降低行业的整体风险水平。信托公司可以利用互联网大数据和云计算技术，根据不同公司具有差异化的产品优势、地域优势和专业优势，发挥项目收集、交易结构设计、尽职调查、风险控制等方面的专业能力，将不同项目的基础信息录入数据平台进行共建共享，在互联网共享经济的理念下减少其他公司的重复劳动成本，促进行业发展的良性循环。比如，前期尽职调查占用了房地产信托业务的巨大资源，在深入融合互联网技术后，可以通过信息的共建共享将房地产信托业务变为一种标准化的金融产品，房地产项目的位置、环境、价格以及房地产企业的资质、行为记录等都可以作为标准化的数据传送至某一信息中心，所有信托公司只需联网该信息中心即可完成所有前期调查，还可以通过大数据分析设计不同风险收益的房地产信托产品。

6.3 构建互联网信托体系的主要配套政策

虽然经历了快速的发展过程，但互联网信托毕竟是新生事物，在快速发展的过程中也暴露出了一些问题和风险事件，给我国金融行业带来了潜在的风险隐患。金融风险具有隐蔽性、传染性、广泛性和突发性，互联网信托的本质仍属于金融，在经营过程中的风险本质属性并没有改变。我们结合互联网信托的已有实践，提出以下 4 条政策建议，以此来促进互联网信托的健康发展。

6.3.1 加强互联网信托的风险管理

信托产品由于其收益率较高的属性，目前产生了较多绕过合格投资者规定，将信托产品拆分销售给普通投资者的情况，出现很多“100 元买信托”的现象。由于是第三方公司在交易中扮演了“代持者”的角色，普通投资者一方面没有合格投资者的资格，缺乏对信托产品风险因素的认知；另一方面投资人也未直接和信托公司签订合同，在法律层面投资者不是委托人，也不是信托受益人，一旦代持公司发生违约风险，网站投资人无法向信托公司主张权利。有的网站公司还存在设立资金池或者资金挪用的风险，甚至会演变成“庞式骗局”。建议监管部门加大对此类风险的关注和监管，以防止可能存在的风险发生和蔓延，以利于保证互联网信托行业的健康发展。

6.3.2 合理降低信托客户门槛

合格投资者的门槛要求是目前影响信托业与互联网深度融合的关键因素。在互联网的冲击下，信托业正在积极探索如何在识别投资者风险的基础上，降低投资者购买信托产品的投资金额下限，实现降低信托产品的客户门槛，扩大信托的客户范围。现有的大数据和云计算等互联网技术，可以根据多维度的客户信息对客户进行风险分类，而不仅仅是根据某一方面来进行合格投资者认定。信托公司可以给予不同类型的信托产品评级及风险等级，向不同风险类别的投资者推介和销售，实现投资者风险水平和信托产品风险水平的完美匹配。另外，信托公司可以通过远程识别的方式，对投资者进行合格投资者的认定并进行网签，减少客户的签约成本，扩大客户的范围。建议监管部门对降低信托产品认购门槛、扩大信托产品客户范围的措施给予鼓励，并开展试点进行先试先行。

6.3.3 加快互联网信托基础设施建设

信托行业目前产品销售还主要是直销和金融机构代销两种模式，在实施互联网信托的战略过程中，有效拓宽销售渠道是互联网信托战略的重要方面。标准化的交易平台是实现金融产品流转的前提，而信托登记制度的缺失，制约了信托产品的标准化进程。建议尽快建立统一的信托登记制度，盘活信托财产存量，实现信托受益权的流转。我国存量信托资产规模已经超过万亿元，通过建立信托登记制度和信托流转平台，可以有效盘活者万亿元存量资产，减少现有信托流转过程中的交易成本，为信托行业开拓出新的一片战略蓝海。因此，建议监管部门有步骤、有组织地逐步推进、建立和完善信托产品市场化流动性基础设施，开展存量信托流转试点。

6.3.4 努力创建信托管理云平台

互联网技术的发展使得数据信息之间的互联互享成为常态。信托公司内部的信息系统建设已经覆盖了客户端、交易对手、风险控制和运营结算等一系列流程，信托公司一方面可以储存、利用这些数据，建立内部标准模型，实现公司内部系统流程的统一化管理；另一方面还可以与评级机构合作，相互对接系统，通过数据之间的共享，实现云平台的管理，以动态整合的信息与数据平台为基础，以大数据数据分析和处理为依据，有效控制信托业务的投融资风险，优化风控和运营体系，实现在控制风险的前提下利润最大化。

非标准化是信托行业的重要特征，信托公司在未来可以依据数据云平台，建立行业范围的信息化系统，推动信托行业整体的信息化系统建设，实现行业内信息的共享。用数据化的思维和运行方式改造信托行业，实现行业内部的数据共享，可以有效地减少非标准化产品的开发设计流程，实现风险的全方位管理，升级信托行业的金融服务水平。